U0688350

新时代高校思想政治教育实效性研究

周　倩　汤菊芳　陈红玲◎著

中国出版集团 ｜ 全国百佳图书
中国民主法制出版社 ｜ 出版单位

图书在版编目（CIP）数据

新时代高校思想政治教育实效性研究／周倩，汤菊芳，陈红玲著 . 一北京：中国民主法制出版社，2023.8

ISBN 978-7-5162-3332-0

Ⅰ．①新… Ⅱ．①周… ②汤… ③陈… Ⅲ．①高等学校－思想政治教育－研究－中国 Ⅳ．① G641

中国国家版本馆 CIP 数据核字（2023）第 147642 号

图书出品人：刘海涛
出 版 统 筹：石　松
责 任 编 辑：刘险涛　吴若楠

书　　　名／新时代高校思想政治教育实效性研究
作　　　者／周　倩　汤菊芳　陈红玲　著

出版·发行／中国民主法制出版社
地址／北京市丰台区右安门外玉林里 7 号（100069）
电话／（010）63055259（总编室）　63058068　63057714（营销中心）
传真／（010）63055259
http：//www.npcpub.com
E-mail：mzfz@npcpub.com
经销／新华书店
开本／ 16 开　787 毫米 ×1092 毫米
印张／ 12　字数／ 232 千字
版本／ 2024 年 5 月第 1 版　2024 年 5 月第 1 次印刷
印刷／廊坊市源鹏印务有限公司

书号／ 978-7-5162-3332-0
定价／ 68.00 元
出版声明／版权所有，侵权必究。

前言 >>>
QIANYAN

在经济全球化逐步加快，信息网络化逐步形成，社会主义市场经济体制不断完善，高等教育教学改革逐步深化的新形势下，大学生思想活动的独立性、选择性、多样性和差异性也不断增强，使大学生思想政治教育面临严峻的挑战。

思想政治教育的实效性这一有着强烈现实意蕴的课题，近年来已成为诸多思想政治教育理论与实践工作者关注的焦点之一。提高大学生思想政治教育实效性已经成为高等院校思想政治教育的紧迫任务。高校作为思想政治教育的重要阵地，承担着学生思想政治教育的重大任务，其思想政治教育的成功与否直接关系到高校学生能否成才。因此，思想政治教育的实效性已经成为衡量高校学生思想政治教育成功与否的基准标尺，也是高校思想政治教育工作者始终面临和普遍关心的重要课题。

本书在总结历史和分析现实的基础上，对新形势下的高校思想政治教育实效性进行了全面深入的探索，是系统研究当代高校思想政治教育实效性的一项理论成果。全书共分为七章，第一章的内容是高校思想政治教育实效性初探，第二章的内容是高校思想政治教育实效性的人文观察，第三章的内容是"互联网＋"时代与思想政治教育的融合，第四章的内容是大学生思想政治教育网络阵地的构建研究，第五章的内容是高校思想政治教育实效性的机制完善，第六章的内容是提升大学生思想政治教育认同的探索，第七章的内容是高校思想政治教育辅导员队伍的建设。

本书在编写过程中，搜集、查阅和整理了大量文献资料，在此对学界前辈、同仁和所有为此书编写工作提供帮助的人员致以衷心的感谢。由于篇幅有限，加上编者能力有限，编写时间较为仓促，书中如存在不足之处，衷心敬请广大读者给予理解和指教！

目录 >>>
MULU

第一章

高校思想政治教育实效性初探

第一节　教育教学实效性内涵阐释

近年来，各高校针对思想政治教育教学实效性问题所进行的调研分析，把思想政治教育教学实效性问题的研究推到了一个十分突出的位置，但时至今日，对思想政治教育教学实效性进行深度研究的成果还十分有限。事实上，思考思想政治教育教学实效性的问题，必须先从理论和实践两方面对实效性的内涵进行科学的界定。笔者认为，对思想政治教育教学实效性的内涵可以作广义和狭义的理解。

一、教育教学实效性内涵的广义理解

从广义上来说，思想政治教育教学过程作为一种实践活动，其实效性就是对思想政治教育教学实践结果的评价，即指思想政治教育教学活动所达到的实际效果、效能和效率的总和。

所谓思想政治教育教学的效果，是指思想政治教育教学活动对学生思想与行为的影响程度和所达到的实际效果，这种影响程度和实际效果不仅体现在教育教学过程中，而且体现在学生今后的实践活动中。例如，在教育教学过程中，思想政治教育教学有比较强的吸引力和感染力，学生对思想政治教育教学所教授的内容有比较高的认同率，能够对实际问题进行科学的理论分析；学生在思想素质、政治素质、法纪素质、道德素质、心理素质等方面有了明显的提高；思想政治教育教学活动为学生形成科学正确的世界观、人生观和价值观打下了良好的基础；学生在今后的实践活动中，以思想政治教育教学学习所得作为自身思想道德素质和政治法纪素质不断提高的基础等。

所谓思想政治教育教学的效能，是指思想政治教育教学活动在整个大学教育教学过程中所能起到的作用和发挥的影响。也就是说，思想政治教育教学活动是整个大学教育教

学过程中的一个要素，它同大学教育教学过程中的其他教育教学活动处在相互作用中，如果这种相互作用呈正相关状态，即思想政治教育教学活动的实施促进了大学教育教学质量的整体提高，最终促进了学生全面素质的提高，则思想政治教育教学活动就是有效能的；反之，如果这种相互作用呈非正相关状态，则思想政治教育教学活动就是没有效能的。

所谓思想政治教育教学的效率，是指投入思想政治教育教学活动中的教育教学资源与思想政治教育教学活动所取得的实际效果之间的比率。在思考思想政治教育教学的实效性时，要对思想政治教育教学活动所耗费的教育教学资源和所获得的效果进行定量化分析，如果较小的"投入"，取得了较大的"产出"（诸如思想政治教育教学目的的实现，学生思想道德素质和政治法纪素质的提高等），则思想政治教育教学活动就是有效率的；如果以同样的"投入"，取得的是较低的"产出"，则思想政治教育教学活动就是无效率的或低效率的。

显然，从以上三方面来考察思想政治教育教学的实效性是要将实效性纳入学生成长的过程中来思考，纳入整个大学教育教学的过程中来思考。概而言之，这三个方向的思考是要回答思想政治教育教学对学生的学习和成长有怎样的吸引力和影响力，对大学教育中其他的教育教学活动有怎样的促进作用，对思想政治教育教学的"投入"是否合算这三个问题。综合这三个方面的评价，最终得出思想政治教育教学实效性。当然，由于教育本身是一项长期性、战略性的"投入"，因此，对教育实效性的任何理解，如果没有战略远见，没有运用历史眼光看待人的培养，没有对社会需要和国家未来的考量，那么我们将永远无法求解教育的实效性，思想政治教育亦然。

二、教育教学实效性内涵的狭义理解

从狭义上来说，思想政治教育教学的实效性，指在思想政治教育教学活动中所体现出来的对受教育者所具有的吸引力和影响力，以及受教育者在经历了思想政治教育过程后对一定的核心价值、理想信念、道德规范等的接受程度。从这个角度来理解思想政治教育教学的实效性，并没有因坚持教育取向的实效性而抛弃社会取向的实效性。思想政治教育教学的实效性不仅体现在教育教学本身的吸引力和感染力上，更体现在对人本身发展的启发性、塑造性和促进性上。后者只能在社会实践中得到评价。受教育者可能是在受教育后相当长的一段时间甚至是若干年后，在社会经验和生活阅历等社会性因素的作用下才表现出对当初所受教育教学的价值认同的。从教育教学的现实情况看，狭义立场的理解有利于正视思想政治教育教学实效性在教育取向方面存在的不足和缺点，这种理解更有利于现实地改进思想政治教育教学中存在的问题。

毋庸置疑，思想政治教育是一种教育实践活动，又属于一种具有特殊性的教育，它同教育的关系是特殊与一般的关系。如果说教育是"传递社会生活经验并培养人的社会活动"，那思想政治教育无疑也是在社会生活传递和人的培养中发挥特定功能和独特作用的教育内容；如果说教育是"培养新生一代准备从事社会生活的整个过程，主要是指学校对儿童、少年、青年进行培养的过程"，那么思想政治教育便是培养新生一代的教育体系不可或缺的组成部分。总之，无论怎样去界定"教育"，思想政治教育都是其整体的一部分。实际上，思想政治教育的实效性存在于它对人的培养，尤其是对新生一代的培养中所能发挥的特殊功能和作用，以及所满足培养对象相应需要的程度。在这里，思想政治教育的实效性既从属于教育的实效性，又具有自身的特殊性。首先，教育不是万能的，所以，思想政治教育也不是包医百病、无所不能的，它有其自身的局限性。其次，教育实践活动的发展，推动着教育实效性的变迁，没有一成不变的实效性适合所有的教育，思想政治教育的实效性也没有唯一的标准。因此，思想政治教育的实效性有着发展性、具体性等特点。

三、教育教学实效性的完整理解

众所周知，在"思想政治教育"作为一个称谓提出以前，作为一种教育实践活动的思想政治教育在不同国家历史发展的不同形态中，经历了漫长岁月。在教育向着学科化和专业化方向发展的过程中，思想政治教育的相对独立性表现出来，而且越来越倾向于通过教学活动的课程教学来承担。在当下，我们说高校思想政治理论课的教学活动，是高校对大学生进行思想政治教育的主渠道和主阵地。这就是说，高校思想政治教育与其课程教学在目标要求、任务承担等方面是统一的、一致的。

教学活动必是教育活动。当我们使用"教育教学"这个概念时，暗含着这样一种意思，即教学是一种担当教育的形式，但不是唯一的形式，所以教育家张楚廷教授说道："教育活动则不一定是教学活动。"从这个意义来说，思想政治教育活动同思想政治教育的教学活动显然是有差别的。但当我们思考思想政治教育的教学问题时，一个非常明确的事实是：现代教育是以学校为主的教育，现代思想政治教育也主要是通过学校教育来进行的。在学校教育的范畴内，教育存在于教学之中。因此，思想政治教育也存在于教学之内。在我国，思想政治教育主要是通过专门性的课程教学来进行的。中华人民共和国成立以来，思想政治理论课程设置和演变的历史表明，任何一次以课程改革为基础的教学改革，都实际上是思想政治教育本身改革的反映。从这个意义来说，通过思想品德课程、思想政治理论课程、公共政治理论课程等课程内容所进行的教学活动，就是对不同层次的学生实施的思想政治教育，如果再加上一些可以延展为教学系列的隐性的课程教学，思想政治课程的教学几乎等同于思想政治教育。因此，我们可以说，思想政治教育的教学活动，也就是思想政治教育活动。

从以上对思想政治教育教学实效性内涵的界定来看，考察思想政治教育教学的实效性，不仅要将其放到思想政治教育教学的目的和过程中来思考，还要将其放到思想政治教育教学的结果中来思考；不仅要将其放到思想政治教育教学范畴内来思考，更应将其放到整个教育教学的过程中来思考；不仅要将其放到受教育者知识、能力和素质水平全面提高的要求中来思考，更要将其放到受教育者的社会生活过程和现实生活表现中来思考；不仅要考察思想政治教育教学对受教育者的即时性影响及其实效性，更应当考察思想政治教育教学对受教育者的历时性影响及其实效性。根据上述阐释，思想政治教育总是要通过课程教学为主的方式来进行，而思想政治课的教学又总是反映、承载了教育活动。因此，我们谈论思想政治教育的实效性时，就不能忽略教学的实效性，而当我们考量思想政治理论课的教学实效性时也是在探究思想政治教育的实效性。

第二节　教育教学实效性与人才培养的一体性

在高校人才培养质量观的演进中，"知识—能力—素质"三位一体、辩证统一质量观的提出并迅速达成共识是近年来教育质量观发展的最显著成果。思想政治教育教学对大学生素质的培养目标体现在其具体的课程教学实践中，其质量评价与其基本目标的实现程度是密切联系在一起的。思想政治教育教学的素质教育大致包括理论素质教育、政治素质教育、道德素质教育、法纪素质教育、心理素质教育等，这些素质教育的内容同高等教育的知识素质和能力素质培养是紧密相关的。高校思想政治教育教学课程的设置是围绕一定目标构建的相互融合和渗透的有机整体。从高校思想政治理论教育"05方案"课程设置的基本思想来看，"马克思主义基本原理概论"侧重于从理论和思维的层面培养学生马克思主义的立场、观点和方法，以及利用其分析和解决问题的能力；"毛泽东思想和中国特色社会主义理论体系概论"不仅融会贯穿了世界观、人生观、价值观方面的教育，而且结合中国革命、建设和改革的实际，进行党的理论、路线、纲领、方针、政策教育，从理论与实践相结合的层面促进学生理论素质、政治素质和思想素质的结合和提高；"中国近现代史纲要"立足中国近现代历史的演变发展，引导学生树立正确的历史观，使学生获得关于中国近现代史发展必然性的正确理解，培养学生的爱国主义精神和民族自尊心、自信心、自豪感；而"思想道德修养与法律基础"等课程所进行的道德素质、法纪素质和其他方面的素质教育则是对学生进行以爱国主义和为人民服务为核心，以集体主义为原则，以民主法制观念的增强为目的的具体教育，最终促进学生做到"知""行"统一。可见，思想政治教育教学各门课程教学内容是环环相扣、缺一不可的。

审视思想政治教育教学课程设置的特点，我们认为，思想政治教育教学坚持了这样的基本理念：不论是什么专业教育，其目的都离不开对"人"的培养。简单说来，就是不管是理工类的学生，还是文史类的学生，他们的发展目标都应是成为在思想力、道德力等方面有较高水准的社会主义劳动者和高素质人才，这一点是基本的、始终不变的。透过思想政治教育教学课程的系统设置，可以看出，思想政治教育教学对学生思想道德素质的提高有着明显的层次性。我们认为，可以从精神层面、思维层面和能力层面来考虑其所具有的功能和作用。

一、着力培养学生的精神素质和思想道德素质

高等教育侧重专业知识、能力教育的特点，要求在任何专业的教育中必须始终贯穿素质教育的内容。当然，高等教育中的素质教育与基础教育中的素质教育不仅有点、面上的不同，而且有层次上的差别。大学的地位和功能要求高等教育在对学生的素质培养中，必须站在历史的高度，坚持高立意。就我国当前高教实践来看，就是要以战略的眼光来主动地思考、设计思想政治教育教学的素质教育内容及其对学生的素质培养目标。应该明确高校教育对大学生更高的思想境界要求和人品、责任感要求，实际上就是思想政治教育教学所要实现的目标。大学的人才培养目标不能只考虑社会上某个部门、某个专业的需要，而要考虑更大的需要，即振兴中华民族的需要，推进中国特色社会主义现代化建设事业的需要，参与未来社会全面竞争的需要。这样的需要，显然要求高校思想政治教育超越"能工巧匠"的培养框架。在培养适应这种需要的人才过程中，思想政治教育教学所起到的作用不仅是政治保证方面的，还是民族精神培养和民族气质塑造方面的、较高思想境界和道德水平造就方面的。从思想政治教育教学必须坚持"以人为本"的要求来看，它应使学生在现实的受教育过程中，立足于我们的文化传统，适应社会进步的潮流，形成科学正确的世界观、人生观和价值观，确立正确的是非标准，把较高的思想力、道德力内化于灵魂深处。在这里，思想政治教育教学彰显了它在造就"一个脱离了低级趣味的、有益于人民的、高尚的人"的过程中所具有的教育力。

二、着力培养学生对现实问题的理论思考能力

目前，在高校思想政治教育教学中，很大比例的教学内容是思想理论的教育，这是

必要的、基本的。但理论教育不是对理论内容的简单述说，而是要从思维层面训练学生对现实问题的理论思考能力。亦即思想政治教育教学的思想理论教育，应立足于我国改革开放的伟大实践，引导学生科学思考我国社会主义事业发展的逻辑及其规律。培养学生以马克思主义的立场、观点和方法分析问题的能力素质离不开从思维层面培养学生正确认识和分析现实问题的基本思想方法，避免"按需要随意取舍真理"的现象发生。从目前看，思想政治教育教学在对现实问题分析和解释上的力度是不够的，学生对社会生活中的种种问题存在思想上的大量疑虑和困惑固然与现实问题的复杂性有关，但不可否认的是，我们对从思维层面来培养学生的理论思考能力素质存在着认识上和行动上的误区，甚至盲区。思想政治教育教学的素质教育应在思维层面培养学生科学、正确的理论思考能力上发挥更大的作用。

三、着力培养学生对理论知识的实践运用能力

思想政治教育教学对学生内在精神素质的塑造和理论思考能力的培养最终都要落实到学生的行为选择和实践活动中来。能力素质的培养是学生把知识外化为实践活动、体现素质教育水平的关键。在高等教育人才培养观从重知识到重能力再到注重提高素质的历史演进过程来看，高素质能力的培养离不开对理论知识的传授。所谓大学者，研究并传授高深学问者也。不学必然无术，离开知识传授的能力素质培养是不存在的。但不能将理论知识进行实践运用的学生，其社会价值也是令人怀疑的。从能力层面来看，思想政治教育教学不仅可以培养学生的能力素质，而且培养的是学生对理论知识进行实践运用的能力，这种能力的培养显然超越了简单的技术技能培训。在理论知识的实际运用中，受教育者所展现的不仅是自己的思维方式，而且是自己的价值选择。可以说，对理论知识实践运用能力的培养体现着高等教育独特的社会价值，思想政治教育教学要求受教育者在运用知识的过程中能体现出充分的社会价值，把个人价值和社会价值有机地统一到自己的社会实践活动中去。

第三节　教育教学实效性的内容与特征

毋庸讳言，增强实效性和针对性，是当前加强和改进高校思想政治教育的重要课题。高校思想政治教育实效性不强集中表现在三方面：一是理论与实践结合不紧密；二是还不能有效深刻地解释社会生活中一些与课上理论不合拍的现象与问题；三是不能及时有效地回答、解决大学生在世界观、人生观和价值观方面的一些困惑与偏差。这实际上提出了如

何评价思想政治教育教学实效性的问题。思想政治教育教学的实效性究竟体现在哪些方面？其实效性由哪些内容构成？它有什么特点？也就是说，从哪些方面去评价思想政治教育教学的实效性？对此我们可以从以下不同的角度和层面来思考思想政治教育教学实效性的内容和特点。

一、实效性的正面引导性特点

思想政治教育教学的最终目的，是使学生具备良好的政治理论素质与思想道德素质，引导学生树立中国特色的社会主义理想，形成科学正确的世界观、人生观和价值观。思想政治教育教学要全面体现党的教育方针和社会主义的办学方向。思想政治教育教学是否具有实效性，与其对学生引导的方向性密切相关；它是否具有实效性，要看其在对现实问题的回答中是否坚持了科学性和正确性的原则，是否落实了正面引导性的要求，这种正面引导性的效果直接反映了思想政治教育教学的实效性。

二、实效性的实践性特点

从人才培养的要求看，思想政治教育教学的实效性如何，关键看学生在社会生活实践中的表现，看他们能不能坚持用马克思主义的立场、观点和方法分析新情况、解决新问题；看他们是否拥护并努力实践党的路线、纲领、方针、政策；归根结底要看学生在接受思想政治教育教学后在现实生活中的表现，只有当表现符合"四有"新人的要求时，思想政治教育教学的目标才算完成。

三、实效性的历时性和潜隐性特点

大学阶段是学生思想观念渐趋成熟的关键时期，"这个人将会是一个怎样的人"在这一阶段已基本成型，该时期形成的思考问题的立场、观点和方法在很大程度上影响着受教育者的一生。如果大学教育中的思想政治教育教学不能对此有所助益，抑或助益不大，如果我们培养的所谓高素质人才只是在"考试中"去"认同"马克思主义的立场、观点和方法，而在"考试后"和今后的人生道路上并未奉行所认同的正确准则，就算不上是真正的坚持。那么思想政治教育教学的实效性是不完全的、缺乏持久性的。我们曾经对毕业多年、有一定社会阅历和成就的人做过非正式调查，问其"在大学最不爱上的课是什么"，答案是"两课"（马克思主义理论课和思想政治教育课）；当问到"你认为对你影响最大的课是什么"时，答案竟然也是"两课"。对他们而言，尽管当时的课并不爱听，但自己走向社会后很多理论、思想，包括做人的道理，恰恰是在思想政治教育教学中获得的。这说明思想政治教育教学完全是必要的，其实效性体现在学生今后的漫长的人生道路上，周期性较长。这种影响力的存在，也说明思想政治教育教学的实效性具有历时性、潜隐性的特点。

四、实效性的直观性特点

思想政治教育教学的实效性首先体现在教学过程中，高校思想政治教育理论课的课堂教学是思想政治教育教学的主要环节，其实效性在课堂教学中首先反映出来。课堂教学吸引力的强弱是衡量思想政治教育教学效果高低的基本标准之一。评价课堂教学的吸引力，一看出勤率，即学生的到课情况，在无强制性要求的前提下，如果学生出勤率低，则说明课堂教学吸引力不强；二看抬头率，即学生听讲的情况，若学生在课堂上不是在认真听讲，而是在看专业书或者玩游戏等，则说明思想政治教育教学活动还没有赢得学生的认同，缺乏吸引力，实效性不好；三看参与率，思想政治教育教学活动一定要调动起学生的积极性，使"教"和"学"互动起来，教师不要只是站在讲台上"演讲"，而要充分调动学生的积极性和主动性，若学生不愿意参与交流等，教学效果是不会理想的。

五、在教育教学考核环节上的认同性特点

任何教育教学过程都离不开对知识的传授，思想政治教育教学所传授的知识具有特殊性，学生对所传授的知识是否认同是衡量思想政治教育教学实效性的标准之一。思想政治教育教学要传授马克思主义的基本理论和基本方法等方面的知识，学生是否认同、接受思想政治教育教学的内容，主要从学生的过程性考核和考试的成绩中表现出来，从学生对现实问题的理论思考中反映出来。所以高校在考核环节上不单要注重试卷的得分，更应从平时形成性评价中进行考量。

第四节　影响教育教学实效性的原因分析

思想政治教育教学是大学生思想政治教育工作的重要组成部分，在对大学生进行人才培养的过程中具有不可替代的作用。这些年来，思想政治教育教学在促进学生全面素质提高、维护高校稳定等方面取得了很大成绩。但思想政治教育教学存在的主要问题之一，

还是实效性不强。实效性方面的主要问题体现在思想政治教育教学的地位认同和功能发挥方面。从主观方面讲，还存在对思想政治教育教学实效性的不正确、不准确的认识和理解。从客观方面讲，思想政治教育教学的实效性不强、实效性体现得还不充分。导致思想政治教育教学实效性不强的原因是多方面的。

一、教育教学实效性不强的表现

（一）对思想政治教育教学的目标和预期效果还存在不切实际的认识

应该说，思想政治教育教学的目标同其他教学的目标是统一的。但在具体的教学实践中，思想政治教育教学目标的实现变成了简单的教学任务，这必然导致对思想政治教育教学目标和预期效果理解的表象化和简单化错误，结果是以一纸试卷终结了思想政治教育教学的实效性。此乃其一。其二，是把思想政治教育教学的目标和预期效果定得太高，不合实际。比如，把思想政治教育教学定位为引导和帮助大学生树立正确的世界观、人生观和价值观的最重要途径，这在总体上是对的，但正确的世界观、人生观和价值观是要经过长期的社会生活实践才能形成的，是要在真、善、美与假、恶、丑的斗争中才能牢固树立起来的。把这样复杂而繁重的任务仅仅交给高校思想政治教育理论课去完成并不现实。思想政治教育教学不是包医百病的灵丹妙药，必须破除在大学生"三观"培养方面形成"成也思想政治教育""败也思想政治教育"的错误认识。可见，对思想政治教育教学目标和预期效果过低或过高的定位，都是影响正确评价思想政治教育教学实效性的重要因素。

（二）对思想政治教育教学的功能和价值还缺乏一个明确的、统一的定位

长期以来，对思想政治教育功能和价值认识的不明确、不统一，直接影响了思想政治教育教学实效性的生成。在人才培养和日常工作中，人们对思想政治教育功能和价值的认识存在偏颇，特别是在市场经济条件下，人们功利意识的强化、利益观念的凸显、个体意识的膨胀、对短期目标的追求都导致其对思想政治教育功能和价值认识的片面和错误。比如，在各方面工作关系的处理中，思想政治教育教学"说起来重要、做起来后靠、忙起来不要、出了问题才想到"的现象还普遍存在；对思想政治教育的意义和机制认识不清、把握不准、理解不透，甚至怀疑不止的还大有人在。在这种情况下，有相当一部分学生把对思想政治理论的学习当成负担。在这样的氛围中，思想政治教育教学的实效性是难以生成的。

（三）思想政治教育教学在学生素质培养中的功能尚未充分彰显

思想政治教育教学在提高学生政治理论水平方面的作用是非常明显的。多数学生认为他们在接受思想政治教育教学后，自身的政治理论素质明显提高了，很多大学生明确地意识到自己政治理论素质提高的表现就是更容易认同和理解党的路线、方针和政策。他们表示"更能够从现实角度出发来分析和解决问题，解决问题的思路更加开阔，方法更加多样"，在看问题的立场、观点和方法上更加注意切合中国的现实条件。然而也有部分学生表示，在学习了思想政治理论后，自己在素质方面没什么变化，甚至依然觉得思想政治教育是"假、大、空"，如果这些大学生回答问题的态度是理性的，那么这个"表示"所反映出来的问题是不能忽略的，甚至是严重的，这同我们对思想政治教育教学的素质培养教育力理解不全面有关。在思想政治教育教学实践中应进一步深化理解其对学生素质培养所具有的功能和作用。

（四）受教育者对思想政治教育教学的地位和作用认识不到位

从以上论述我们可以看出，思想政治理论教育教学在大学生素质培养中具有重要的作用。学生是否认同和理解思想政治理论教育教学的地位和作用呢？从课后教师所做的调查和反馈结果来看，首先，大部分学生还是充分肯定思想政治理论教育教学育人价值的，有 73.1% 的学生认为它"很重要"，74.4% 以上的学生认为其课程"很有必要上"，11.5% 的学生认为"有必要上"，但是同时 9% 的学生认为"没有必要上"，5.1% 的学生表示"没考虑过这些问题"。这也说明了一个问题，有一部分大学生对思想政治理论教育教学在大学生素质教育中的地位和必要性还存在认识含混的问题，从而直接影响了思想政治教育教学实效性的形成。

（五）思想政治教育教学对学生思想道德素质培养的实际效果还不明显

学生对思想政治教育教学效果的评价最能直接反映思想政治教育教学对其成长成才的意义。在对思想政治教育教学在提高自身思想道德素质方面的效果评价中，认为"效果十分明显"或"效果明显"的学生合计占到了调查对象的 80% 以上，认为"有效果，但不太明显"和"没有效果"的学生占到了 19.2%。显然，思想政治教育教学的总体效果是为学生所肯定的，积极面是主要的。但是，尽管肯定了思想政治教育教学的效果，但态度是勉强的。因为，认为"效果不明显"及"没有效果"的比例仍占到了近 20%。也就是说，进一步增强思想政治教育教学的针对性和实效性，提高其吸引力和感染力，是提高思想政治教育教学力的重要目标，也是提高思想政治教育教学对学生素质培养教育力的关键所在。

二、教育教学实效性的形成和影响因素

思想政治教育教学实效性体现在教育取向和社会取向两个方面，从这个意义来说，思想政治教育教学实效性的形成也受到教育因素和社会因素的双重影响。无论是教育因素还是社会因素，都是多方面的，在此仅考察那些比较直接的影响因素。

（一）教育对象的变化直接影响思想政治教育教学实效性的生成

要躬行"以人为本"的教育理念，就要确立学生在"教—学"活动中的主体地位。如今，在校和即将走进大学的青年，是一群伴随着市场经济发展和我国社会生活广泛而深刻变化成长起来的一代，是一群在开放条件下懂得运用网络信息交流来参与社会活动的一代，是将在实现现代化、中华民族复兴伟业中承担主力军作用的一代。"风物长宜放眼量"，对他们要全心爱护，而不要随意指责；在教育教学中要饱含深情，而不要理论说教；在对他们的希望与预期上，要殷切适当，而不要焦虑偏激。当前，由于我们对大学生这个教育对象的认识还不够准确和全面，因此对思想政治教育教学实效性的追求显得有些无的放矢。

（二）思想政治教育教学实效性受教育者素质的影响

教师方面的问题也是思想政治教育教学中的主要问题。所谓"亲其师，信其道"，思想政治教育教学要求教师对理论知识的讲授不仅要正确，而且要生动、有趣、富有感染力；教师讲课不仅要有广度、深度，还要有温度，善于在课堂上调动学生的参与性和积极性。当前，思想政治教育教学教师并不是都能满足这些要求，从而影响了思想政治教育教学的实效性。

（三）思想政治教育与专业教育互动不足降低了思想政治教育教学的实效性

思想政治教育教学的素质教育离不开大学教育的总体过程。在调查中，认为思想政治教育教学同整个大学阶段的受教育过程是紧密相关、相互促进的学生占到了调查对象的31.3%；认为二者相互冲突和干扰的仅为10.3%；其余的学生或者认为不清楚，或者表示不知道。实际上，出现这样的结果并不奇怪，因为思想政治教育教学的学习不同于专业课或技能课的学习，要求思想政治教育教学起到立竿见影的效果是不科学的，是不符合教育

教学规律的。如对医学、经济学等课程所涉及的原理及其意义的理解是受教育者在有了相当的社会积累和理论知识储备后才会有深刻体会的。但多数学生不能肯定思想政治教育教学同专业教育过程之间是否存在着有机联系，这反映了思想政治教育教学同专业教育之间还缺乏真正的互动关系。在专业学习压力加大的情况下，学生对思想政治教育教学的学习就可能没有思想和行动上的真正保证。他们把直接针对素质培养而设计的思想政治教育教学课程看作可有可无的东西。

（四）教育教学内容的滞后限制了思想政治教育教学实效性的体现

教育发展的客观规律要求思想政治理论教育内容必须随着当代社会生活的变化发展而不断发展和更新。作为教育学生观察和理解社会人生的课程，思想政治理论教育教学教材内容必须及时更新。思想政治理论教育教学内容不能适时更新是影响学生听课兴趣的重要原因之一。学生认为"内容过时，跟不上时代的要求"是思想政治理论教育教学中存在的一个主要问题。在具体的教学活动中，尽管教师的教学内容与时俱进，但青年学生有着追求新事物、渴望了解新知识的心理特征，如果缺乏及时引导他们这种追求的内容载体和过程形式，就难以保证思想政治理论教育教学的内容被学生吸收，当然在学生素质教育力的增强上就失去了基础。

（五）讲授模式和方法的落后弱化了思想政治教育教学实效性的体现

传统的思想政治理论教育教学方式往往只采用课堂教学宣讲的形式，一支粉笔、一块黑板、一本教材、一张嘴就可以讲上数个小时，这种"填鸭式灌输"的方法抽象、单调，师生之间互动较差。我们从调查中看到，教学方式方面的原因始终是影响思想政治理论教育教学素质教育力的前置因素。有超过半数的学生认为仅使用课堂宣讲的方式和"没有把课堂教学与学生的课外实践相结合"是教学手段与方式方法中存在的两大主要问题。另外，认为"老师只顾自己讲，不善于调动学生参与教学过程"的学生占了调查对象的三成多。作为思想理论课范畴的思想政治理论教育，必要的理论灌输是不可或缺的，但如何灌输却是大有讲究的。目前的教授模式还大多采用单向灌输的方式，缺乏应有的互动。这是难以使思想政治理论教育教学的素质教育功能发挥出来的原因之一，这种方式根本上有悖于思想政治理论教育教学的素质教育性质。

（六）思想政治教育教学的实效性还受到了课堂教学规模的影响

全面地看，高校扩招极大地推动了我国高等教育改革和发展的进程。但高等教育在

"享用"扩招机遇谋求发展的同时，面临着一系列的新挑战，思想政治理论教育在对学生素质培养方面的挑战尤为严峻。高校扩招势必会加大高校基础设施等硬件建设的压力，由于种种原因，思想政治理论教育教学课堂规模本来就一直不小，而扩招更使其课堂规模膨胀。在二三百人的大课堂上，要做到因材施教、寓教于乐，调动学生的积极性和主动性，确实不是一件容易的事。学生上专业课时用的是小教室，教师和学生的距离近，互相交流的机会多，课堂气氛容易调动，课堂秩序可以适时控制，课堂教学过程的效果容易及时、全面地得到检验。而思想政治理论教育教学的"大课"教学课堂显然不具备这些优点，老师和学生的"模糊度"高，学生不了解老师，老师不认识学生；老师和学生的课堂交流困难，课堂互动不佳；课堂效果得不到实时监测和调控。从整个调查情况和学生对课堂规模的"要求"上可以看出，思想政治理论教育教学课堂与教育教学效果之间有着极强的关联。从这个意义上讲，当前思想政治理论教育教学课堂人数规模过大是其素质教育力难以提升的一个重要因素。

三、教育教学实效性形成和体现的社会性因素

思想政治教育教学作为直接引导学生运用马克思主义立场、观点和方法来正确分析现实问题的教育内容，其根本作用在于有针对性地回答重大的时代课题、重大的现实问题，尤其是与学生所联系的政治社会问题、社会生活问题、社会热点难点问题。由于思想政治教育教学实效性还有社会取向上的价值和意义，因此，经济社会的任何变化都可能对思想政治教育教学实效性内涵的认知及其生成产生影响。

（一）我国经济社会的深刻变化影响了思想政治教育教学实效性的生成

由于我国实行改革开放和发展社会主义市场经济，我国的社会经济成分、组织形式、就业方式、利益关系和分配方式日益多样化。面对经济体制的深刻变革、社会结构的深刻变动、利益格局的深刻调整、思想观念的深刻变化，思想政治教育遇到了严峻的挑战。归根结底，我国的阶层关系和利益关系发生了深刻变化，这些变化导致人们思想观念的独立性、选择性、差异性和多变性日益增强。思想观念的变化与利益关系和利益格局的调整直接对思想政治教育的地位、价值和作用产生了重大影响。这些影响表现在思想政治教育教学实效性的各方面，社会生活的变化也反映到受教育者的思想中来。反观思想政治教育教学的实际情况，面对置身社会生活的广大学子，它在联系社会生活的变化进行讲解和说明上还存在不正确、不科学、不到位、不恰当等方面的问题，甚至让学生产生脱离实际的感

觉，形成学习思想政治理论的逆反心理。这样，思想政治教育教学实效性就大受折损。

（二）贫富差距的拉大降低了思想政治理论教育教学的说服力

在当前，贫富分化导致利益分化是一个不争的事实，在这种分化面前，由于实行改革开放和发展社会主义市场经济，人们的经济社会生活发生了显著的变化。人们思想观念的独立性、选择性、多变性和差异性明显增强，思想政治教育的难度增大。当利益出现明显分化，在现实社会中表现为贫富差距拉大之时，利益关系和利益活动就具有了明显分化的特点。这时，一般认为，市场取向的历史性改革启动以来，利益多样化的演变成为社会生活的普遍事实。由于贫富差距的拉大、利益的分化，思想政治教育遇到了前所未有的"利益挑战"。在利益分化和阶层分化的背景下，思想政治教育在社会共识的形成和共同价值观的建构上遇到了前所未有的难题。因为这样，思想政治理论教育的说服力极大地减弱了。

（三）社会生活的功利化倾向一定程度地弱化了思想政治教育教学的实效性

在发展社会主义市场经济的过程中，人们的思想观念和价值追求越来越具有功利色彩，其集中表现就是人们的个体意识和利益意识变得日趋强烈，利益的分化和阶层的分化进一步凸显了社会关系的功利化倾向。经济社会的多样化发展给处于成长成才阶段的大学生带来了深刻影响。在就业压力不断加大的今天，大学生的职业定位明显表现出追随市场的特点，他们的专业选择及学习动机受将来就业要求所左右。从其内容和特点来看，思想政治理论教育对学生短期就业的"作用"是不如专业知识课程明显的，思想政治理论教育教学是引导大学生树立正确的理想信念，确立科学的世界观、人生观和价值观的重要课程，在本质上不具有功利性的色彩，它甚至被要求以一种相对超然的姿态来看待和审视社会生活的变化。如果思想政治教育教学的转型跟不上社会的转型，迟滞于社会转型，就导致思想政治教育教学的素质教育力得不到应有的展现。

（四）思想政治教育实效性教学遇到了价值选择迷茫和价值导向的挑战

在肯定个人利益合理性和合法性的同时，对经济利益最大化的追求成为社会个体和社会群体世俗生活的主要目的，社会大众表现出鲜明的"功利主义"的价值倾向。价值的多元化选择和功利至上性说明，很难有一种观念可以成为持有不同价值观念的社会成员共同认同并遵守的价值准则；同时任何一种价值观念的形成无不与社会成员追求个人利益最大化的价值观念相联系。从功能定位看，当前的思想政治教育其功能定位为意识形态化的政治工具，在价值观念一致性的基础上，用以统一思想和政治动员，致力于保证社会成员的个人利益全面服从组织利益。这些问题说明思想政治教育面临重建社会成员价值观念体系和价值导向正确把握的重任。

从思想政治理论教育教学与人文素质教育教学的相互关系，以及文化背景、素质体系、教育教学实效性的要求来看，没有系统深厚的人文教育背景，思想政治教育教学的实效性就失去了文化依托，就会流于空洞的、政治的或道德的说教。从素质教育的体系要求和整体性特征看，实现思想政治素质教育同人文素质教育的结合，不仅是对当代大学生进行素质教育的内在要求，也是对思想政治教育研究领域和方法的拓展，更是丰富思想政治教育内容和形式的现实选择。

第二章
高校思想政治教育实效性的人文观察

第一节　思想政治教育属性与人文素质教育的关系

　　思想政治教育的核心任务是对人的培养，而人文素质教育的本质也在于对人本身的培养，从这个意义来说，思想政治教育本身就是一种人文素质教育。因此，探究思想政治教育必须去研究思想政治教育与人文素质教育的结合问题。我们在对高校思想政治理论教育教学的长期实证探索和经验的总结中，越来越意识到思想政治教育与人文素质教育关系的密切性，也越来越感受到思想政治教育人文背景探究的必要性和重要性。也就是说，我们必须把思想政治理论教育问题置于一定的文化背景下来思考，把思想政治教育同人文素质教育的结合纳入人的发展这一总体范畴中来设计。这样的设计，理由有三：一是思想政治理论教育和人文素质教育都是素质教育的基本组成部分，其目的都是实现预期素质水平的提高；二是比较各国的思想政治教育传统，任何思想政治教育都离不开一定的文化环境，恰恰相反，成功的思想政治教育总是体现了特定的文化内涵，承载着明显的历史文化因素；三是思想政治教育同人文素质教育的结合，不仅是我国思想政治教育的一种传统，在当前的"课改"背景下，也是探索思想政治教育教学实效性提升的一种新视野、新途径、新方法。

一、人文素质视域下高校思想政治教育研究的必要性解析

（一）时代变革的客观需求

　　和平、发展、合作、共赢是当今世界的显著特征，富强、民主、文明、和谐是现代青年的强烈期盼。然而，新的时代尤其是随着经济全球化和政治多极化的持续推进，纷繁复杂的国内外形势为高校思想政治教育带来了机遇，但更多的是难以应对的挑战。在国际

方面，西方意识形态渗透的破坏性越发凸显，他们通过经济腐蚀、文化控制、舆论误导等看似温和的方式，不遗余力地兜售自己的价值理念、审美观念、风土人情，让我们的年轻人不知不觉地陷入消费主义的泥潭，误入色情、暴力等非理性主义的沼泽，有些甚至以透支生命为代价来换取一时的虚荣与快感，最终身败名裂，荒废学业。例如，新闻媒体不时爆出的、受西方影响的各种所谓大片、游戏等，成了某些学生大学四年消磨时光的"毒品"，甚至让部分年轻人陷入不可自拔的悲剧旋涡。另外，他们还通过各种巧妙的方式转嫁危机，把国内落后甚至淘汰的产品经过美化销往中国，这既不利于国人健康的维护，也有害于环境的保护，更是削弱了共产党在人民心中的崇高形象，因为这会给年轻人一种党执政能力欠佳的假象，使得其对党执政的合法性倍加质疑，最终不利于高校思想政治教育工作的开展。在国内方面，20世纪70年代末掀起的以经济体制改革为主导的改革开放，引发了发展方式逐渐从计划经济转向市场经济主导，经济发展获得了质的飞跃。但由于社会主义市场经济体制的不成熟，再加上人们驾驭其能力的不足及难以抵御利益诱惑的本能，人们经商牟利的手段层出不穷，部分心怀叵测的商人，挖空心思寻找商机。例如，圣诞节，本来是教会的一种礼拜方式，在耶稣诞辰这天互报平安，但国人却当成商机，大肆宣导、故意刺激消费；房地产中介则想法制造房价暴涨的假象，诱导消费者，致使大部分人沦为了房奴、消费奴。这些五花八门的捞钱招数、空前膨胀的发财欲望，彻底颠覆了青年人的价值判断标准，导致了权钱交易、特权思想、贪污腐败、唯利是图等不良风气，横行着"笑贫不笑娼、有钱就是爷"的歪风邪气。这在一定程度上反映了"被物质所包围的人也可悲地物化了"的现实，更让人不解的是"作为人性表征的文化也已经物化，又反过来塑造物化的人性"，从而形成一种可怕的恶性循环。

高速发展的社会转型又加剧了这种可悲的进程。当前社会正处于从计划向市场、从贫穷向富裕、从均衡向分化、从熟悉向陌生社会的流变，传统文化观念受到史无前例的冲击，原有的一切都处在变动之中，而新范式、新观念还未来得及形成与成熟，致使短期行为频现，意义失落、信仰崩塌；浮躁气息弥漫，精神压抑、心灵空虚；工具理性盛行，价值模糊、行为混乱等笼罩在人们精神世界的上空。人们正遭受着为了获取利益（尤其是金钱）的人性中最宝贵的精神沦丧，"拥有金钱的欲望，常常大于花费金钱的欲望，而且还在日益增大，同时对金钱之外的、为金钱所围绕其他各种目的的欲望，反倒在减退"。经济转轨、社会转型丰富了人们的物质生活，却腐蚀了人们的精神世界，变成了几近无知的单面人。海德格尔说："任何一个时代都没有像当代这样对人拥有这么多的知识，但任何一个时代也没有像今天这样更少地懂得人。"这个时代的意义正在经历最崇高的价值从公众生活中隐退的命运，而被低俗的异化利益所笼罩，被人性短板所扭曲。马克斯·韦伯说："如果丰实的物质生活却伴随着人性的丧失，又或者人的世界充满了财富，而唯独人的情操、人的心灵、人的德性、人的意义失落了，这不是人类的幸福，不过人类的悲哀和没落。"所以，不顾精神失落去追求利益与无视利益价值去崇尚精神都不利于社会的健康发展与良性运作，也不是现代社会所倡导的价值理念。阿尔温·托夫勒在《第三次浪潮》中说，如果一个社会在道德、美学、政治、环境等方面日趋堕落的话，那么不论它多么富有和具有多高超的技术，都算不上是个进步的社会。

时代的变化亟待理论的应答。为此，我们需要思考如何给人们以信仰、激情、希望和幸福，让他们回归或保持一种乐观向上的生命热情，从而肩负发展新时代中国特色社会主义的光荣使命。因为如果这一代年轻人理想真空、逃避责任、道德下滑、价值观颠倒的话，那么未来美丽中国、健康中国、和谐中国的梦想将遥不可及。人文素质培育视域下高校思想政治教育的思维转换就是时代最强烈的呼唤，也是提升其实效性、增强亲和力的最炽热心声。凝视思想教育工作的现实困境，面对价值意义失落、认知选择功利的无奈背景，在高校思想政治教育中融入人文素质培育的崇高理念，能引导大学生深入思考工具理性与价值理性的关系，弘扬人人向善、社会和谐、自然纯美的田园精神，从而使高校思想政治教育既仰望星空又脚踏实地。

（二）高校思想政治教育实效性的现实诉求

所谓实效性就是实际的效果，具体到教学上是指教师通过一段时间的教学后，学生所取得的具体进步和发展，也就是对学生思想与行为所产生的影响。从本质上来讲是指学校在教育目的、教育过程、教育实践等方面所展现出来的实际效果和现实功能，主要表现为大学生思想政治教育活动对其预设目标的实现程度和对其思想观念影响的深刻性与持久性。"高校思想政治教育的实效性主要标志是大学生认同并接受教育者所传授的信息并将这些信息内化为自己的意志和信念，在三观方面能朝着与教育者所引导、社会所期望的方向发展变化，在行为上能自觉践行教育者所传授的思想观点、政治立场分析问题、解决问题。"按照马克思社会存在决定社会意识关系原理，任何时代的理论思维都是特定现实存在的映像，而且在相异的时代具有各异的形式和不同的内容。思想政治教育作为一种教人求真、向善、尚美的精神文化现象，无疑应该随着时代的发展而相应地更新理念，根据经济社会发展状况而适时纳入新内容。因此，思想政治教育的人文素质培育理念的倡导和彰显是思想政治工作的内在必然，这为人的发展和社会进步同向提高奠定了理论根基，提供了前进动力。实践证明，由于历史的发展、社会的演绎、矛盾的转化等因素，教育对象的内在需求和关注点会不断更新，对思想政治教育的客观要求也会随之变化。因此，在中国特色社会主义社会进入新时代稳定发展之后，把握主体新关注、跟上时代新变化应是高校思想政治教育的新定位，即由服务于政治治理逐步转变为经济、社会、大学生自身和人之所以为人的综合服务模式建构。

高校思想政治教育实效性的评价标准就是看其是否达到了社会所期望的教育目的，即"满足社会需要与满足个体需要"的统一，"成才与成人"的和谐，而社会发展和个体发展的双向互动与和谐共赢就是高校思想政治教育实效性，即社会的期望。然而，现实情况却令人担忧，两者的协调推进度欠佳，教育效果并不明显。究其原因在于教育者往往只注重"满足社会需要和成才教育"，却没有把"满足个体需要和成人教育"作为教育的核心，具体体现为教育者往往把自己看作尊长，教学中使用灌输式话语霸权，毫不顾及学生的感受和主体性，即使有大胆者插话反驳，教师也大都以政治性强而应付了之。长此以往，学生丧失了学习的主动性和积极性，从而出现思政课堂上基本是教师洋洋洒洒、学生若无其事。因为此种情况下学生的实际需求得不到回应，有种强烈的被冷落感，久而久之，学生对思想政治教育理论课就失去了兴趣和渴望，这种课堂模式学生就是容器，却灌不进去东西，进而失去了应有的意义，甚至会产生逆反心理，使思想政治教育的存在形同虚设，最终影响学生正确道德意识的形成，积极道德行为的选择。有关调研资料显示：近年来，大学生中认为学校进行的各种形式的思想政治教育有效果的、有收获的人数大多徘徊在被调查对象总数的35%左右，而认为这些思想政治教育无所谓、无效果的人数远远高于这个比例。笔者认为导致上述结果的原因在于当前我国高校思想政治教育主要以马克思列宁主义基本理论、社会主义发展相关知识、爱国主义、集体主义教育等内容为主，而对于学生的生理、心理、社会适应等领域涉及较少，对现实社会的公平正义、责任担当，传统文化的生命关爱、健全人格，安身立命的艺术审美、善待自然等人文理念更是少有提及甚至刻意回避。思想政治教育理应重视政治性，培养学生对马克思主义基本理论、社会主义核心价值观及社会主义体制机制的心理认同。但当前高校思想教育只体现了对高目标的灌输与教导，而对马克思主义理论中所包含的博大精深的科学性思想、辩证性思维、人性化精神缺乏应有的关注与挖掘，致使当今大学生对马克思主义宏大理论体系仅有着表面的理解与肤浅的认知。这种欠佳的教学方式、失当的教育理念既抑制了学生学习的积极主动性，又影响着教育的实效性。因此，在新形势下，我们必须紧跟新情况，针对新问题，洞察新需要，加强和改进思想政治教育，做到改进中完善、创新中提高、发展中升华，这才是解决问题的关键所在。

如果说思想政治理论课是当前我国高校思想政治教育的主渠道，那么注重人文素养培育则是增强吸引力的真灵魂。因为它抓住了思想政治教育的"魂"——每个"现实的人"

的生存（自然性存在——理解人、关心人；生成性存在——尊重人、鼓舞人；社会性存在——指引人、锻造人；意义性存在——发展人、丰富人），在注重社会发展的同时也高度关注个人的发展，更多地运用隐性熏陶、自我体验、氛围感染来了解人的所思所想，把握人的内心世界，帮助人们在现实生活中构筑精神的家园和意义的世界。因此，人文素养培育是增强思想政治教育实效性的内在要求，因为它能焕发思想政治教育的活力，重燃受教育者的接受欲望。

（三）大学生健康成长的迫切需要

根据世界卫生组织的解释：健康不仅指一个人没有疾病或虚弱现象，还指其在生理上、心理上和社会中的完好状态。20 世纪 80 年代中期，世界卫生组织又对健康的概念进行了完善——提出所谓健康就是身体、心理、道德、社会适应完全处于良好的状态，即在躯体健康、心理健康、社会适应良好和道德健康四个方面皆健全。从这一定义可知，世界卫生组织的界定在强调身体健康的同时，更倾向于心理和人格完善等方面，主要表现为价值观念正确、身心和谐发展、道德素质完善、社会适应良好、人际关系和谐、人文素质深厚等几个层面。大学生群体作为一支新生的人才队伍，是民族的未来、国家的希望，更是社会发展的新鲜血液和支柱力量，其自身综合素质的高低不仅影响着他们能否作为一个合格的社会人存在，而且关系到社会主义核心价值观的入耳、入脑、入心，更关系到未来社会主义事业的兴旺发达与兴衰成败。人文教育专家潘光旦先生说，如果学校培养的只是有一技之长但无人文情怀（心智不全、人格扭曲）而又自以为是的专家，这样的人只会是一个畸形的人、零碎的人、不健全的人，这样的人越多，合作就越困难，工作冲突也就越多，国家和谐康泰越不可能。

众所周知，中世纪欧洲大陆崛起时，现代意义上的大学一直被赋予"精神城堡"之美称，18~22 岁的黄金年龄被称为其生命中无法替代的"灵魂"发育季，其"灵魂"塑造的优劣决定行为选择的健康与否。作为改革开放和市场经济积极价值凸显的受益人——大学生，其所接受市场经济时期的新思想不仅激发了他们的创新性思维，也开创了他们发展社会主义的新时期，做到文化知识上的"精"和个人品质上的"优"理应是其内在涵养与外在表征。然而，随着改革开放深水区和攻坚期的到来，经济成分、分配格局和利益结构的多元变化，一些消极思想也在悄然衍生。大学生由于涉世不深，实践经验缺乏，对许多复杂问题的处理往往简单化和激进化，尤其是面对就业压力，考证、考级接二连三；面对学习压力，考试舞弊现象层出不穷；面对经济压力，兼职、全职屡见不鲜；面对情感压力，行为轻率、道德缺失习以为常。功利主义的味道充斥在社会的每一个角落，找一份体面的工作占据着不少大学生的整个头脑。为此，某些大学为了迎合社会的工具理性，满足其占有市场份额的恶性竞争的欲望，变成了"职业培训场"，前几年新建本科院校的应用性转型就是其直接的表现。当然，一些家长只关心孩子的身体健康、智力发育而忽视对心理健康、人格健全的关照思想又恶化了这一趋势。

特别是网络的虚拟性和社会化信息获得的冲突更让部分大学生因此产生了影响他们人格心理发展的认知失调，他们分不清"现实中的自我"和"网络中的自我"，网上（肆无忌惮、胡作非为）、网下（彬彬有礼、含蓄害羞）知行不一，形成多重人格，这是相当危险的信号。北京大学心理健康教育与咨询中心徐凯文副主任曾坦言，很多名校的优等生都有严重的心理疾病问题，自杀倾向明显。学生得了"空心病"，但药物治疗无效，并确证虽经过30多年经济的高速发展，但患有疑虑、焦虑、恐惧等精神障碍者却不断增加的事实。这些学生总是追问：人为什么要活着，人生的意义是什么等非常终极的问题。为此，有专家估计，全国范围内每年因此失去生命的大学生至少有上百人。

教育部社科重大课题攻关项目"当代中国人精神生活调查研究"的调查也显示有"焦虑不安、恐怖、神经衰弱和抑郁情绪等问题的大学生占学生总人数的16%以上。每年因心理和行为问题导致的恶性事件屡有发生"。中国社会调查所对北京、上海、广州、南京、武汉等地1000余名在校大学生的心理调查同样显示有超过25%的被访者有过自杀念头。更令人震惊的是在对"一个大学生选择自杀是否正确"题目的判断调查，认为"行为人不负责任"的同学仅占38.6%，认为"说不清楚"和选择"可以理解、事出有因吧"竟然分别达到了19.7%和21.6%。所有这些现象和调查数据均向我们警示当代大学生健康成长存在隐忧且亟待干预的事实。为此，高校思想政治教育要把心理疏导和人性关怀作为工作的重中之重，全面分析产生心理问题的原因，积极寻找调节疏导策略，做好心理帮扶工作，积极开展心理健康教育，引导大学生健康成长。人文素养培育则是这种转换的现实必然和最佳手段，因为它关注大学生生命质量，关心大学生思想问题，注重大学生的成长与发展，着眼大学生工作、学习、生活、生存与发展的人文环境、社会环境和自然环境的优化，从而帮助其有效排解茫然和失望，引导其树立正确的价值观、人生观，形成积极的主体意识，增强其分析新事物的能力，理性对待参与和竞争的关系，最终实现人格完善、个性独立、心理健康、责任感强烈的思想政治教育的价值理性。

（四）大学生全面发展的愿景选择

实现人的全面发展始终是革命导师们不懈追求的社会理想，马克思在《1844年经济学哲学手稿》中针对异化劳动，谈到了人的发展尤其是全面发展问题。马克思如此期待共产主义图景：那时人将以一种全面的方式，作为一个完整的人，占有自己全面的本质。尽管全面发展是人类社会的理想与目标，但何为"全面发展的人"，"全面"究竟意味着什么，时代不同，认识也有差别。在马克思看来，"全面"指身体劳动和精神心灵两个方面，因为资本主义劳动的异化导致了工人这两个方面的分裂，即人性的异化。因此，马克思认为人的全面发展包括人的完整、自由与和谐发展。人的完整发展是指人在成长过程中各个因子、各种因素都得到完善发展，避免出现瘸腿现象。要实现完整发展就必须在扩大对外交往中参与各种活动，因为有分量、高质量的社会交往能为人素质的提升创造有利条件。只有个人本身驾驭了外部世界对其才能的实际发展所起的推动作用时，个人的全面发展才不再是理想，所以人必须了解未来、走入世界。人的自由发展是指人基于自身个性、自主性的发展，即根据对自然界的必然性认识来支配自己和外部，从而由必然王国向自由王国，全面、深刻认识必然性，准确判断事物，主动、自由行动。由于每个人的自由发展是一切人自由发展的条件，是未来社会的形式，所以人的全面发展必须是人的自由发展。因此，全面而自由的发展才是人类社会发展追求的最高境界。人的和谐发展是指人的各种基本素质按照一定比例均衡、协调地发展，避免失调和畸形发展。如果人的素质发展出现失衡，就会表现出病态的样式，就会出现行为的异常，和谐发展就是要求在处理人与人、人与社会的关系中，其物质和精神需要均实现有效地协调。

思想政治工作是所有工作的生命线，提升人文精神，促进大学生全面、自由、和谐发展是其开展工作的最终价值指向，更是社会进步的表现和大学生从事其他社会生活的前提。大学生所具有的人文素养既是其全面发展的基础，也是其全面进步的标志，它能使自己在扩充知识的同时，不忘塑造健全人格，时刻铭记升华道德情操和理想境界，进而激发其智慧火花，培养其创新精神（知识的创新，尤其是理念的创新），增强其应变能力，特别是社会适应能力。然而，由于长期处于社会主义初级阶段是我国的基本国情，生产力水平不高是现阶段的主要特征，面对残酷的社会竞争、日趋严峻的就业压力、不断攀升的生活消费，大学生全面发展的外围环境日趋严峻，来自课程学习、日常生活、社会实践和社会热议中的困惑也越来越多，再加上扩招的影响，在校大学生规模逐年扩大，他们素质参差不齐、家庭出身各异、生活习惯迥异，由此出现的思想矛盾、交往障碍、自卑封闭、心理问题等均会影响他们的全面和谐发展。因此，高校思想政治工作有必要在教育实践中融入人文关怀，注重人文素养，既关注人的价值实现，一切以人为本，又关心人的全面发展，从而有利于提高人的精神境界，完善人格因子，增强参与社会活动的能力。实现大学"育人"而非"制器"的根本任务，为国家、社会培养有思想、有情感、有个性、有情操的高级人才，凸显现代教育思想的基本旨归。将人文素养培育融入高校思想政治教育能够满足大学生的精神需求，关照大学生的切身利益，实现大学生的自身价值，获得大学生的情感认同，从而精准地把握教育过程中的新问题、新挑战，更好地应对变化发展了的内外部教育环境，通向大学生全面发展的愿景，达到思想政治教育课程设置的初衷。

二、思想政治教育属性和功能的人文内涵

毋庸讳言，思想政治教育的核心任务是对人的培养，而人文素质教育的本质也在于对人本身的培养，从这个意义来说，思想政治教育本身就是一种人文素质教育。因此，探究思想政治教育必须研究思想政治教育与人文素质教育的结合问题。在对高校思想政治教育教学长期实证探索和历史经验的总结中，笔者越来越意识到思想政治教育与人文素质教育关系的密切性，也越来越感受到思想政治教育人文背景探究的必要性和重要性。也就是说，我们必须把思想政治理论教育问题纳入一定的文化背景下来思考，把思想政治教育同人文素质教育的结合纳入人的发展这一总体范畴中来设计。这样的设计，理由有三点：一是思想政治教育和人文素质教育都是素质教育的基本组成部分，其目的都是实现预期素质水平的提高；二是比较各国的思想政治教育传统，任何思想政治教育都离不开一定的文化环境，成功的思想政治教育总是体现了特定的文化内涵，承载着明显的历史文化因素；三是思想政治教育同人文素质教育的结合，不仅是我国思想政治教育的一种传统，在当前的"课改"背景下，也是探索思想政治教育教学实效性提升的一种新视野、新途径、新方法。

思想政治教育的人文考察，离不开对思想政治教育育人功能的考察。人们常常把教育的功能简略概括为"教书育人"，但"教书"和"育人"合为一体的"教育"在处理教书与育人的关系时，育人功能却始终是基础性的，关于这一点，在我国古代就几乎是一以贯之的。我国第一部字典《说文解字》上注释："教，觉悟也。"也就是说，"教"是提高人的觉悟、使人明白道理的意思，或者说"教"的本义就是育人。孔子有弟子三千，其中贤者有七十二名，他教导弟子的言论收集在《论语》里，整部《论语》中很难看到讲述具体知识和学问的内容，几乎句句都是修身、齐家、治国、平天下的宏大道理。孔子被后人尊崇为"至圣先师"，表明他首先是个育人大师。

从某种意义上来说，所有的教育行为无不承担着育人功能。正如中共中央、国务院《关于进一步加强和改进大学生思想政治教育的意见》所指出的那样，高校各门课程都具有育人功能，所有教师都负有育人职责。作为塑造人的内心灵魂和规范人的外在行为的教育内容，思想政治教育同样具有育人功能。思想政治教育是人类社会实践活动之一。一切

国家的统治阶级为了维护其统治地位，总是坚持用自己的意志去培育人，运用各种手段，宣传各种有利于加强其统治的观点、理念，以期使教育对象认同其政治思想。所以，思想政治教育不仅中国有，外国也有，各个历史阶段的不同国家都有。从各国思想政治教育及其不同历史阶段的思想政治教育的理论与实践来看，思想政治教育具有重要的功能，这些功能归纳起来，主要是两个方面：一是统治的方面，二是教化的方面。就前者来说，可以表达为宣传政策、凝聚民意、维护统治、化解矛盾、稳定社会；就后者来说，可以表达为培养社会所期望的人、把受教育者培养成社会所要求的建设者和接班人。就思想政治教育的功能来说，发挥统治方面的作用离不开对人的教化，而教化方面本身就是对人的培养。

不同国家对思想政治教育在培养适应统治阶级所需要的人这个目的上都十分明确。在日本，日本中央教育审议会于1966年提出的《理想的人》（又译为《所期望的人》）的咨询报告，阐明理想的日本人应有的道德品质。在这种长期的教育中，日本教育出了富有爱国心和忠诚意识的日本人。正是培养出了被西方人称为"工蜂"的为国家、为社会、为企业尽心尽力的一代日本国民，才使日本经济在第二次世界大战后找到了不竭的社会精神动力，得以持续高速发展。在美国，国家的思想政治教育着眼于培养社会和国家所要求的"好公民"，这样的公民具有爱国守法、纳税守信、明辨是非的品质。在形成"我们"意识的同时，美国塑造了具有"美国精神"的美国人民。在英国，思想政治教育往往被冠以"公民教育"等名称，本意是培养人们做个好公民。在法国，思想政治教育被称为"公民道德教育"，意在使每个人获得自由和负有责任，在于培养集体观念，使每个公民成为有教养的人。在新加坡，思想政治教育的目标是培养认同"一个国家""一个民族"的"新加坡人"。在韩国，思想政治教育在培养具有强烈爱国主义和集团意识的韩国人方面具有重要的意义，在处理国家和个人的关系上，韩国人形成了举国一致的民族意识和爱国精神。

在当代中国，思想政治教育承担着培养有理想、有道德、有文化、有纪律的社会主义"四有"新人的重要功能。毫无疑问，"四有"各自具有特定的内涵，反映着社会主义新人培养的各个侧面，明确了社会主义合格建设者和可靠接班人的培养目标。这是关于我国当前思想政治教育的根本任务，即对人本身的培养。

从思想政治教育的"育人"功能来看，思想政治教育离不开特定的政治社会生活，当然，思想政治教育也离不开特定的文化环境。因此，任何民族国家中的思想政治教育不仅具有鲜明的政治倾向，而且具有鲜明的文化特色。"培养什么样的人，如何培养人"不仅深受政治因素的影响，而且打上了民族文化及其历史传统的深深烙印，可以说思想政治教育"观乎人文"，践行思想政治教育是以"化成天下"为目的的。因此，思想政治教育既立基于特定的人文背景，又造就着预期的人文环境和政治社会环境。

三、高校思想政治教育与人文素质教育二者之间的关系分析

从上面的论述中，我们深刻地认识到"以人为本"是我们做好思想政治教育工作的核心和关键，而"以人为本"也正是人文素质教育的精髓和主题。因此，人文素质教育的重构是创立有中国特色的社会主义现代思想教育体系中不可或缺的重要组成部分，是新时代高校思想政治教育的时代主题，是思想政治教育获取实效性的内在要求，是大学思想政治教育的一个着眼点和核心，是对思想政治教育内容的丰富与充实，是高校思想政治教育改革创新的出发点和落脚点。

（一）人文素质教育中人文精神重构是新时代大学思想政治教育的时代主题

从思想政治教育本身来看，其主体是人，对象是人，出发点和归宿也是人，因此，研究人、了解人应该是思想政治教育者的基本功。人所追求的生活应该是精神和物质的双重富有与和谐。人的存在既是一种物质的存在，又是一种精神的存在，丧失了精神家园的人类，就不可能寻求到自己存在的价值意义，精神世界的所有问题只能依赖于人文科学做出解释。人文科学的作用，就是为人类寻求精神家园，构建当代的人文精神。轻视、削弱人文教育，会使我们付出惨痛的代价。

当代学校道德教育要塑造和培养和谐发展的人，就不能把科学教育和人文教育割裂开来，必须重视两者之间的协调发展。

从我国高校思想政治教育史来看，思想政治教育目标一般比较注重"划一"的共性要求，而忽视甚至抹杀分层次的个性发展。20 世纪 50 年代前期，教育界对个性发展比较重视，做过一些探讨。1957 年之后，随着对"个性解放"的批判，个性发展就成为教育界的一个禁区。

后来的"应试教育"反映了尚未充分发育的市场经济初级阶段的要求，但经不起时间和市场发育的考验。自 20 世纪 90 年代中期以来，加强大学生人文教育、重视个性发展的呼声越来越高，这说明社会对大学生知识结构的要求是多层次、多方面的，也说明在思想政治教育中渗透人文精神的培养，是时代发展的需要。

为此，思想政治教育必须贯穿人文精神重构。通过人文精神重构，帮助大学生培养人文理性和科学理性辩证统一的新的理性精神和思维方式，从而正确认识和解决社会经济运作过程中的新问题；训练观察和思考问题的广阔视域和历史深度，锻炼积极参与竞争和善于团结合作相统一的协调精神，学会正确地以理性方式关怀人生终极意义和以实证态度

关注个人当下生活欲求之间关系的能力和方法；确立行为和行为方式选择趋向规范化和集体主义的自觉意识导向。这些内在素质和主体能力，实际上是当代人文精神的体现和展开，也标志着通过思想教育活动促使人们树立正确的世界观、人生观和价值观。这样，人文精神重构与思想政治教育结合起来，形成一种具有巨大能动作用的精神力量，形成当代的人文精神，这种人文精神，能够为学生树立正确的思想规范和价值导向，使学生自觉地用科学精神改造主观世界，用人道精神协调群己关系，用理性精神评判事物，决定取舍，从而为生产力的更快发展，创造合理和谐的人文条件，提供稳定坚实的人才基础。把人文精神重构贯彻到高校思想政治教育中，就是以大学生发展为本，走向主体、个性化发展的教育，就是让大学生的生命自由成长，让学校成为学生的精神家园。

（二）人文素质教育中人文精神的重构是思想政治教育有效性的内在要求

高校历来重视思想政治教育的有效性，然而现实中思想政治工作的效果并不理想。国家哲学、社会科学"八五"重点科研项目"改革开放条件下培养社会主义建设者和接班人"的研究成果指出，"在改革开放条件下如何加强和改进德育，十多年来一直没有停止过探索，也不断取得进展。但从根本上说，还没有达到规律性的认识，找到成熟有效的途径""学校德育在内容、方法、手段方面，不适应改革开放的新情况，影响了德育工作的实效"。

这些研究都充分反映了思想政治教育有效性亟待提高的现实。因此，在新形势下，我们必须根据新情况，加强和改进思想政治教育，以提高其实效性和有效性。

高校思想政治教育的有效性是指在一定的历史条件下，在大学生思想政治教育实践中产生效力和效用的特征，也指大学生思想政治教育产生正向结果的效能属性，我们在评价大学生思想政治教育有效性时，既要考察其达到思想政治教育者、社会所期望的教育目的的程度，即"社会需要满足性"，也要考察其符合满足大学生成才内在需要，在实现大学生相应目的方面发挥积极作用的程度，即"个体需要满足性"，使"社会需要满足性"与"个体需要满足性"相统一。所以说大学生思想政治教育有效性是大学生思想政治教育对于社会发展和大学生个体发展的有效性的有机统一。现实中我们的思想政治教育往往只重视"社会需要满足性"而忽略"个体需要满足性"，这也正是高校思想政治教育效果不理想的根本原因之一。人文精神涉及的内容复杂广泛，在注重社会发展的同时也高度关注个人的发展，个性色彩浓厚，在培育方式上更多地运用隐性熏陶、自我体验、氛围感染来了解人的所思所想，把握人的内心世界，帮助人们在现实生活中构筑精神的家园和意义的世界。因此，在新形势下，突出人文精神在思想政治教育中的基础地位，充分挖掘大学人文精神的内涵，是增强思想政治教育的针对性、有效性的一个重要的切入点，从这个意义上说人文精神的重构是思想政治教育有效性的内在要求。

（三）人文素质教育中人文精神的重构是大学生思想政治教育的一个着眼点和核心

人文精神不仅是思想政治教育的有机组成部分和基础层次，而且在思想政治教育所包括的世界观、人生观、政治观、道德观、法制观五个方面，人文精神始终贯穿于其中，发挥了重要的衔接和引导的作用。思想政治教育的功能是帮助学生树立正确的世界观、人生观和价值观，促进人的全面发展，而其功能的实现，则依赖于人文精神的重构。古往今来，对人的教育从来都是与弘扬人文精神密不可分的。一般地说，教育包括"认识"与"觉悟"两个方面，前者以文化知识的传授为主要任务，后者以思想精神的升华为主要旨趣。传播知识的任务主要由各种"科学"或"学科"来承担，而升华思想的使命则需要通过各种人文教育来完成。人文精神重构能够改变人的精神境界，对人的精神起着激励、净化、升华的作用。它诉诸人的感性、情感的层面，潜移默化地影响着人。可以说人文精神关系到一个社会的价值观导向，关系到一个民族的民族精神的塑造。国际上一些知名的学者早就发出警告：如果忽视或轻视人文学科，必然导致整个民族水平的下降，必然导致整个社会的庸俗化。因此构建人文精神，应当是大学生思想政治教育的一个着眼点和核心。

（四）人文素质教育中人文精神的重构是对思想政治教育内容的丰富与充实

在哲学上，所谓事物的内容"是指构成事物的一切要素，即事物的各种内在矛盾以及由这些矛盾所决定的事物的特征、成分、运动的过程、发展的趋势等的总和"。从哲学关于"内容"的定义中可以看出，任何事物的内容，首先应具有全面性的特点，其外在的包容能力与内在的凝聚能力应融为一体。对于思想政治教育的内容而言，既要注意到内容的全面丰富，也要注意内容组成部分之间的有机联结。对内容的展开，并非是一种失去控制的无限繁殖或随意删减，而是受制于一种内在的统一性要求。思想政治教育内容内在的统一性要求就是为了实现人的全面发展，把人文精神重构纳入思想政治教育内容中来正是由于其符合这个内在的统一性要求。思想政治教育与人文精神重构是统一而密不可分的，具有质的同一性。思想政治教育着眼于启发学生的思想政治觉悟，增强其社会责任感，其中既包含基础文明教育，也包含价值观教育，而人文精神重构的核心内容既包括价值观教育，也包括与人的权利和义务相适应的责任感，即人之为人的根本特征。因此，从内容看，高校思想政治教育与人文精神重构是统一的，趋于一致的。其次，哲学上内容的另一重要特点是其具有的动态性。世界上没有一成不变的东西，对于具体的思想政治教育内容，也是这样。在新的历史时期，为了适应新的形势，把人文精神的重构纳入思想政治教育内容中来，这既体现了思想政治教育内在的统一性要求，又为思想政治教育体系注入了新的活力。人文精神的重构应当成为学校思想政治教育的重要内涵，在这一过程中，培育具有新时代人文精神的大学生应成为当今高校思想政治教育工作的重要取向。

（五）人文素质教育中人文精神重构是高校思想政治教育改革创新的出发点和落脚点

人文精神重构的主要目的在于传播价值观念，唤起理性精神和启发人生意义。其寓教于美及潜移默化的特点，不仅可以成为思想政治教育的有效补充，甚至还会收到一般思想政治教育工作难以收到的效果。

首先，传统的高校思想政治教育比较关注大学生的政治责任感和社会责任感，对其思想政治觉悟、道德水平有着不同的要求，而对其作为一个人共同的基本要求则没有给予足够的重视，先进性要求有余而广泛性要求不足。人文精神构建有助于克服高校思想政治教育政治化、理想化、绝对化的倾向，是高校思想政治教育改革的一个重要途径。虽然我们现时的思想政治教育也属于人文教育的范畴，但其内容和目的明确单一，而人文精神重构则宽泛得多。正是这些宽泛的内容，才使学生有了广泛的比较和理性的选择，思想政治教育才真正是以理服人，确有成效的。离开了这些宽泛的内容，思想政治教育往往成了单纯的政治说教和强制的理论灌输。只有主动地进行人文精神构建，才能使学生明辨是非，才能增强思想政治教育的吸引力。

其次，传统的高校思想政治教育在理论上未能及时解决社会转型与意识转型的矛盾，方法不多，效果不佳，使许多人感到思想政治工作是虚的、软的，甚至是没有必要的。然而人文精神重构的常规化、制度化、规范化要求将有助于避免这些弊端，使思想政治教育在改革与创新中获得突破和飞跃。

简言之，人文素质教育中人文精神的重构，既包括了思想政治教育的基本内容，又适应了新时代的历史要求；既符合高校思想政治教育的基本原则，又联系现实状况开展教育，这应当成为新时代高校思想政治教育改革创新的一个新思路。

第二节 影响高校思想政治教育时效性的文化环境分析

《大学》开篇即指出："大学之道，在明明德，在亲民，在止于至善。"这里的"大学"被朱熹解释为"大学者，大人之学也"，被林语堂译为 The Great Leaning，而英语里的"大学"（University）则是"一个传授普通知识（Universal Knowledge）的场所"。今天的大学，就是一个研究高深学问（The Great Leaning）与传授一般性知识（Universal Knowledge）的地方。研究与传授，就是现在通行的"科研与教学"，无论是研究还是传授，都应该具有明德、亲民、至善的本真品格与人文诉求。如果说大学的根本宗旨在于彰显光明、完善德行，在于人们用这种德行去除旧布新、成为新人，在于使人们达到完美无缺的至善的最高境界，那么从这个意义来说，大学的文化品性就在于对人本身的培育，在于对高素质人才的培育。

在中国 20 世纪的历史上，新文化运动时期的北京大学、北伐战争时期的黄埔军校、抗日战争时期的西南联大，还有延安时期共产党创办的抗日军政大学、鲁迅艺术学院、延安大学，直到今天它们依然是人们津津乐道的优秀的大学。这些大学有一个非常重要的特点，就是没有把大学看成是培养"能工巧匠"的地方，而是把大学作为培养（甚至是灌注）某种理念、建构某种意识形态理想的地方。这才是大学的文化之道。

今天讨论大学的文化之道，从最根本的意义来说，其目的不是去探索另外一个什么形而上学的本真，而在于直面今天大学存在的问题——大学文化之道的失落。如果我们拨开那些形而上学的迷思，看清中国大学的文化存在，就容易发现这一点，当代中国大学存在于全球化竞争环境中，存在于中国快速推进现代化的进程中，存在于中国怀着民族复兴梦想、实施大国崛起战略之际，当代中国大学还存在于中国经济、政治、文化和社会模式的变革中。在这样的时代和环境中，中国大学的文化之道就是提高中华民族的思想道德素质和科学文化素质，前者可称为人文文化，后者可称为科学文化。所以，大学本身就应具有文化品性。作为今天的大学，其文化之道的要义至少包含了两方面的内容：一是帮助直接的受教育者——大学生实现其人文文化素质和科学文化素质的提高；二是代表全民族文化发展的新方向，确立社会现代化发展的文化标准。因此，大学的文化使命必定要超越"象牙塔"的围墙，从而影响整个社会的发展和每个人的发展，这是大学应承担的文化使命。但是，目前存在于中国大学中的纷纷扰扰的文化乱象似乎远离了大学的文化之道，从而不足以支撑人全面发展进步的要求。

一、文化乱象对人培养的影响

尽管时下关于文化的定义有二三百种之多，但文化作为一种精神性的存在，其实质只能是映射人们生活方式和现实行为的精神模式。在大学的运作模式和运转过程中，那些支配大学运转的精神性存在，就是大学的文化存在。作为一个有文化的地方，大学的运转应具有文化运转的意味，也就是说，如果大学的运转不是具有文化意义，而是具有经济意义或政治意义，那么大学就可能失却自身的本真意味。成为一个经济单元或者政治单元的大学，必然丧失了自己的文化自觉能力和文化品性。因此，考察大学实际运转的过程就是在考察大学的精神性存在和文化品位。如果承认任何一所大学的运转都离不开基本的"教一学"体系，都离不开由"教学""科研""育人"等环节和内容构成的过程和模式，都涵盖了"师者"与"学者"的基本要素，那么考察大学的文化品性，就应当考虑到如上关系、过程和因素。当我们从这些方面去求解大学的文化品性和文化使命时，必须正视目前大学运转过程中存在的非文化内容和假文化现象，正是这些内容和现象削弱了大学的文化影响能力。

二、文化品性与文化使命中完善大学育人的文化功能

无论关于文化的界定和理解怎样的众说纷纭，文化作为后天获得的经验性体验，它就是一个特定社会或特定群体所特有的一切行为、观念和态度。作为人类的本质活动的对象化成果，文化显然具有人为的性质。大学文化不仅是关于大学生活（最基本的是"教一学"生活）的一种反映，而且是社会文化生活的先进代表。如果大学不能在文化上实现自主性的存在和变革，而是以媚俗的取向说明自己存在和发展的合理性及其以功利化的教育目的公开为自己的存在和发展辩护，那么，作为"人们的生活方式"的文化，大学文化似乎只能被动适应外界的变化，而不是主动地引导和促进社会的变革，如果那样，敢问大学精神何在？也许大学已经不能创造和形成自己的文化了，因为它被政治和行政挤压，它被社会挤压，它还被物质利益挤压，大学则不能以美好的东西和精神文化去"挤压"那些负面的影响。最后，大学没有了自己的"胸腔"。因此，大学要找回自己的精神，而其精神的找回必先立足于大学文化品性和文化使命的重塑。

（一）在塑造大学的文化品性中发挥文化育人的功能

大学的品性，主要指的是大学的文化品性。教育家的文化品性从何而来？大师蔡元

培先生有言在先："大学者，研究高深学问者也。"这种高深，并不是高不可攀、深不可测的意思，而是指大学所传授的知识、学问、思想还未在社会生活和人们的精神领域成为常识或确定性认知，需要在更高的水平上进行知识的发现抑或生产、发明抑或创造，这些知识、学问、思想本身需要通过深入分析和探究后方能掌握和传授。这是大学的一个重要品性。因为这个品性，高等教育内在地具有两个基本内容或任务："教学"和"科研"。教学是对知识、学问、思想进行创造性传授的过程，而科研本身就是对知识、学问、思想有所发现、有所发明、有所创造、有所发展的过程。从这个意义来说，大学的文化品性在于出新的思想、出真的思想。

大学还有何文化品性？清华大学老校长梅贻琦说："所谓大学者，非谓有大楼之谓也，有大师之谓也。"因为秉承这个品性，西南联大在穷山恶水之间，在漏雨的平房里，在破庙里，在茶馆里，成就了世界上一流的大学。延安时期的大学也秉承了这样的品性。真的大学，是由那些民族的脊梁撑起的。一个没有大师的大学是一个没有大学问的大学。大学的文化品性是要由大学里的大师们担当的，以今天的视角看，就是由优秀的教师队伍担当的。如果大学里的学者、教授把心思专注于把 50 平方米的房子"折腾"到 100 平方米，再"折腾"到 200 平方米，甚至 300 平方米，他还能够以怎样的文化形态呈现在大学里呢，还能在物质追求之余呈现给学生怎样的精神气质和文化内涵呢？如果那样的话，大学的文化品性只能让位于大学里的物质欲望，大学的文化除了教育者不断对受教育者的物欲诠释，似乎没有更为可欲的文化了，这必然丧失"大学"（The Great Leaning）的本真意义。

此外，大学还有何文化品性？从"育人"这一基本任务看，育人包含对人的思想素质和行为才能的引导与塑造。要特别说明的是，"育人"与"培养人才"的要求是不同的。大学是造就人的地方，如果说文化的实质就是人化，那么大学的文化就是造就人的文化。这种文化不仅关注人的外在行为能力，而且更注重人的内心灵魂。如果大学的文化失去了直面人自身内心世界的品性，以专注于对自然界的改造而忽略了对人自身的改造，忽略了对人的心灵、信仰、理想与信念的塑造，我们实难说出大学的文化品性。今天的大学，的确使自己蒙羞了。每所大学都忙着培育各种需要的"人才"，生产满足各种需要的"产品"，却忘却了培育作为人的社会所需要的"有理想、有道德、有文化、有纪律"的一个个"人"。人们说，大学的文化品性已经让位于工具理性了，斯言不谬。

（二）在确立大学的文化使命中体现文化育人的功能

大学作为知识创新的主要场所，是科学知识传承与创新的重要源头；作为文化传承和创新的重要载体，大学是文化积累、交流、繁荣的重要阵地，理应成为文化选择与优化并形成民族文化气质的前沿动力，不断开辟文化的先进性方向并引领文化的发展；作为社会进步的特殊角色，大学是引导和促进社会变革的积极力量，最终成为实现人民利益和实现人在某种程度上全面自由发展的重要途径。从这个意义来说，大学塑造了社会的文化标准，而不是社会的标准塑造了大学的文化品性。如果大学对社会文化标准的塑造体现在其对传统与现实、历史与未来、科学与人文、理论与经验、个人与社会之间的关系中，那么，大学的文化使命就是塑造社会的文化标准，这种标准不是外来的也不是借来的，而是在民族文化的胞胎中孕育的。正如曾经担任哈佛大学校长40年之久的查尔斯·艾略特所说的那样："一所名副其实的大学必须从本国深厚的文化土壤中成长起来。美国的大学应该植根于美国的社会和政治传统，而不能从英国、法国或者德国移植过来。"正因为这样，大学才能够肩负起塑造一个民族和社会文化标准的使命。

因为承担了这个艰巨使命，大学以其文化作为（而非其他作为）酝酿了实现国家目标和人民利益的基础性力量，在社会发展和社会文明程度的提高中建设了知识、思想、信念的基础设施，从而也奠定了一个国家现代崛起的基石。可以说意大利的崛起离不开博洛尼亚大学的贡献，英国的崛起依赖于剑桥大学和牛津大学，法国的崛起不能没有巴黎大学，美国人则是在哈佛大学的基础上形成理想信念的，德国的崛起则不能没有柏林大学。每一个伟大民族或国家的崛起都拜其一流大学崛起之功。这些一流大学对其民族或国家的首要贡献在于其确立了文化标杆、文化理念和文化模式，它们对于民族文化传统的形成、维系、承传与变革产生了不可估量的影响。

大学担当确立文化标准的使命，必然要求大学生在观察人生与社会之时，不能仅仅局限于以"现实性的理想"来审视我们周围世界发生的现象。如果大学所培养的"高素质人才"总是以现实生活中的"标准"来度量自己的价值，构建自己的价值观，规定自己的生活意义，那么，大学提供给社会的顶多是没有胸怀的所谓的社会"适应者"，而不是推进社会进步的"人"。中国的教育有着悠久的历史，现代意义的大学却是在向西方学习的过程中产生的。虽然我们借鉴了西方大学的文化标准，但中国的大学必须植根于中国的民族文化、历史与社会中，确立中华民族复兴与崛起的文化标准，这是当代中国大学所必须承担的文化使命。

第三节　高校思想政治教育与人文素质教育融合的途径与方法

一、当代大学人文素质的迷失

（一）当代大学人文素质迷失的表现

当代大学教育的严重缺陷之一，就是人文精神的失落，其主要表现在以下几个方面。

1．人文知识缺乏

人文知识，一般是指文、史、哲、艺等人文学科所涉及的理论性知识。人文知识所表征的是一个"为学""知道"的层面，而人文精神所表征的是一个"为道""体道"的更深层次的意义。人文知识的学习和积累是人文精神的培育和养成的基础。在我国高校当中，理工科学生人文知识、人文素养普遍低下，文科学生自然科学方面的素养普遍不高，特别是我们理工科的许多研究生、博士生普遍缺乏且不重视人文和哲学素养。调查显示：接近半数的学生明确表示"不知道""不太了解"什么是人文素质，竟有个别学生说，人文精神就是一个地方的风俗和民情，其中也有极少数学生认为"在商品市场金钱条件下谈人文精神，就像出售没有使用价值的商品，哪里有市场，怎么能赚到钱"。只有一小部分的文科学生表示崇拜理论家、文学家、艺术家，而大多数理工科大学生对"人文知识"是"敬而远之"。除文科外，大学生普遍存在着文化底蕴不足、文化视野不广、对传统文化知之甚少、语言表达能力差、缺少必要的文化艺术修养等情况。在天津大学进行的一次大学生人文素质状况的问卷调查中，共回收 523 份问卷，回答"通读过十种中国传统文化典籍"的占总人数的 5.7%。这表明当今像天津大学这样的国家重点大学 94.3% 的学生，没有系统地读过至今还影响着我们文化传统的优秀作品。

2．人文修养浅薄，缺乏人文关怀

所谓人文修养，是指对人文知识广泛涉猎、研究，从而使整个文化积淀在社会成员身上体现出的一种综合素质，主要包括人的政治、道德和知识文化等方面的修养。有知识不一定有文化，有学问不一定有修养。当代大学生的价值观呈现出价值主体自我化、价值取向功利化、价值目标短期化的特点。价值主体自我化在一定程度上削弱了社会责任感、集体观念和利他精神；价值取向的功利化导致了当代大学生对金钱和物质享受的过分追

求，一些学生为了获得金钱而荒废学业；价值目标的短期化使得大学生丧失了对理想和信念的追求，出现了精神真空，丧失了人生方向。缺乏人文关怀使得一些校园暴力事件屡次发生，这不得不引发人们无限的思考。

3. 重个人轻集体，道德水平滑坡

在我国市场经济体制确定的过程中，整个社会的道德水平出现了滑坡的现象，这种现象也波及大学校园。道德滑坡的现象不仅表现在大学生中间不道德、不文明的行为明显增多，更体现在一些大学生在处理人与人的关系方面。他们信奉个人主义，只讲个人奋斗，缺乏对社会、他人的关注，缺乏社会责任感，把人伦关系淹没在利己主义的冰窟里。这些都充分说明了大学生日常的道德行为水平远没有他们的道德认知水平那样高。美国教育社会学家帕森斯认为，人的素质可以概括为能力和道德两个方面，而道德的核心又可归结为责任感。一个对社会、对他人缺乏责任感的人，很难指望他为社会做出多大的贡献。

4. 重功利轻理想，精神信仰贫乏

在市场经济和对外开放的浪潮冲击下，实用主义思想在大学生中明显抬头，大学生在专业选择、知识的习得及择业等方面都存在着明显的急功近利的倾向，只重眼前利益，不顾长远发展，传统的一元价值观被多元价值观取代，金钱日益成为大学生所追求的目标，拜金主义、享乐主义、功利主义、实用主义等腐朽思想恣意横行，使人成为金钱的奴隶，失去了理想和内心的道德法则，失去了价值的依据。一些大学生一听到理想便无动于衷甚至反感，好像提到理想便意味着虚伪与做作。这导致了大学生群体中出现了，诸如"精神家园的迷失""终极关怀的缺乏""信仰的真空"等令人费解的现象。

5. 重文凭轻文化，科学精神缺乏

随着竞争机制进入社会生活的各个领域和专业化社会的到来，高校校园掀起了"文凭热""考研热""证书热"，许多大学生尤其是大专院校的学生努力提高自己的学历，把它作为改变命运的最佳跳板。"考研热""证书热"成为学生应对时代挑战的一种主动适应。但是我们不无遗憾地发现，"文凭热""考研热""证书热"的真正支点是生存需要而不是学习的兴趣，大学生对文凭与证书的执着多了一些急功近利的盲目，而少了对科学文化本身的推崇与"爱智慧"的热忱。对相当多的学生来讲，拿到文凭或证书，是解决个人生存问题的一种手段，至于它本身包含了多少真才实学反倒是次要的。于是"混文凭"成了一个心照不宣的说法，考试作弊也蔓延成了一种风气。

以上几个方面，虽未涵盖当代大学人文素质弱化的所有问题，但足以说明我们的高等教育正在经历着人文精神失落的危机，这种危机会直接影响高等教育人才培养的质量，

而缺少人文精神的高等教育将很难担当其应承担的历史重任。

（二）大学生人文素质迷失的现实原因分析

大学生人文素质缺失的现实原因主要表现在社会和学校教育两个方面，既有认识上的误区，也有实践上的不合理。

1．社会转型时期新旧体制交织所带来的新旧观念的交替和冲突

中国的改革开放和现代化建设，是一场带有根本性的社会变革。这场变革不仅要改变不能适应生产力发展的经济体制、政治体制、管理体制等，而且也必然带来整个社会在价值观念、情感心态等文化心理层面的一系列变革和更新。我国经济和科技水平与发达国家有相当距离，因而大力发展经济和科技实力是中国肩负的主要责任。这时，实用主义恰恰吻合了人们的短期需要，经济的发展出现牺牲道德准则、理想贬值、人格扭曲等现象。急功近利的行为瓦解了社会的共同理想，瓦解了社会公正，使诚信开始出现严重危机。旧的观念体系开始出现松动和瓦解，尚没有完全离开历史舞台，而社会主义市场经济基础上萌生的现代观念体系尚未真正形成，也没有上升到主导地位。新旧观念的交替和冲突造成思想的混乱和社会失衡，人文危机正是在这个基础上产生的。

2．科技和人文的分离

19世纪以来，我们似乎走入科技与人文对峙的时代。在科学技术符号无孔不入的形势下，科技取得了霸权地位。它在造就了物质奇迹的同时，也导致了严重的人文危机。"科技是第一生产力"，只有在人与自然的物质领域是真理，但是它解决不了人的内心世界中的一些超越性、永恒性的问题。

中国由中华人民共和国成立之初的贫困落后一跃成为综合国力日渐增强的社会主义大国，科技的发展和运用发挥了神奇的力量，这更强化了人们的科学观念，从而刺激了社会对科技人才的渴望，对科学教育的需求。一些人因此产生了一种幻想：科学是无所不能的，唯有科学才能给人类带来福音，任何一个人只要具备了较为丰富的科学技术知识，就是国家的人才。正是受这种"科技至上"思想的影响，在大学教育中，科学教育上升到了最高位置，而人文精神则被人们所轻视，一步步滑落到了最低点。高校往往首先重视和保证理工科的发展，将重点放在技术教育而非科学教育上，人文学科则难以得到优先考虑；学生往往也首先选择学习理工学科，而且多半是技术性、技能性的课程，对那些以提高人的认知、创新能力，培养理性的科学精神为目的的真正的科学教育，却重视不够，而人文教育自身，也在科技教育的强烈影响下，出现了知识化的倾向，只重视人文知识的传授，

忽视了人文教育的核心内容 —— 人性的完善、人文精神的培养。

3. 应试教育弊端的后遗症

从小学到大学，学生有机会接触到很多的科学知识和人文知识，但是少有机会接受这方面的系统教育。奇妙的自然、缤纷的社会、悠久的历史、灿烂的文化、复杂的生命现象等，都由认识的对象转为背诵的对象。加之我国长期以来推行应试教育，为了应付高考，学生在中学阶段就实行文理分科，只注重升学考试内容的学习，严重影响了学生全面素质的培育，这导致大学生人文素质"先天不足"。对此，高校不但未给予及时补救，相反，出现了注重专业教育、弱化人文陶冶的倾向，使学生的人文素质又在"先天不足"的基础上"雪上加霜"。现行的教育模式培养的学生知识面狭窄，文化底蕴不厚，缺少基本文化知识和艺术修养，缺少创造力和适应社会的能力。

4. 人文教育内容的欠缺和方法的单一

长期以来，我国高校中人文教育所占的比重极小，而就这极少的人文教育课程内容也显得过分单薄，并呈现出较强的意识形态化倾向。如果说现在我国的每一所高校都有人文教育的话，那大多是指公共政治理论课。的确，现在高校开设的思想政治理论课作为大学生的公共必修课，也是非常重要的和必要的。然而，长期以来，这些思想政治理论课过于强调意识形态，高高在上，惯于说教，忽略解决学生实际的思想问题，而且，由小学、中学到大学，对诸多问题的阐述少有发展和完善，教学内容的重复性更让学生有千篇一律、老生常谈之感，自然也难以提起兴趣。人文教育既然以培养人、完善人性为根本目的，它的主要内容至少应涉及哲学、语言文学、艺术、历史、科学技术发展史等领域。我国传统的人文教育内容单一，已远不能适应社会发展和学生个人发展的需要。人文教育内容应该体现时代的要求，符合人们追求真善美与完美人格的精神需求。缺乏鲜活的时代气息和直抵人心的精神震撼力量的人文教育只会被学生所厌烦。

二、拓展思想政治教育与人文素质教育的结合路径

思想道德教育和人文素质教育的关系是什么呢？从我们的古老传统来说，"育人"的教育传统在儒家思想大一统历史的演进中得到了传承和发扬。今天，从育人的角度来看，无论是思想道德教育，还是人文素质教育，归根结底都是关于人本身素质的培育。从一般意义上来说，人们的素质养成是多方面教育内容熏陶的结果，但作为个体的素质，却具有整体性，也就是说，一个人所具有的素质往往不是可以随便分割的。因此，提升思想道德素养和人文素质就是提升一个人的整体素质，促进思想道德素养和人文素质的发展就是促

进个人素质的全面发展。我们完全可以从这个立场，而且也应该从这个立场来探索进一步加强和改进大学生思想道德素养和人文素质教育的结合与整合问题。

（一）在教育内容体系和教育活动过程中，把思想道德素养教育和人文素质教育二者纳入素质教育内容体系来统一设计

大部分学生认识到了思想道德素养教育与人文素质教育之间的一致性和联系性，但也要看到不少学生还很难在素质教育的范畴内将二者有机地统一起来，甚至还没有将二者放在一起来思考。从这个意义上来说，在教育内容体系和教育活动过程中，如何把思想道德教育和人文素质教育在素质教育的基础上和内容体系上整合起来，是一个需要解决的现实问题。

通过进一步研究发现，把二者纳入高校素质教育的内容体系中来整合是具有现实性的。在关于"学校在思想道德素养和人文素质教育中最应该加强哪些方面教育"的提问回答中，我们看到，大学生认为学校最应该加强的教育排在首位的是思维科学教育，其次是中国传统人文教育、历史教育、思想政治理论教育和外国文化教育，当然还有的学生提到了生活问题教育等其他方面的教育。审视调查结果，我们应看到学生是完全可以在"同一个话题"下来谈论思维素质教育、人文素质教育、科学素质教育和思想道德素养教育的。从某种意义上来说，学生在回答问题方面不经意中暴露出来的前后矛盾的思维逻辑问题表明，加强思维科学教育的确是一个重要的自觉发现。实际上，在素质教育的范畴内，无论是哪方面的教育都离不开思维能力的训练，同样，无论什么样的思想政治理论教育都离不开一定的人文传统，不管什么样的人文教育，总包含着对人本身思想道德素养的教育。因此，在素质教育内容体系的设计中，应该强化素质教育的整体性和一体性特质，不要在现实性上制造"不足的人文"和"多余的政治"这样的问题。高等教育培养的是高素质人才，是国家未来不同领域和不同层次的战略决策者和执行者，只有在素质上全面的人，才能胜任这样的重任。

（二）在专业课程教育中全面渗透思想道德素养教育和人文素质教育

思想道德素养教育和人文素质教育要贯彻在每门课程（特别是专业课程）的教学过程之中。目前大学专业课程的教学占据了学生的大部分时间，一般在 70% 以上而且备受学生重视。具体落实"所有课程育人"的要求，在学生最关心、花时间精力最多的专业课程中贯穿和渗透思想道德素养教育与人文素质教育的精神，思想道德素养教育和人文素质教育就可收到事半功倍的效果。从教书育人的传统来说，如果教师只会"教书"，而不会"育

人"，那么教育的功能就大打折扣了。因此，不仅是人文社科类的课程具有思想道德和人文素质教育的功能，自然科学类的课程也同样有这方面的教育功能。

事实上，我们的传统人文教育现在已经被大大地弱化了，当前教育体制对人才的培养过于狭隘已经是不争的事实。我们开了不少专业课程，这些课程就是要把人才培养成某方面的专家，把受教育者培养成"能工巧匠"。"能工巧匠"是必要的，但社会的发展不仅仅是需要能工巧匠的，我们更需要全面发展的人。实践证明，即便是能工巧匠，如果没有思想道德素质和人文素质的武装，这样的能工巧匠对社会发展的作用和贡献也是令人怀疑的。无论是从高校思想政治教育体现在大学生社会化、全面发展和精神家园构建等方面的个体价值来看，还是从体现在政治的、经济的、文化的社会价值来看，专业课程教育都是无法替代的。

从当前的教育目标和内容来看，主要存在着"三过"问题："人文陶冶过弱、专业教育过窄、功利导向过重。"当前大学生的"人文精神""科学素养"和"创造能力"都受到了不同程度的削弱。我们不是不要专业教育，恰恰相反，解决这种问题的现实做法就是把思想道德素养教育和人文素质教育的内容有机地纳入专业课程教育中来。据调查，大学生现在还没有自觉意识到思想道德素养教育和人文素质教育是可以从必修课程和讲座等之外的教育形式和教育内容中获得的，其原因是教师并没有在专业教育中有意识地去进行这方面的引导。有些教师可能会担心，这样的引导会不会削弱专业教育呢？这样的担心在没有进行这样的尝试之前是没有必要的，思想道德素养教育和人文素质教育在专业教育中的渗透不仅不会冲击专业教育，相反，关于世界观、人生观和价值观的合理渗透对专业课的学习是有利的，在思维培育和创造力培养上，人文素质具有重要的导向功能。就拿自然科学家来说，事实证明，超一流的科学家身上蕴聚着超一流的人文素质，他们是科学家，同时也是具有良好的人文道德修养的思想家、哲学家、艺术家。例如，在科学发展史上具有划时代地位的科学家爱因斯坦，不仅是一位建树卓越的学者，还是一位伟大的哲学家和出色的小提琴演奏家；那些为人类历史发展做出过卓越贡献的伟大科学家们，如居里夫人、爱迪生、李四光、竺可桢、华罗庚、钱学森、钱伟长等，他们对人类的贡献，不仅在科学本身，还在于他们伟大的精神力量和可贵品格。

从专业教育与人文教育的关系来说，它们原本是一个内容体系，分科教育是近代科学技术进步和经济社会发展要求在高等教育领域的反映。因此，从某种意义上来说，并不存在专业教育和人文教育能不能统一的问题。实际上，在具体的教学实践环节中，我们深刻地感受到大学生的认知、态度、情感和意志在学习过程中的重要作用，如果大学生没有认清学习的目的和意义，没有意识到这种学习的重要性，也没有思考过关于专业学习与自身成长之间、学习与人生之间关系的问题，那么这样的专业学习对于其个人的意义和对社会的作用都是令人质疑的。这是关于专业学习价值层面的思考。就思维层面来说，专业课程的学习本身就有着独特的专业研究领域，在专业的范围内，关于这门学科的具体的观点和方法，关于这门学科的思维品格和逻辑形式，本身就是培养和锻炼大学生思维能力的良好素材，如果教师有意识地着眼于这方面的引导，那么引导本身就是对学生进行了思想素质和人文素质的教育。

在处理强化专业教育趋势与培养全面素质人才要求的关系的问题上，把专业教育同思想道德素养教育和人文素质教育结合起来是基本的途径。在广泛的专业教育中渗透特定的素质教育内容和精神，不仅是在教育过程中对教育资源的深度开发，而且使思想道德素养教育和人文素质教育潜移默化地渗透到专业教育中，学生不仅学习了专业知识，而且学会了在对专业知识的学习中成长成才、成人成事，真可谓"寓素质教育于专业教育"。

（三）准确把握学校教育在思想道德素养教育和人文素质教育中的作用，建构新型的"教－学"关系

无数实践证明，离开社会教育和社会实践，学校教育在思想道德素养教育中的作用并非相当重要，更不是不可或缺的。在调查中，有高达74.8%的学生认为学校教育与社会教育相结合在当前是十分迫切和必要的。单纯学校教育在思想道德素养教育和人文素质教育中的作用是值得反思的。我们设置了一些必修课程专门来进行这方面的教育，但是只有7.3%的学生认为，学校教育在思想道德素养教育和人文素质教育中扮演了最重要的角色，而有2.7%的学生认为学校教育的这种角色是无足轻重的，另有14.1%的学生认为学校教育在思想道德素养教育和人文素质教育中的作用是非常有限的。因此，总体来看，学校教育在思想道德素养教育和人文教育中的作用不能孤立发挥，必须与社会教育相结合。

从思想道德素养教育功能的定位来看，首先就是引导和帮助学生树立正确的世界观、人生观和价值观。但正确的世界观、人生观和价值观是要经过长期的社会生活实践才能形成的，是要在真、善、美与假、恶、丑的斗争中才能牢固树立起来的，把这样复杂而繁重的任务完全交给思想道德素养教育和人文素质教育去完成是不现实的。素质教育不是包医百病的灵丹妙药，必须破除在学生"三观"培养方面"成也'素质教育'、败也'素质教育'"的错误认识。实践表明，思想道德教育是对学生直接进行思想教育和行为规范的，它的基本功能是"劝善"，其重要性是要在社会实践中才能感受得到的。

就教育本身的立场来说，面对现实社会，学校教育是不是在适应实践教育的要求方面就无所作为呢？当然不是。

首先，思想道德素养教育和人文素质教育的实效性体现在培养学生对实际问题的理论思考能力上。引导学生分析现实问题是思想道德素养教育实效性的体现。学生在受到思想道德素养教育和人文素质教育后，能否实事求是地分析现实问题，即能否合乎规律地分析具体的现实问题也是检验这类教育实效性的重要指标之一。引导学生分析现实问题是思想道德素养教育和人文素质教育培养学生理论思考能力的基本取向。在调查中我们了解到，教师没有注重引导学生分析研究现实问题，没有引导学生回答他们在许多重大现实问题上的思想疑虑与困惑，致使他们在面对现实问题时不能进行科学的分析，对一些现实问题的看法偏激，带有较浓的情绪化倾向。实际上，大多数教师并不是没有引导学生分析现实问题，但由于使用事实材料的翔实性和准确性不够，或者联系实际授课的目的性和方向性不明，或者对现实问题的分析不够深入，于是思想道德素养教育在对学生进行"现实问题"的教育上不能真正发挥培养学生理论思考能力的作用。一些教师把对学生进行现实问题的教育简单化为举几个实例的层次，等同于对几个现实问题材料的介绍，这些都大大降低了思想道德素养教育和人文素质教育在引导学生分析现实问题上所具有的实效性价值。

其次，思想道德素养教育和人文素质教育的实效性应体现在培养学生对理论知识的实践运用能力上。为了使学生把知识外化为实践活动，思想道德素养教育和人文素质教育不仅可以培养学生的能力素质，还可以培养学生对理论知识进行实践运用的能力，这种能力的培养显然超越了技术、技能的培训。思想道德教育和人文素质教育的实效性具有潜在的长期影响力，只是这种影响力要到学生在实践中真正运用理论知识的时候才会凸显出来。因此，我们要把学校教育和社会教育结合起来，把实践内容引入思想道德素养教育和人文素质教育之中来。

从以上分析可以看出，注重现实问题的教育是重新建构素质教育的基本途径，在素质教育中，引导学生分析、思考和解决现实问题是实现学校教育同社会教育相结合的重要办法和措施。

另外，在调查中我们了解到，不利于思想道德素养教育和人文素质教育的因素主要包括以下两个方面：一是学生认为这些方面的教育与他们将来就业没有什么关系，对就业的意义不大；二是在学习方面没有兴趣。因而，不明确思想道德素养教育和人文素质教育的意义，致使其教育效果大打折扣。

结果表明，就业因素是当前影响学生学习动机的重要因素，近半数的学生认为，能不能对就业起到实质性的推动作用是学生选择学习内容的一个基本量度。学生的就业能力与其素质水平之间有着重要的内在关联，一个思想道德素养和人文素质不好的学生，其就业机会也是很有限的。调动学生的学习兴趣是增强思想道德素养教育和人文素质教育实效性的基本要求。

因此，我们应当以社会对人才的需要为基础，围绕着"学生需要什么"，而不是"我们能够提供什么"来设计教育教学内容，构建新的"教—学"关系，即以学生为中心，把社会实践内容引入思想道德素养教育和人文素质教育的全过程中来。从调查的情况来看，教育内容脱离需要和教育方式方法单一是影响思想道德素养教育和人文素质教育效果的主要不利因素。

从"教"的方面来说，必须改变传统的教育教学模式，不仅要注重对思想道德素养教育和人文素质教育内容的更新，而且必须与时俱进地更新思想道德教育和人文教育的手段和方法。在快速变化的社会中，教师也要不断提高自身的思想道德素养和人文素质，须知身教重于言教。在学生和"学"的方面发生显著变化的情况下，教师和"教"的方面也应该发生显著的变化，这样的变化在实践基础上的统一，将使新的"教—学"关系的构建成为必然的选择。

（四）通过高素质教师队伍的建设，把专门课程教学与专题讲座结合起来

思想道德教育和人文素质教育涉及方方面面，学校应采取什么措施来促进思想道德素养教育和人文素质教育呢？从目前的情况来看，我们主要采取的是以下三种形式：一是专门的必修课程，二是素质选修课程，三是专门性的讲座。从调查结果来看，进行素质教育讲座是广受学生欢迎的形式，多开一些不同内容的素质选修课程也是加强思想道德素养和人文素质教育的重要形式。大学生对把思想道德素养和人文素质教育的内容纳入必修课程来开设的支持力度不大，这同必修课程缺乏自主选择性是有关系的。

对调查结果的分析，给了我们一个重要的启示，就是思想道德素质教育和人文素质教育形式是多种多样的，课程的设置和课堂教学在某种意义上是必要的，但这种课程的设置并不就是必修课程的设置。此外，能不能召开以及如何召开高质量的讲座似乎是当前应当集中思考的问题。高校除了已经开设的一些学术论坛或人文论坛外，还可以开设思想道德教育方面的论坛或讲座。

不管进行什么形式的思想道德素养教育和人文素质教育，教师素质始终是个关键的问题。建设一支高素质的专兼结合的队伍，利用这支队伍把课程教学和课外讲座结合起来是当前加强和改进思想道德素养教育和人文素质教育的现实途径。调查显示，37%的学生认为培训一批专门的思想道德素养教育与人文素质教育的教师队伍，是学校当前最应当改进和加强的方面。除了利用进行课堂教学的专门教师队伍外，高校还应充分利用其他的宝

贵资源。高校博士生导师都是学有所成、学有所专的人才，我们应发挥博导们的积极性，如每周至少安排一场博导向本科生进行专题讲座的活动。博导们联系自己的专业特长和研究领域，结合学习、做人等方面的内容，通过自己的阅历和奋斗经历，向学生进行以理想与价值、人生与道德、个人与集体、历史与未来、科技与人文等方面内容为主题的讲座。另外，对思想道德素养和人文素质的专门性课程教学，也要进行专题化的讲授模式，可以在同一课程中，由不同的教师就不同的内容采取专题化的设计，形成一个个以专题内容为特色的具有教育体系特征的系列讲座。

从基本现象来看，高校的思想道德素养教育和人文素质教育总体上是应当肯定的，但任何时候谈论其针对性和实效性都具有当下意义。在新的条件下，思想道德教育和人文素质教育在内容和形式、手段和方法的变革上，在课程设置和专业设计上还有许多经验需要总结，还有许多潜力需要挖掘，还有许多模式可以探索。总之，我们应当承担历史所赋予的责任，看到今天在校和即将走进大学的学生，他们是伴随着市场经济发展和我国社会生活广泛而深刻变化成长起来的一代人，是在开放条件下懂得运用网络信息交流来参与社会活动的一代人，是在 20 年之后将在实现现代化、中华民族复兴的伟业中承担主力军作用的一代人。"风物长宜放眼量"对他们要全心爱护，而不是随意指责；在教育教学中要饱含深情，而不是理论说教；在对他们的希望与预期上，要殷切鼓励，而不是焦虑偏激。我们相信，为适应社会对人才的需求，我们通过对教育内容和形式的必要变革，以学生素质培养和成才成人为中心来进行思想道德素养教育和人文素质教育的创新，必将进一步加强和改进大学生的思想道德素养教育和人文素质教育，不断提高大学生的思想政治水平和人文素质水平。

第三章

"互联网+"时代与高校思想政治教育的融合

　　"互联网+"时代是互联网与传统行业深度结合的时代，是高校思想政治教育无法回避的新环境。如何促进"互联网+"时代与高校思想政治教育的融合，提高思想政治教育的实效性，是每一位高校思政教育工作者都必须重视的问题。本章主要从"互联网+"时代高校思想政治教育体系构建、"互联网+"时代高校思想政治教育资源整合、"互联网+"视域下思想政治课教室空间的科学利用以及"互联网+"时代高校思想政治教育手段运用四方面进行研究。

第一节　"互联网+"时代高校思想政治教育体系构建

　　随着社会的发展，我国计算机网络的建设已经初具规模，互联网对青年的思想观念产生了巨大的影响，不同人群之间的社会观念的冲突越来越明显，对高校思想政治教育形成了挑战。思想政治教育与互联网结合是未来的发展趋势，要顺应时代的发展潮流，就需要我们不断地研究新情况、探索新思路、解决新矛盾。

一、"互联网+"时代高校思想政治教育基本特征

（一）马克思主义基本理论

　　马克思主义以及中国化的马克思主义的科学理论，能够指导网络思想政治教育的实践工作。马克思主义关于人的全面发展理论是网络思想政治教育的基础理论，同时基于网络自身特点以及网络主体发展的本质要求，马克思关于人的全面发展理论又得到了深化。因为网络主体不仅要以现实生活为主要活动场景，同时他们又生活在网络虚拟社会中，在虚拟社会中扮演另一个角色。在这种条件下，现实社会中人的内涵有了进一步的拓展，他

们在网络中超越了时间和空间的限制，甚至能够完成现实生活中无法实现的构想，让人们实现了从现实生活到虚拟实践的转变。尽管这种实践始终带有虚拟的成分，但并不能因此说此种实践是无意义的，它必然以某种实践的形式改造着主体本身。

在虚拟空间中，主体能够表现出不同于现实社会中的特性，这就是虚拟主体性。虚拟主体性大大凸显了主体的独立自主，每个虚拟主体都可以自由选择价值取向和行为方式，从而实现高度的自主感和自由感，使主体意识不断受到强化。在虚拟角色的扮演中，主体依然有完整而独立的人格，是一种高度自由下的崭新面貌。虚拟主体在虚拟空间中形成了新的社交关系，这就是虚拟社会关系。虚拟社会关系下，社会交往范围扩大，社会交往内容变得深刻，促进了人的社会关系的发展。在马克思主义关于人的全面发展理论指导下，网络思想政治教育要以实现人的全面发展为目标，促进人的主体性和社会关系的协调发展，同时还要注意虚拟实践与现实实践的不同。特别是，虚拟实践作为一种全新的实践形态，如何在实践中完成人的自我发展，离不开马克思理论的指导。马克思主义人学理论以"现实的人"为出发点，主张从现实的、具体的个人去理解人，以尊重和发展"人的需要"为主题，以实现"人的自由全面发展"为归宿点。马克思一再指出"人始终是主体"。网络思想政治教育坚持马克思主义的科学指导必须做到以下几点：

1. 坚持马克思主义指导不能变

马克思主义基本原理永远是我们从事思想政治教育工作的指导思想，即便在信息化条件下也不能有丝毫动摇。今天，这一原理仍然没有过时，群众中同样不可能自发产生中国特色社会主义理论体系，不可能产生党的创新理论，需要我们从外面灌输。至于是通过讲课、写书、制作电影电视等来传输，还是通过博客、微信、QQ聊天的方式来传输，那只不过是平台不同的问题，本质上没有改变。尤其是在信息满天飞且真假难辨的情况下，更要加强灌输，否则，无以弘扬主流意识形态，无以践行社会主义核心价值观。

2. 坚持以人为本

以人为本原则是信息化视域下思想政治课教育教学方法创新的基本原则。思想政治课教育教学也要时刻把作为主体的学生放在第一位。信息化视域下，网络社会的兴起使年轻一代更加理性和自主，他们渴望发挥自己的主体性，倾向于以自我为中心来处理人际关系，这些改变促进了思想政治教育工作者的改变。传统思想政治教育中，教育者处在高高在上的地位，灌输学生教育理论甚至进行训诫。新时期的思想政治教育工作要尊重学生的主体性，要在以人为本的原则下开展工作，对学生动之以情、晓之以理，用科学的思想政治理论指引学生，既不能过分迁就，也不能一味批判教育。只有这样，才能增加思政课教育教学的趣味性和知识性，改变以往的严肃教育方式，充分激发学生的学习主动性。

3. 坚持继承优良的传统不能变

传统被人们赋予了神圣的、超凡的"克里斯玛"（Charisma）特质，能够指导人们的行为。政治工作的改革创新应当有利于继承优良传统，而不能在改革中把优良传统搞丢了。这一点，我们过去是有不少教训的。买椟还珠者有之，削足适履者有之，画虎不成反类犬者亦有之。当然，我们也要防止以继承传统的名义把不良的东西继承下来。继承传统要抓住精髓，继承真正优良的，摈弃"左"的、过时的、非马克思主义的。

4. 坚持实事求是的态度不能变

实事求是是马克思主义中国化的理论成果精髓。在思想政治教育工作中，实事求是意味着教育者要从社会实际和教育实践出发，分析大学生的言行举止和思想状况，在实践中不断发现新问题，并对新问题做出有效的解决，从而确保思想政治教育的时效性。在信息网络条件下创新发展思想政治教育工作，更要实事求是，注重效果，不能搞花架子、做表面文章。大学生网络思想政治教育必须牢牢把握教学计划，对学生和全社会进行社会主义思想道德指导。将当前流行的网络活动与大学生思想政治教育结合在一起，鼓励学生进行创新创业，在实践中深化专业知识。鼓励学生面对现实，勇于承担责任，避免欺骗自己和他人，以诚信、善良、乐观迎接新时代的挑战。网络世界是纷繁复杂的，如果在这缤纷的世界里忽视了生活的实际，再去搞一些形式主义的东西，只会让网络社会更加难以把握和驾驭。实际上，真正的创新是很实的东西，只有以实事求是的态度开展网络思想政治教育，才会在更大程度上赢得人民群众的信赖。

（二）接受与学习理论

1. 灌输与接受理论

传统思想政治教育过分强调了教育者的主体地位，而忽视了受教育者的接受问题。随着思想政治教育的不断发展，人们才逐渐认识到思想政治教育不仅是教育者进行教育，也是受教育者进行学习的过程，而在教育者与受教育者这一对关系中，受教育者应该占据主体地位。

（1）实践或实验基础问题。近年来，高等教育得到了迅猛的发展，各学科水平不断提高。一些学科知识的范围逐渐扩大，能够为其他学科所运用。例如在思想政治教育学科中，哲学解释学就能够帮助我们深入研究思想政治教育的接受问题。哲学解释学是从本体论的角度出发，研究读者理解和接受思想文化的哲学理论。哲学解释对读者的接受活动进行了深入的研究，形成了丰富的接受理论。在一定程度上，哲学解释学的接受理论能够运用到思想政治教育中来，因为思想政治教育的主要内容是受教育者对具有意识形态属性的思想进行理解和接受。运用哲学解释学的相关理论能对思想政治教育的主客体、受教育者的接受能力、教育目的进行深入的分析。哲学解释学中的接受美学和接受理论是正确的，但思想政治教育并非纯粹是一个接受问题，教育者个人的品德修养以及教育方式方法都会对受教育者产生影响。因此接受理论要接受实践活动的考量，可根据接受理论设置实验，对学生进行教育，并根据教育效果来判断理论的可信度。不过实践方法存在一定的后果，如果达不到预期的效果，投入就会白费，所以可以抽取一小部分学生进行实验。先设置几个实验组和控制组，实验组在接受理论的指导下实施教育，控制组不进行接受理论指导教育，一段时间后，比照两组学生的教学效果，从而形成初步结论。一次实验难免有很大的误差，可进行重复实验，最终形成比较可靠的结论。虽然实践在思路上是可行的，但研究效果却往往不尽如人意。

首先，思想政治教育的接受是一个非常复杂的问题，实验组和控制组很难去除其他因素的影响，学生在日常活动中难免会受到社会环境、同学以及教师的影响，从而影响到思想政治教育的效果。其次，思想政治教育观念的形成是一个长期、系统的过程，如果实验时间过短，接受者很难把教育内容转化成为观念，对实验结果的检验就会出现偏差；而如果实验时间过长，受教育者的学习能力等个人因素又会对教育效果产生影响。所以思想政治教育接受理论的实践研究进展十分缓慢，还没有形成令人信服的研究结果。即便如此，接受理论的实践研究对思想政治教育的影响也是不能忽视的。在我们的思想政治教育中，往往强调理论的重要性而忽略了实践，针对这个不足，思想政治教育要做出相应的调整。

（2）关于接受的被动性问题。在学习过程中，不仅有接受学习，还有与之相对的发现学习。接受学习强调学生的接受行为，教师将所讲述的内容传授给学生，学生只需要进行接受，而不需对教师讲授的材料和观点进行质疑。虽然接受学习并不意味着被动学习，学生在学习过程中也能发挥其主动性，比如自主分析材料、解释观点等，但也丧失了探究学习的积极性。发现学习的特点和接受学习的特点正好相反，发现学习并不是接受教师的材料和观点，而是运用教师知识中的逻辑结构，去发现新的知识并形成自己的观点。

在大学生思想政治教育领域引入接受理论是一项创新，但教育学领域中却早早就进行了接受理论的研究。同样是进行教育，思想政治教育与教育学的差异令人深思。虽然思想政治教育也是强调对学生进行教育，但与单纯的教育不同，思想政治教育还有意识形态的内容。传统思想政治教育过分强调教育的意识形态性，而忽视了教育的接受问题，因而往往被认作是灌输式的教育。接受者只是被动地接受教育者的观点，而不能进行自主选择，难免会产生抵制情绪，从而降低思想政治教育的效果，甚至适得其反。人们对这个问题的关注点多聚焦在思想政治教育的内容上，教育理论枯燥无味，使学生缺乏兴趣，迫切需要对思想政治教育的内容进行改革，而忽略了背后深层次的体制原因。目前思想政治教育是建立在一定的权力基础之上的对人们意识形态领域的强制性宣传教育，正是思想政治教育的政治性，才导致了灌输问题的产生。但人们对灌输问题的态度走向了极端，不是全盘肯定，就是全盘否定。其实接受学习与灌输教育有其相同之处，都是强调受教育者对教育者观点的接受，只不过灌输教育多了依仗权力形成的强制性因素。在思想政治教育领域中引入接受理论，更多是借接受问题的研究来呼吁重视人们的自主性问题。所以思想政治教育领域的"灌输与接受"问题中的"接受"，并非哲学解释学中的接受，而是与接受学习相对的发现学习。

目前高校思想政治教育中大学生还不具备学习的自主性，在总体上还存在着受动性、被迫性等接受学习的特征，但最终还是兼顾接受学习和发现学习的优点，提高接受效率，加强创造能力。

2. 教育过程与学习过程理论

大学生思想政治教育过程的实施者是教育者，接受者是被教育者。一方面，教学活动要从教学要求和受教育者的学习状况出发，另一方面，受教育者可通过各种途径进行学习。西方学习理论有联结派、认知派和联结认知派三类。

（1）联结派理论主张学习是个体对外部刺激的反应，主要有桑代克的尝试错误学习理论以及斯金纳的操作性条件作用理论。在桑代克的尝试错误学习理论下，学习一般会经历以下过程：外部问题对学习者形成刺激；学习者对外部刺激做出随机或盲目的反应；这些反应大部分失败小部分成功；对反应进行筛选，选取成功的动作，淘汰失败的动作；最后将成功的动作整合为行为；再进行新的尝试。尝试错误学习理论实际上是不断尝试各种行为，并对成功行为进行筛选，强调学习过程的循环往复。而斯金纳认为学习者的行为能够通过强化训练而得到良好的表现，学习者能够通过操作式的条件反射对外部刺激进行成功的反应。联结派学习理论建立在学习者对外部刺激的反应之上，过分强调刺激与反应的生物本能，忽略了学习者的自主选择作用，因而受到人们的批判。

（2）认知派学习理论强调学习是有机体的认知行为。认知派学习理论认为学习是有机体主动对外部环境进行反应的行为，当学习者意识到刺激时，便会根据外部刺激产生自主的行为。在认知派学习理论下，学习者是学习过程的主体，对所学知识往往会"顿悟"。显然，认知派过分重视了主体学习作用，因此也招致一定的批评。

（3）联结认知派强调外部刺激和主体行为的统一，主要代表有加涅的信息加工学习理论和连锁学习等。这种学习理论不仅强调外部信息的刺激，也强调主体对外部刺激的加工。

3．价值观形成过程

在人的观念形成过程中，态度和信仰起着重要的作用，在进行思想政治教育时，受教育者不同的态度和信仰会给教学效果带来不同的影响。

（1）对价值观考量的基本背景。尽管思想政治教育总是提到"价值观"的培养，但是对于什么是"价值观"，却还没有真正地了解。思想政治教育领域的价值观研究主要包括以下三个方面内容：价值观的概念，价值观的内容，价值观的产生、变化和发展过程。

首先，价值观是认知领域的，是人的情感、意志、态度的复杂集合体。其次，价值观可以从形成的时间维度这个角度审视，也可以从形成的对象这个角度审视。从价值观形成的横向与纵向来看，价值观是在时间的不断发展过程中形成的观念，包括个体发展的童年时期、少年时期、青年时期的一系列的价值状况，也包括群体发展的小学阶段、初中阶段、高中阶段和大学时期等不同阶段的价值观状况。

从价值观形成的对象这个角度来看，价值观可分为个体价值观与群体价值观，个体价值观包括个人的情感、态度等，受其生长环境、思维发展水平的影响，群体价值观则是在一定范围活动的群体的价值观念。这两者存在着复杂的关系，个体价值观作用于群体价值观，但群体价值观又不仅仅是个体价值观的简单融合，其内部不同的观念相互作用、相互制约。

总而言之，个体价值观是研究价值观的基础，而群体价值观具有广泛的社会性和影响，是我们需要研究的重点。对价值观的研究主要侧重于价值观形成和变化过程中的社会影响因素，包括社会因素有哪些、影响程度有多大等内容。研究方法上，有固定调查和跟踪调查两种方式。固定调查是对一定年龄段的群体进行长期的调查；而跟踪调查是选取一定人数作为研究对象，调查他们的价值观随年龄变化的情况。

（2）价值观形成的主要环节。价值观形成的第一个环节是价值心理的形成。价值心理是人们对外部刺激做出的心理反应，来源于人们长期的生产实践活动中形成的对事物的经验判断和评价，主要包括价值认知、价值体验和价值倾向，它是价值观形成的基础。一般来说，价值心理的形成要有几个条件：

第一，对受教育者形成刺激的外部事物或知识具有重要的社会意义和个人意义，才能深入到人们心灵深处，为人们所关注，从而对人们的心理形成刺激，最终产生价值心理。

第二，外部刺激如果与人们此前经历的事物或所接触的知识相似，有助于人们产生与原先相似的信念和价值观，从而加深事物和知识对人们的刺激程度。

第三，这些外部事物或知识与人们原先的认知与价值观截然相反，从而引起人们内心的巨大震撼。

第四，这些事物或知识信息经常出现在人们的经历中，使得人们习以为常，并产生潜移默化的影响，从而形成不容置疑的心理。

第五，人们对权威的顺从心理和名人的崇拜心理，能够引导人们产生价值从众心理。

价值观形成的第二个环节是价值观念的凝聚，事物和知识的外部刺激产生价值心理并形成初步的价值观后，零散的价值观念集聚成明晰的价值观的过程就是价值观念的凝聚。价值观的凝聚，不只是各种价值观的简单融合，多种价值观还可能存在相互冲突的现象，因此要在是否有利于个人发展、是否有利于社会发展的判断标准下，整合出积极向上的价值观。

二、"互联网+"时代高校思想政治教育体系构建的基本原则

网络思想政治教育的原则，是在观察和处理网络思想政治教育问题时必须遵守的准则和标准。只有树立了正确的指导思想和基本原则，才能使网络思想政治教育走上健康、正确的发展道路。

（一）循序渐进原则

人的认识是一个从浅到深、从表面到内部、从复杂到简单、从低级到高级的过程，它不能一蹴而就，要循序渐进。思想政治教育教学不应急于取得成功，而应遵循循序渐进的原则。先要充分认识到受教育者的实际情况，包括受教育者的思想发展水平、心理年龄、思想接受程度等，根据这些实际情况制订相应的教学计划，循序渐进地推进教学工作，从而避免学生产生紧张和厌学的情绪。而且在教育实践过程中，还要不断掌握大学生的需求情况，根据时代背景，对思想政治教育工作进行创新，实现思想政治教育的与时俱进。

（二）系统性原则

思想政治课教育教学涉及多个环节和对象，它们紧密结合，形成了一个复杂的有机系统。总的来说，思想政治课教育教学系统主要包括教育者、教育对象、教育方法、教育环境"四体"。"互联网+"时代下，思想政治教育要遵循系统性原则，要求教育者从系统整体的角度出发，进行教学工作的创新，既要考虑到教学对象的特点，也要考虑师资队伍、教学设施、教育目标等教学环境的实际情况，还要考虑到教学方式的选择，对具体问题进行具体分析，随机应变、有的放矢，从而整体地推进教学工作。

（三）创新原则

知识经济是以知识为动力的经济发展，这标志着人们的创造能力得到了高度发展，特别是精神创造能力得到了空前提高。而精神创造力中的智力、知识、主观能动性和思想水平等的提高，不是自然就能形成的，而是要通过教育和培训等措施来实现。

思想水平的培养，主要通过思想政治教育来实现，不断提高的培养要求也给思想政治教育提出了难题。尤其是互联网的兴起大大提高了知识传播的速度和范围，学生获取信息的途径大大增加，思想政治教育难以形成往日的权威。坚持传统的权威教育模式显然是固步自封，只有创新才是发展思想政治教育的最佳途径。

传统思想政治教育工作存在诸多弊病，一是观念故步自封缺乏实践，甚至不符合实践需求；二是工作效率十分低下，以前以教育者为主体的灌输式的教育方法严重降低了学生的自主选择能力，让学生无心进行探究活动，从而使教学效果很不理想；三是教学手段单一化，思想政治教育只存在于课堂上，难以处理不断涌现的新情况和新问题，只有通过行政手段，以管代教；四是思想政治教育学科发展受阻，传统思想政治教育过分强调了政治性，局限于意识形态领域的宣传教育，忽视了学生自主性的培养。以上种种问题，只有通过改革创新才能真正解决。事实上，我国自改革开放以来，就对思想政治教育提出了改革的要求。

自20世纪90年代以来，思想政治教育水平不断提高，思想政治教育思维方式、教育方式及其思想内容上得到了逐步创新，为以后更深入的改革提供了理论依据和现实支持。

首先，改革创新是事物发展的主要动力。任何事物都是处于不断的新陈代谢之中，思想政治教育也不例外。改革是改造事物的结构层次和运行规律，在适应社会发展的基础上扬优弃劣；创新是创造高技术水平和高知识水平的新事物。改革与创新结合，能够去除事物的弊病，并注入新动力，以期推动事物的前进和发展。

其次，各个学科的发展成果为思想政治教育工作的创新提供了理论基础。信息时代下，生产力水平得到了空前的提高，各项科学获得了广阔的发展空间。社会科学和自然科学发展至今，已经形成了相当完备和全面的理论系统，为高校思想政治教育创新提供了科学依据。与此同时，新的研究方式也为思想政治教育提供了新的研究方向。

最后，我国不断进行的高等教育改革和创新为思想政治教育创新提供了良好的环境基础。思想政治教育是高等教育重要的一环，关系到大学生的思维水平和思想道德修养。可以说，思想政治教育的创新是与高等教育的创新步调一致的。因此，思想政治教育工作要把握好这个机遇，逐步完成对教育教学和思想理论的创新。

社会水平的提高促进了人才培养水平的提高，作为培养学生思想素质层面的思想政治教育，自然也有新的要求，思想政治教育的创新主要集中在以下几个方面：

一是价值观的创新。高校思想政治教育价值创新的主要目的是树立个人价值与社会价值内在统一的新价值观。在市场经济条件下，追逐利益最大化难免成为个人价值观的重要部分。从人生存发展的角度来说，物质是人维持生活的基础，也是获得其他发展的前提，个人的逐利行为无可厚非。这是当前思想政治教育工作无法回避的一点，尤其是市场竞争机制充分激发出人们获取个人利益的欲望，如果仍然对物质利益避而不谈，思想政治工作不仅难以取得成果，而且还会让人感到厌恶。

同时，随着我国市场经济制度的不断完善和经济水平的不断提高，社会中还出现了只强调个人价值而无视社会价值的问题。这种思想蔓延到高校，使得思想政治教育工作出现了只追求满足人的需要，而忽略社会要求的倾向，严重削弱了思想政治教育的影响。

个人利益和社会利益应该是有机的融合体，不应该对立起来。因此在我国，个人与社会是辩证统一的。个人的全面发展是以社会发展的各个方面为基础的，社会和国家要为个人的全面发展提供最有利的环境，保障个人的合法权益，达到个人自由的目标，必须处在社会共同体之中。同时，个人的全面发展又能促进社会的全面发展。这就要求我们确立个人价值和社会价值内在相互统一的新价值观，既要满足社会发展要求，也要防范片面的唯社会价值观。要按照社会发展的需要，主动服从并维护社会和国家的利益，克服片面的唯社会价值观，实现自己的价值。

二是方法观的创新。思想政治教育方法应该是把教育者和受教育者结合起来，教育工作者应从思想政治教育方法的选择和运用入手，在教育者自身优势的充分发挥的基础之上，充分调动受教育者的积极性。

三是主体观的创新。传统思想政治教育中，受教育者的主动性和积极性受到了严重压抑。事实上，思想政治教育的过程不仅是教育者积极筹备以及实施教育的过程，也是受教育者根据自身的认知水平和发展需要开展自我学习的过程。

四是质量观的创新。创新思想政治教育质量观的主要目的是促进思想道德素质和科学文化素质全面发展。如果只重视科学文化而不重视思想道德素质，科学研究就会失去方向和规范，丧失了人的主体性；如果只重视思想道德素质而不重视科学文化，那么培养出的人才就不能适应社会发展的需要，不能服务于我国提高生产力的要求，甚至使我国发展停滞。思想政治教育要坚持以人为本，充分发挥思想政治教育的双重功能，促进人和社会的全面发展。

（四）拓宽眼界与关注中国现实相统一的原则

思想政治教育创新要关注世界、关注中国，要以全球性的眼光和宏观的视域去面向世界。

首先，大学生思想政治教育创新必须具有世界视野。经济全球化将世界连成一个不可分割的整体，但随着全球化而诞生的互联网技术给人们带来便利的同时也带来了消极影响，西方强势文化和价值观通过互联网进行快速的传播。大学生思想政治教育工作者如果不能通过世界视野去看待思想政治教育，就难以体会到思想政治教育工作的机遇和挑战，甚至走上故步自封的道路，无法与受教育者进行交流，从而失去思想政治教育的意义。大学生思想政治教育工作者要不断提高自身知识水平，学习互联网技术，真正与世界潮流融合在一起，才能理解受教育者的价值观，对各种重大问题做出自己的回应，真正适应思想政治教育的新形势。

其次，大学生思想政治教育创新要对多元价值观有独特的见解。西方价值观念的入侵以及大众文化和网络文化的流行，都意味着社会进入了多元化价值观的时代。今后我国社会多样化的趋势还将进一步加剧，这必然给社会带来更为深入的变革。在此背景之下，思想政治教育者要在马克思主义理论的指导下对多元文化进行系统的分析和解读，真正能够做到取其精华、去其糟粕。因此，思想政治教育理论研究要跟随时代的脚步，对社会的多元价值进行重点研究。

再次，大学生思想政治教育学科的创新需要借鉴其他学科的研究成果。科学技术尤其是信息技术的迅猛发展，急剧地推动了社会生产力和社会结构的变革，社会财富极大增长，社会分工更加细化。自然科学和社会科学也得到了长足的发展，各学科之间的界限也越来越模糊，系统论、控制论、信息论等跨学科的理论不断出现，为学科的研究提供了宏观视角和工具。先进的科学研究成果对思想政治教育理论的创新有高屋建瓴的作用，思想政治教育工作者要敢于借鉴其他学科的研究成果，利用先进的科研成果提高自身的思维水平和研究方法，不断推出高质量的研究成果。

最后，我们也要注意实践。实践是检验真理的唯一标准，我国改革开放走的就是一条实践检验真理的道路。高校思想政治理论创新要以实践为基础，要关注我国改革开放的历程，要从促进社会发展的角度出发，理性分析理论在实际操作中遇到的问题。理论只有真正地与实践结合在一起，才能获得长久的生命力，才能为创新提供强劲、持久的动力。对客观事实的把握不能只停留于表面，如果只关注特定的情况，而不关注事物的发展方向，也会导致理论与现实脱离。因此还要拓宽看待问题的眼界，学会通过现象看清本质。实践要以分析解决中国的现实问题为出发点，而对现实问题的解决又能够促进理论创新，所以实践和理论二者是相辅相成的。这就要求我们在处理事情的时候，着力于推动实践与理论创新。全球化为思想政治教育理论提供了许多可研究的切入点，如全球化背景下的道德教育、多元文化价值观下的思想政治教育以及全球化背景下的爱国教育等问题。只有真正融入社会实践，才能了解理论的缺陷以及现实的本质，才能真正为思想政治教育改革创新提供切实可行的方法。

三、"互联网 +"时代高校思想政治教育体系建构的基本方法

目前，学术界还没有对网络思想政治教育方法进行准确的定义。从当前研究情况来看，利用网络进行思想政治教育的途径很多，并且课堂教学创新也在不断发展中。

（一）跟踪获取法

跟踪获取法是指在网络上获取教育对象的语言和行为，并以此分析教育对象的思想政治状况。尽管从总体来看，受教育者在网上的行为千差万别，看似毫无规律可言，但就网络整体发展现状而言，个体通过网络的折射所产生的行为还是存在很多共性的。例如，教育对象的信息包含在在线聊天、微博、邮件发送等行为之中，可以通过在线调查、论坛讨论、流量统计等方式获取相关信息。特别是大数据技术的发展，使得针对特定行为进行细化分析成为可能。网络思想政治教育依托大数据技术实现对受教育者的跟踪，及时获取个体的数据信息，进而能够实现针对性教育。

（二）技术渲染法

技术渲染法是指利用网络特点，坚持利用与发展相衔接、杜绝与预防相结合，不断提高网络思想政治教育针对性和有效性的技术手段。一方面，要充分发挥网络技术优势，

通过多媒体不断烘托和渲染教育内容，增强冲击力和感染力；通过大量的信息存储强化教育对象的自我教育，方便教育者的跟踪回顾，强化约束力和影响力。另一方面，要时刻牢记信息安全是网络的命脉，实施互联网安全战略，安装信息过滤器，设立防火墙，随时监视上网运行和浏览内容，建立"信息海关"，屏蔽不良信息，并阻止不健康的信息进入思想政治教育的网络系统。

（三）筛选法

筛选法是对一段时间或一个阶段的综合数据，运用识别、过滤和整理的手段，把握其规律并做出判断，从而获取受教育者的思想信息。获取思想信息后，要与现实生活和客观环境进行比较，提取出真实信息。通过筛选可以抓住思想领域的主要矛盾，从而确定当前思想政治教育的工作重心，大大提升网络思想政治教育的效率与精确度。

（四）寓教于乐法

寓教于乐法指的是教育工作者通过文字、图像、视频和网络游戏等方式让受教育者在娱乐休闲中接受教育的方法。寓教于乐法的关键是要能够准确把握数字载体和教育内容的结合点，既要具有娱乐性，同时还要实现教育目的。我们可以建立独特的文学、音乐、书画艺术、动画等娱乐频道，开办网络课程，赠送"电子贺卡"，实现寓教于乐的思想，加强思想政治教育课程的趣味性，推进网络思想政治教育发展。

（五）主题灌输法

主题灌输法提炼出思想政治教育的主题，通过专门网页和专题报告等专项活动来对受教育者进行灌输教育，从而实现思想政治教育的影响力。根据信息传播学理论，涉及的一些重大理论，传统的灌输方式是可以直接在受教育者思想中产生作用的，故而传统的灌输法依然有它必要的用途。但在网络思想政治教育中，灌输法要灵活运用，避免受教育者产生抵触情绪。网络思想政治教育主题灌输法必须坚持选择性应用，区分重点和规模，确保主题灌输的严肃性和权威性；必须坚持循序渐进的原则，阶段性地进行专题灌输，充分发挥教育实效，一般来说，专题不宜过多；必须坚持综合性应用，专题栏目的选择要多样化，根据学科内容选择网络课堂、影视展览、热点分析等方式。

（六）虚拟引导法

虚拟引导法指的是运用网络虚拟空间载体，引导受教育者思想与行为的方式方法。

在网络空间中，虚拟主体具有隐匿性，行为者彼此不知道对方的身份，但能进行真心的交流。教育者可以在网络空间中与受教育者进行交流，可以通过共享音乐、电影、彼此留言等途径，不断提高信任度，跟进他们的思想状况，把握他们的思想脉搏，从而引导他们的思想，让受教育者拥有正确的思想认知，进行健康向上的网络行为。

（七）资源优化法

资源优化法是指通过收集、整理和转贴等方式，对现有网络信息资源进行优化，深化主题，从而占据网络思想传播的主导地位，正确引导网络思想。要运用社会主义核心价值观等各类社会主义先进思想占领网络阵地，通过专题等形式突出主题思想，形成强势舆论地位。可通过网络多媒体拓展教育信息资源，采用"置顶""弹出浮动窗口"等方式推送优质资源，将最优质的资源，受教育者最关心、最感兴趣的资源推送到他的桌面，这是加强网络思想政治教育吸引力的重要手段。

（八）交互法

交互法是指教育者通过网络平台与教育对象沟通，实现思想政治教育的目的。与虚拟引导法相比，交互法中的教育者不用隐匿身份，可直接与受教育者进行交流。这种互动方法可以有效地克服传统思想政治教育的严肃氛围，受教育者更容易自由发言，从而可以更好地影响他们的情感和态度。一般来说，交互法可以分为三类：一类是在线聊天，运用 QQ 和微信等聊天工具，实现即时沟通；二是网页吸引法，用微博和空间等软件进行延时静态通信；三是论坛引导法，用社区、贴吧等公共平台来提高受教育者的注意力和认同感。

四、"互联网 +"时代高校思想政治教育体系构建的基本模式

随着新形式下、新任务、新问题、新环境的产生和变化，尤其是在"互联网 +"时代，传统的思想政治课教育教学必然面临时代的挑战。积极探索新形势下高校思想政治课教育教学的新模式、新方法是进行高校思想政治教育转型的必由之路。

（一）高校思想政治教育的信息传播模式

思想政治教育是我党的优良传统，其在发展过程中形成了有特色的教育模式，取得了非常好的教育效果。但教育模式从来不是一成不变的，从信息传播的角度分析，可以粗略地分为三种模式。

1. 传统模式

我党早期的思想政治教育主要是通过言传身教来实现的，其方式主要是教育者与被教育者直接面对面，形式主要是开会、谈心、现场鼓动、上大课等。结合当时的形势来看，这些方式有其特殊的历史性，就整体而言，特点是方法灵活，能够有针对性地解决具体问题，指向性明确，效果反馈及时。当然也有不足之处，比如教育的程序、内容安排较随意，也不是很规范，教育效果往往与教育者个人的素质能力相关。我党思想政治教育模式的雏形就在这样的基础上发展起来了，形成了一些有代表性的教育模式，比如课堂教育模式、随机教育模式、个别教育模式等。

传统教育模式尽管受到诸多挑战，但是在网络思想政治教育中依然是不可或缺的。就像网络中的虚拟人离不开现实社会，网络中的诸多问题最终还是要在现实社会中加以解决。

从网络思想政治教育的发展来看，一些网络上无法解决的问题，还是要由教育者与受教育者直接面对面解决。特别是网络上一些违反网络道德的行为，甚至网络犯罪，必须借助现实社会的教育手段或惩戒手段来完成教育活动。因此，在网络思想政治教育模式中，传统模式是不可忽视的。

2. 大众传播模式

在继承和发扬言传身教模式的基础之上，我党逐渐认识到利用大众传播的教育模式，并很快形成了一定的规模。其中，利用工业社会的大众传媒手段开展群体性的思想政治教育已经成为重要的手段，为人民所掌握。大众传播条件下的教育模式的优点是覆盖范围广，打破了地域和空间的限制；由于有了集中的、专业的教育规划、制作、传播，这种模式的思想政治教育规范性强，效益比较高；同时，由于这些教育往往是集体智慧的成果，能够形成优势力量，过去对个人能力、素质的依赖逐渐被打破。这些优点使得大众传播模式的思想政治教育获得了空前的发展。当然，这种模式也有其不足之处，那就是针对性往往不够强，无法对受众进行精确的定位与分层。教育者发布教育内容之后，受教育者的反馈意见难以及时跟进，学习往往依赖受教育者的自觉性。尽管网络的普及使得一些大众媒介遭遇到挑战，但目前来看，一些大众媒介并不是网络短期内能够取而代之的。比如报刊、电台、电视台等，它们在思想政治教育中依然发挥着非常重要的作用。网络的发展越来越多地渗入上述领域，并与其结合得越来越紧密。网络思想政治教育如何与大众媒介融合，借助大众传播模式实现更大的教育价值，是网络思想政治教育发展面对的重要课题。

3. 网络教育模式

当人类进入信息化时代，随着互联网的普及以及人民群众素质的提升，网络思想政治教育成为思想政治教育深入发展的必然要求。在这一大的背景之下，网络思想政治教育模式正以前所未有的速度快速发展，并将成为未来一个阶段思想政治教育的重要模式。网络传播信息既有对大众传播模式的继承，也有重大突破。继承主要表现在网络传播信息的方式也同样是面向受教育者进行宣传，这一点上传统大众传播的优势网络也具备；同时，网络思想政治教育允许受教育者进行个别交流，更加具有针对性，从而把思想政治教育的手段提高到了一个新的发展水平。

从有关研究成果看，网络思想政治教育模式有三种基本类型：面向群体教育为主的教育模式，包括信息发布、公开课、专题教育等；面向特殊群体教育为主的教育模式，包括心理咨询、法律咨询、政策解读、专家在线等类型；以交互为主的教育模式，包括同步讨论、共同研讨等类型。网络思想政治教育作为一种新型的教育模式还处在高速发展的阶段，网络思想政治教育可以使用的方法和手段也日益丰富。需要注意的是，网络思想政治教育模式并不是对过去教育模式的否定。相反，我们必须看到，尽管网络思想政治教育模式有着独特的地位和作用，但传统的教育模式仍然大有用武之地。就网络思想政治教育模式来讲，它仍然是以传统思想政治教育模式的基本要素为基础的，依然可以看到传统教育模式的一些要素。

思想政治教育模式，对受教育者来说，就是通过教育模式提高思想素质、道德素质和政治素质。但是，单一的模式结构是不能实现教育功能的。单一的模式和少量的模式都不能应付受极其复杂变量制约的道德问题情境。新形势下，家庭、社会、信息环境等都影响着受教育者的思想，只有把传统教育模式和网络教育模式结合成复合模式，才能解决这些问题。

一方面，信息网络条件下需要运用网络思想政治教育模式有其客观需要。我国地域辽阔，经济发展不平衡，教育资源的配给也有较大差别。特别是一些偏远的、经济欠发达的地区，由于人烟稀少，甚至与外界的交通都不顺畅，如果仅仅借助传统的教育模式，他们获取信息的能力会大打折扣。

另一方面，网络思想政治教育模式也离不开传统教育。网络上的虚拟人的背后都是有血有肉的现实人，虚拟人是现实人的延伸。网络思想政治教育中，主体作为虚拟人的特征具有生命感性的现实的存在；具有特定的物质条件和环境；实践活动是虚拟人得以存在和发展的基础；虚拟人具有特定的社会关系，这是其主体性和社会性得以确立的社会基础。

（二）网络教学整合模式

随着互联网技术的飞速发展和高等教育信息技术的逐步升级，网络教学逐渐融入课堂教学中，形成了混合式教学模式。在混合式教学模式下，网络环境渗透到教学的方方面面，高校思想政治理论课教师不仅可以进行课堂教学，还可以完成备课、布置作业、批改作业和回答问题等课后教学活动；学生除可以进行课堂学习外，还能进行在线做作业、讨论协作、在线回答问题等课后学习活动。这种课堂和课后结合的模式，不仅能够发挥思想政治教师的主导作用，还能最大限度满足学生自主学习的需要。

1. 网络探究模式（WebQuest）

网络探究模式是一种利用互联网资源的课程单元，是由美国的 B. Dodge 和 T.March 等人于 1995 年开发的，其主要理论依据是布鲁纳的发现学习论。WebQuest 一般由以下六个部分组成，设计者可以修改不同的部分来实现不同的学习目标。

一是引言。这一部分主要向学生介绍 WebQuest 主题，让学习者明确学习的内容，并提高学习者的学习兴趣。

二是任务。"任务"模块在 WebQuests 中，是对在这一活动结束之后学习者应该做到的事情的一种描述，是 WebQuest 的一个非常重要的组成部分。它可以是一个作品，比如 A Hyper Studio Stack 或者一个 PPT 演示作品，也可以是一种口头上或文字上的行为，比如能够解释一个特定的课题。一个好的任务应该有挑战性、可行性和趣味性，能促进学习者高级思维能力的发展。要完成 WebQuest 中的"任务"，只靠简单收集信息、整理、拷贝和粘贴信息是不行的，它从根本上需要建构主义学习方法。

三是过程。"过程"模块是设定的具体步骤，它包括把任务分割成子任务的策略、角色扮演的描述，或者每个学习者都可以采用的观点。指导者可以在这里提供学习建议和人与人之间的相互作用的建议，例如如何实施"头脑风暴（brainstorming）"。对于 WebQuests 过程的描述应该简短明了。需要注意的是，在这个例子中它所需的资源不是单独列出来的，而是嵌在它的每个具体的步骤中。

四是资源。"资源"模块在 WebQuests 中就是指导者为学习者完成任务而安排的一系列网页。这些资源应该提前选择好以使学习者全力专注在课题上。值得注意的是，为学习者准备的资源不只局限于互联网上找到的那些。例如在一个名为"Investigating Archaeotype"的 WebQuest 中，它的资源部分就相当广泛，包括音频会议和视频会议、一盒录像带、一份评价报告的硬拷贝，还有一些具体的网页。毫无疑问，WebQuests 的资源中当然也包括教科书、录音材料以及和其他人的一些面对面的互动交流。通常，对这些资源进行分类管理是很有必要的。

五是评价。"评价"模块是最近才被加入 WebQuests 模式中去的。评估者可以是教师、家长或者学生的同伴。

六是结论。WebQuests 的"结论"部分可以提供一个机会来总结经验，它虽然不是这个模式中最重要的一块，但是它给读者一种完满结束的感觉。对结论部分一个很好的利用就是教师可以在整堂课的讨论中用它进行最后的课堂听取工作。

2. 丝智活动（Filamentality）

一是热链接列表（HOTLIST）。"HOTLIST"其实就是一个包含很多热链接按钮的网页。这些按钮链接到活动创造者认为对学习者的课题研究非常有用的一些网站。这样学习者或使用者就不用无休止地在网上搜索信息而是专注于研究，大大节约了时间。例如在"China on the Net"中，作者就给出了有关中国方方面面的一些网站的集合。

二是剪贴簿（SCRAPBOOK）。如果学习者对他将要研究的课题已经有了一个初步的认识，譬如他们在课堂上已经有过一些初步的学习或看过这方面的资料，那么他们这次基于网络的活动首先要做的就是关于 SCRAPBOOK 的探索：学习者深入研究一组已经精心分类组织好的网站，比如照片、地图、视频素材、虚拟现实旅行等。学习者利用这些剪贴簿来研究他们认为很重要的、更深层次的课题，例如"Democracy Online in America"。

三是探寻（HUNT）。当需要发展一个学科的硬性知识的时候，教师和学生就可以开始"寻宝"了。在这里最基本的策略就是找到那些对于理解给定课题很关键的富含信息量的网站。这些不是一些拥有很多网站名字的"门户网站"，不要寄希望于学生在网页的海洋中能找到一根针。

在搜集好这些链接之后，Filamentality 要求教师迅速对链接到的每一个网页资源都提出一个关键问题。如果教师不打算使用所有找到的链接的集合这就没有问题，Filamentality 将代替教师来处理它们。一个精心设计部署的寻宝绝不仅仅只是找到一些与我们的知识毫无关系的"金矿"。当学生发现答案时，通过选择那些决定课题的范围或者参数的问题，他们的思维会更加深刻和深入，从而扩展和开拓了他们的思维领域。最后，教师通过提出一个总结性的问题，让学生对自己的所学进行总结。例如："Black History:Past to Present"。

四是主题样品（SUBJECT SAMPLER）。在 SUBJECT SAMPLER 中，给学习者呈现一小部分（或者半打）围绕主要的课题而安排的能够激发学习者兴趣的网站。因为这些已经选择好的网站每一个都能够给学生一些可读、可看或者可做的有趣的东西，所以这成为学生能欣然接受的一种非常有效的方式。

另外，学生被要求从个人视角对网上的活动做出反应。学生在"寻宝"时那些硬性知识是他们所未曾经历过的，而在这里，学生将被询问他们对于课题的自己的观点，比较他们各自的经历，说明他们对于作品和数据资料的理解等。如此一来，学生被邀请加入研究这个课题的集体，而且在这个活动中他们的意见受到了重视。当目标是使学生觉得与课题有一种连接感的时候请使用 SUBJECT SAMPLER，那样主题将意味着更多东西，主题将会更有意义。

五、"互联网+"时代高校思想政治教育体系构建的发展趋势

当前"互联网+"时代高校思想政治教育正在实现新的跨越，并形成自身发展的基本思路。从未来发展的角度看，当前思想政治教育正在以下几个方面实现突破，或者说正是以下几个方面构成了网络思想政治教育发展的基本趋势。

（一）开放性趋势

第一，思想进一步解放。无论是管理者还是教育者，对于应用网络进行思想政治教育要从过去的谨慎态度、截堵的思维定式中解脱出来，并积极投身到网络思想政治教育事业。加上我国网络安全管控能力的提升，网络的使用（包括智能手机的使用）已经十分普遍，国家在信息化建设领域也取得了阶段性的成果，网络与广大人民群众的生活联系日益紧密，用好网络为人民服务已经成为共识。特别是近些年来，道路自信、理论自信、制度自信、文化自信成为思想领域的主流，在意识形态斗争中，广大人民群众增强了定力，增强了与敌对势力斗争的能力，这些都促使我们更加坚定地去拥抱互联网世界，在网络上发出我们的声音。思想的解放是前进的基本保证，人们的思想一旦从桎梏中解放出来，就能迸发出强大的力量。

第二，教学内容的开放性。由于历史上西方敌对势力的干扰、渗透与破坏，过去的思想政治教育在某种程度上具有一定的保守性，这当然是极其必要的。由此，以往教育的内容主要集中于党的路线、方针、政策以及革命传统、传统美德等内容。正是立足于自身理论的探索与实践，最终形成了独具特色的社会主义思想政治教育内容体系。今天的受教育者获取信息资源的渠道是多元化的，他们在网络上获取的信息可能比教育者还多，有的内容与教育者提供的甚至是矛盾的。这个丰富的世界极大地开拓了受教育者的视野。如果网络思想政治教育采取保守的姿态，不能为主体提供充足的资源，受教育者就会通过其他途径去获取。今天，面对西方腐朽落后的价值宣传，社会主义价值体系已经具有强大的对

抗力，也正是在新与旧、先进与落后的对比中，社会主义核心价值观的正确性和优越性才会得到更加充分的展现，使得受教育者在比较中不断加强对社会主义核心价值观的认同。网络的开放性决定了网络思想政治教育也必须要不断加大开放的力度和深度。因此思想政治教育必须适应这种变化，不断丰富教学内容，及时进行教育与疏导。

第三，教学手段的多样性。以往思想政治教育的教育方法和手段单一，PPT 与教师讲授成为标配。这种教学手段具有一定的保守性，思想政治教育者往往也不注重借助新媒体的力量，即使使用也会存在这样或者那样的顾虑。在这种条件下，受教育者面对不变的教学手段，容易产生疲劳感，进而失去对教育内容的兴趣。近些年来，这种格局已经逐渐被打破。网络教学手段不断引入，外来信息通过各种渠道进入受教育者的思想，思想政治教育的开放体系已经逐渐形成。开放性的思想政治教育能够实现信息的自由生产和发布，因而人们可以自主地学习。

近些年来，网络思想政治教育不断打破原有的封闭教育模式，通过教育网、远程教育、微博、微信、微课程、网络课堂等手段不断加大开放力度。全国性的教育平台，跨院校、跨地域的思想教育平台作用日益显现，在开放中求发展将是所有思想政治教育者都必须面对的现实课题。

当前，由于网络的普及和智能手机使用的普遍化，教学资源的获取有了更多的途径，比如 MOOC、远程教学、优质公开课的引入，思想领域中的各种思潮、观点都直接呈现在了受教育者面前，这些日益丰富的教学手段正在产生积极的教育效果。

第四，融合发展，进一步提升开放的层次。近些年来，国际合作在多领域得到了扩展，思想政治教育工作也不例外。通过对国外优势资源的引入，以及受教育者到海外教育机构进行联合培训等方式，国外的先进经验、文明成果、教育理念和手段等不断为我们所借鉴，我国思想政治教育的面貌有了很大的改变。在思想政治教育的过程中，开放是必然趋势，如何在这个过程中完成思想政治教育的既定目标，使得外来资源更好地为我服务，是一个急需解决的重大问题。

（二）订单化趋势

与过去的思想政治教育相比，今天的受教育者有了更大的选择空间。在当前的网络思想政治教育中，以兴趣为导向、以个体需求为选择前提的教育资源也已经初具规模。特别是近些年来，网络思想政治教育所倡导的平等主体、交互、个体需求等理念有了极大的发展。通过网络，受教育者可以自主选择教育资源，实现自我选择、自我管理的订单化教育模式。

从未来网络思想政治教育的发展来看，这种趋势只会加强不会削弱。从人才培养目标来看，追求人才的个性化已成为教育界的共识。网络为个性的张扬提供了宽广舞台。网络信息是思想政治教育的重要资源，随着我国网络信息化水平的日益提升，受教育者的网络应用能力不断增强，网络思想政治教育必须跟上步伐，在纷繁复杂的网络世界中引好路、做到位，为实现受教育者的个性发展提供优质教育资源与服务。

（三）同步性趋势

网络信息的传播速度打破了时空的界限，一条信息从地球的一端到达另一端也只是瞬间的事情。微博、微信等新媒体、朋友圈的关联，使得信息传播的方式发生了极大的改变。过去我们在做思想政治教育的时候，往往有较多的时间备课、研究教育方案、制订教育计划，但是网络打破了这样的时空观，连锁效应使得信息在短时期内大面积扩散。特别是一些网络红人、名人或者网络大V，其影响规模可以达到千万数量级。如果这个信息是虚假的或者负面的，其影响将十分恶劣，加上粉丝对网络名人的忠诚性，要消除这些不良影响，其任务也将十分艰巨。在这种情形之下，要做好网络思想政治教育，就必须与之抢时间、抢夺话语权，网络思想政治教育如果在时间上慢了半拍，效果就会大打折扣。

在网络思想政治教育中，教育必须要与事件的发生同步。网络上真真假假的信息不断涌入受教育者的头脑，进而影响受教育者的价值判断和行为，这就要求网络思想政治教育必须跟上信息更新的速度。当一个信息在受教育者身上即将发生不良影响时，网络思想政治教育的正能量必须立刻跟进，通过教育的引导、思想的疏导、教师的督导来改变可能出现的错误认知。所以说，网络思想政治教育不再是过去那样，根据教科书按部就班进行教学，而必须要与信息的变动保持同步。

（四）同质化趋势

在以往的教学中，教育者与受教育者之间存在清晰的界限。教育者掌握信息，并以老师的身份传递信息，这些信息往往是受教育者接触不到的。由于资源的不对等，受教育者对于教育者具有信息的期待，所以只能以听者的身份接受教育。

在网络教育中，这种界限逐渐被打破，受教育者原有的信息期待正逐渐减弱。与过去传统教育只关心受教育者职业领域思想动态不同，网络的出现使得很多生活细节也进入思想政治教育的视野。一个更加丰富、更加真实的受教育者将呈现在教育者面前。它既是虚拟的，又是现实的。电子邮件、远程教育、网络社区、网络新闻、网络游戏、博客、微信等使得教育者与受教育者仿佛是生活在一起的平等主体，甚至有时候受教育者掌握更多的信息资源，教育者与受教育者发生了身份的对调，身份同质化的倾向越来越明显。

在网络思想政治教育中，教育者与受教育者必须打破等级差距、年龄差异，教育者必须深入受教育者的生活了解其思想变化，否则就不能制定有效的教育方案，甚至连受教育者所说所想的内容都搞不清、弄不懂。

（五）制度化趋势

毋庸置疑，良好的网络思想政治教育环境是保证网络思想政治教育正常有序发展的前提，这不仅需要网络主体的高度自律，还需要网络的制度化管理。网络在带来大量有用信息的同时，也带来了许多消极的信息和不良影响，比如虚假信息、色情暴力等。

网络是一把双刃剑，特别是错误的网络信息往往又具有很强的迷惑性。在进行思想政治教育的同时，也必须通过强制手段来保证网络信息的纯化，对网上不文明、不健康的言行进行跟踪监督、整改，积极开展网上"环保"工作，及时进行信息"检疫"，使信息化网络平台服务于思想政治教育，同时使网络道德规范与法纪规范建设日益制度化，从而保证网络思想政治教育取得良好效果。

第二节　"互联网＋"时代高校思想政治教育的资源整合

互联网时代人们的思维方式发生了变化，因此，要转变观念，提高认识，重视和加强思想政治教育资源整合功能，这是深化高校思想政治教育工作的重要途径。

一、互联网时代高校思想政治教育资源整合的理论支撑

随着互联网技术的普及，社会虚拟化倾向日趋明显，这冲击和重塑着当代人尤其是当代大学生的价值观念，为当代思想政治教育提出了一系列的难题。要想解决互联网时代的思想政治教育问题，需要首先厘清其前提性理论问题。要构建虚拟时代人的生存与发展理论，需要深入马克思主义经典作家尤其是马克思的经典文本中去进行解读，为互联网时代思想政治教育提供理论前提参照。

马克思异化理论是思考人与作为人的对象化的物之间的矛盾的重要方法论。这一方法论是考察人与其自己制造的对象之间矛盾的重要方法论。当然马克思在考察任何事物的

时候，总是从其两面加以考察，为了避免误解，我们在考察互联网技术对人的异化的同时，先考察其发展人的一面。

（一）互联网对人的发展的积极作用

马克思认为新技术的出现对人类的发展起到了积极的作用，是一种重要的解放力量，其极大地拓展了人类的生存与发展的空间。

首先，互联网一定程度上解决了人与自我的矛盾。人与自我的矛盾主要表现为身体与精神的矛盾，这也是众多学术流派共同关注的一个学术问题。马克思认为人双重地存在着，主观上为自己存在，客观上存在于自然无机环境之中。在现代社会，人的个性的实现受到其所支配的商品的多少的制约，这一矛盾一直伴随着整个人类生存与发展的各个时代，在人类生产力水平不够高的情况下，就一直会存在。但是，互联网技术的出现，在虚拟领域中实现了人的精神发展的需求。在虚拟时空中，我们挣脱了自然必然性的制约，这是我们在现实社会中一直追求的一种理想状态。人的身体与精神的矛盾和断裂在互联网时代得到某种程度上的解决。

其次，互联网拓展了人与人交往的时空。互联网技术的出现，极大地拓展了人的交往空间并极大地节省了人的交往时间。人是社会关系的总和，有什么样的社会关系，就有什么样的人。人是现实的，现实中的人通过现实的社会关系，逐渐丰富成有个性的全面发展的人。

互联网技术的出现，为人类打开了另一空间——虚拟空间。虚拟空间中，每个人都成为一个新的发展主体——虚拟主体，从某种程度上说，虚拟主体的发展将带动实体主体的发展。通过QQ、微博等互联网交往手段拓展出的虚拟交往空间，将全球的虚拟主体纳入一个零成本交往平台，极大地拓展了一般社会大众的交往范围，从而极大地增加了人的丰富性。同时，互联网技术极大地减少了人的时间成本，为人的自由发展提供了空间。

（二）互联网对人的异化

互联网的出现在发展人的同时，也异化人。按照马克思的异化理论，互联网对人的异化是指互联网及以其为依托的虚拟世界，本来是人创造出来的，但是在人创造出来以后，其没能被人所控制，反而喧宾夺主，成为控制人的主体。具体表现如下：

第一，人们沉溺于虚拟世界，排斥现实世界。互联网以技术依托的虚拟世界对人的控制表现为人过分地沉溺于互联网所生成出来的虚拟世界，而忘却了现实世界。在虚拟世界里，人挣脱了外界的身份差异、民族差异、种族差异、等级差异带给每个人的地位的差异，一个乞丐可以成为国王；也挣脱了自然规律对每个人的制约，一个身患重病的人可以展翅高飞；挣脱了社会规范对人的制约，一个守法的人也可以随便偷盗别人的东西。每个人不再受到自然规律、技术规范、社会规范的制约，进入个性全面而自由发展的时空。这个时空如此有魅力，以至于你一旦跨进来，就会迷恋其间而不能自拔。深入其间的人逐渐会忘记甚至拒绝那个给予其诸多制约的现实世界。

第二，在现实世界中，人的行为受到虚拟世界行为方式的影响。人们将过多的时间投入虚拟世界，使得人的行为方式、价值观念、思维模式越来越多地受到虚拟世界的影响。当我们不得不回到现实世界时，就会带着过多的虚拟特性，从而被虚拟特性所控制，而影响了人的正常社会交往。比如说，某儿童长期沉溺于虚拟世界中，当他看到某个真实的相片而觉得相片不够大时，他会怎么做呢？他会试着用在苹果手机中那样放大照片的方式来放大这个真实的照片；再比如，如果长期沉溺于虚拟世界中，进行人与人之间的交往经常都是匿名的，这样我们不用为我们的行为负责。大家可以经常"潜伏"，这使得当前的大学教育中，出现了学生为一个现实社会中的问题跟老师进行交流而不愿意"显身"的问题。

虚拟世界如此之美好，挣脱了现实世界对人的发展的必然性制约，很多人会认为这是非常好的，只要让大家都努力投身虚拟世界，整个世界就变得无限美好了。但是，马克思所认为的人的解放，是现实世界中的解放，在其著作中，花了大量的时间，用于批判观念中的解放。那么，现实世界、虚拟世界、观念世界的区别在哪里呢？尤其是虚拟世界与观念世界的区别问题。虚拟世界与观念世界的区别仅在于表述方式的不同。在观念世界中，人通过人的神经组织，表现出一幅美好的图景；在虚拟世界中，通过互联网技术，表现出一幅美好的图景。

分析到这里，我们发现不能完全依靠虚拟世界来发展人。正如在马克思的视域中，观念、宗教、空想社会主义是不能解放人的。真正解放人的方式只能是深入到现实世界，通过处理好人与自然、人与人、人与自我的矛盾，在生产力水平提高到一定程度，人与人之间、人与自我之间的关系达到一定的和谐程度而慢慢完成的。

（三）从虚拟世界的异化中复归与解放

互联网技术支撑下的虚拟世界虽然不能最终达到人的真正解放，但是我们不能因此就排斥互联网。马克思主义认为技术具有双重特性，是把双刃剑。技术本身不存在问题，而是运用技术的人的问题。所以，对于互联网技术，我们要做到将其运用好、运用对，使其在现代社会能够成为发展和解放人的手段。而要运用好互联网技术及以其为技术依托的虚拟世界，根据马克思的异化理论，我们可以推演出以下两点：

第一，虚拟世界的设计与现实世界的必然性制约之间保持一个合理的距离。在虚拟世界里人的精神得到了全面的关照，挣脱了现实制约性，提前获得了解放。然而这种解放，虽然有现实的互联网技术作为支撑，但是其还是马克思所批判的观念中的解放。这种观念中的解放不是真正的解放，这是马克思与其他学者的一个主要观念差异，马克思认为人的现实解放是最为重要的。

第二，践行虚拟世界认识论与价值观教育。互联网为我们打开了一个虚拟的世界，也为人文社科领域开辟出了一个独特的研究领域。虚拟世界的认识论问题，首先是一个求真的问题，就是区分虚拟世界与现实世界的问题，这涉及虚拟世界与现实世界的划界问题，以及虚拟世界与现实世界的关系问题，这个问题看起来简单，其实是一个很深奥的学术问题。虚拟世界的价值观问题，是一个求善和求美的问题。虚拟世界的价值观判断问题就是判断虚拟领域的善与美的问题。虚拟世界的价值观判断现在存在一个重大的问题，即当代互联网技术运用能力强的青年人的价值观判断能力却较弱，两者差距的拉大逐渐成为虚拟领域价值观教育的一个主要问题。虚拟世界的价值观借助于虚拟商品已经大规模渗透进中国年轻一代的消费世界。

二、互联网时代高校思想政治教育资源整合的路径选择

整合高校思想政治教育资源，路径是关键。在经济全球化、政治多极化、文化多元化的时代条件下，借助信息网络新媒体技术实现思想政治教育手段的创新成为一大趋势。在具体的实践中，互联网与思想政治教育的有机融合是研究的重要内容，思想政治理论教学中哪些内容适合用互联网的方式来表达，需要深入探讨，这直接关系到对互联网技术的利用能否有效传播思想政治理论课教学内容，关系到能否真正将思想政治教育教学内容真正做到"进学生头脑"，并为学生所乐于接受。

（一）传统教材与互联网媒介的资源整合

1. 教材视觉表现形式差异

高校思想政治理论课的优秀教材要充分地体现马克思主义中国化的最新成果；体现中国特色社会主义实践的最新经验；体现马克思主义研究的最新进展，贴近实际、贴近生活、贴近大学生，在内容上和体例上都要有较大创新。

传统教科书属于印刷媒介，是将文字、表格等做成版，印在纸面上形成书籍，威望

较高，专业性较强，学生能够自由决定阅读的时间、地点、速度和方式。

互联网技术支撑体系下出现的数字杂志、数字报纸、数字广播、手机短信、移动电视等。相对于思想政治理论课教材载体形式来说，这种载体的特点有：信息符号多样化，视觉冲击力强，更能吸引学生；信息个性化强，更符合学生个性特征；交互性强，可随时沟通，实现互动。

2. 教材语言风格差异

思想政治理论课教材的语言具有规范性、严谨性、指导性和权威性；而互联网等新媒体则有着特殊的表现形式和语言风格，其主要表现为文字简洁精练、语言通俗活泼、图像清晰生动、信息更新及时。

3. 教材选择与突出重点差异

思想政治理论课教材逻辑严谨、章节均衡、层次清晰、前后呼应，内容具有全面覆盖性、学术权威性、理论科学性、表述准确性。

互联网是高校思想政治教育教学的现代化辅助手段，利用互联网高科技形式解读部分教学重点、难点和疑点，以灵活新颖的形式解答部分教学内容，可以提高思想政治理论课教材教学的吸引力、感染力和说服力。

（二）互联网教学与教材教学的对接融合

1. 思想政治教学网络平台与资源库的搭建

网络平台是思想政治理论课引入互联网教学的主要阵地。当前思想政治教学网络平台建设主要是"教育在线"和"教学网站"。"教育在线"是应用教育技术理论和计算机网络技术构建的一个集网络教学、教学资源管理、教学管理与评价于一体的综合性网络教育支撑平台，满足了实际教学的需求。通过"教育在线"，思想政治理论课教师可以进行网上教学安排、课件传送、作业批改、课程答疑，还能掌握每个学生的上网情况、作业状况、思想动态等，及时追踪学生网络参与状况，回答学生提出的问题，进行疏通和引导。而学生通过该系统可以下载讲义、提交作业、提出问题等，实现思想政治理论课课下教学互动。

教学资源库为教师提供授课所需要的信息资源、辅助资料，满足了学生个性化的需求，有利于自主学习、研究性学习的开展。借助现代互联网技术，这些资料可以逐年积累，日臻完善，最终成为服务于某一课程的成熟资料库，也可以方便地实现横向共享，让更多师生受益。

2. 互联网教学资源建设

互联网把文字、声音、图像、动画效果融为一体，营造出一个立体的、动态的、活泼的教学氛围，使学生身临其境，全方位地接受相关信息，大大地提高了教学的效率。互联网的使用应紧扣教学内容，由浅入深地说明问题，解决重点和难点，注重教师的分析与讲解，提升教学水平。

3. 多样化的教育资源利用

通过手机 QQ 群聊、手机微博等与学生交流。思想政治理论课教学与手机的结合是一个探索过程，其便捷性、广泛性、即时性、互动性的众多优点使其成为思想政治理论课教学的重要手段。数字电视新媒体是建立在数字电视基础上的新媒体，包括数字电视、IPTV、移动电视与户外新媒体等。随着时代的发展和科技的进步，未来还将不断涌现多种形式的新媒体，并对学生的生活、学习产生深刻影响，利用新媒体进行思想政治理论课教学，与政治理论课教学内容、形式有机融合，将增强思想政治理论课教学的渗透性和趣味性，提高学生参与学习的积极性和主动性，增强思想政治理论课的教学实效性。

互联网的发展，为思想政治教育者走进学生的生活、倾听学生内心所需所求拓展了渠道。同时，有利于老师与学生交流沟通，关注学生思想动态，及时发现问题，有针对性地帮助学生化解现实生活中遇到的各种困扰。对于受教育者来说，互联网的发展使他们的学习渠道增多，不受文理分科和专业限制，可以遵循自己的兴趣爱好，自主学习，提升自身的综合素质，促进全面发展。

第三节 "互联网+"视域下思想政治课教室空间的科学利用

随着互联网技术的快速发展和广泛使用，互联网与很多传统的行业相结合，创新发展出新的产物。在"互联网+"的影响下，高等教育的教学实践发生了深刻变革，进而产生了新的教学形态。新形态的教学将互联网思维特征融入教学中，不仅促进了教学体系的构建、教学资源的整合，也推动了教学空间形态的发展。

一、教室空间概述

"互联网+"的教育方式的目的是使人人都能够创造知识，人人都能够学到知识、获得知识。当人们知识的获取幅度提高、成本降低，也就是给人们终身学习奠定基础，这样人们才能长久地想要通过互联网学习知识。

（一）教室空间

教室空间作为一种无形的力量对学生的成长和发展产生一定的影响，对于教育文化的诠释以及教师对教育的理解来说，一定空间的存在会对一种教育的产生具有载体的作用。一般来说，教室是为学生提供上课学习的具有一定空间作用的房间。教室空间是一种空间上存在的客观实体，更是人们精神上的具有"生命意义的空间"，可视为人们成长和学习的空间，也可视为超过真实存在的、不属于物理上和地理上的空间。因此，教室空间既是一种物理空间又是一种社会空间。

教室与教室空间之间在本质上是完全不同的。教室空间是否会存在一个真实的教室，在这种思维方式下的教室就不光是指空间中存在的实体，也可以是平面化、静态化的互相之间的转变。而教室则是学校在进行教育活动时所固定使用的物理场所。但是教室空间不只是实体中存在的物质空间，还包括社会中的教室空间。

（二）教室空间的更迭

从入学开始，学生在学校的学习时间，大部分都是在教室中度过的。不管是人际关系上的交往，还是师生之间的交流，教室里所发生的一切事情都会深刻地印在每位学生的脑海中。教室在人们的生活中占据了很长的一段时光，对人的一生具有很大的影响作用，我们不能忽视教室空间所存在的一切。

在历史发展中，教育空间的发展经历了三次变革。第一次，早在远古时期，人类社会的启蒙时期，氏族的长者领导一代人沿袭和使用生活中的习俗经验，当时还没出现专门的教育机构，主要是从社会和生活中所汲取的经验教训，更没有专职的教育人员，教育是以大自然为教学空间的。第二次，由原始的自由教学方式逐渐演变成为由一定的组织者所组织的具有一定形态的教室空间。第三次，教室空间的演变就是在当前时期下所发展的由立体教室逐渐走向"虚拟空间"的形成。

总之，教育空间的改变带给人们的不只是教育方式的改变，更重要的是对人们整个教育系统产生的影响。我们在教室空间的转变过程中可以看到人类在发展过程中进步，也可通过这种教室空间的转变看出学生们在学习过程中的地位。

（三）教室空间的构成要素

教室教学空间作为一种特殊的社会环境，其本身具有要素构成和环境特征，既是给学生传授知识的地方，也是学生自由活动、教师辅导学生学习的地方。教室空间的布置是否符合人们心中所想，那就是人们对教育方式的理解。实际上，人们对理想的追求从未停止过，对理想的探索与尝试也没有中断过。新的教育知识的出现，使人们对教室空间的需求又有了新的要求。在理论与实践互动中逐渐形成的探索新时期的教育改革，强调的是教育中的生命体，教室空间也在人们的思想方式下，具有自身的生命性，理想的教室空间所具备的生命性能够满足人们的需求，人们对思想教育的追求就是在不断改变理想状态下的教室空间的状态。

教室空间的变革是以学生成长的过程为主，站在学生的角度考虑，我们需要注意以下三点：

第一，不要将"学生需要"当作"学生成长需要"。在成长的过程中，学生不能独立地选择发展的方向，所以，在学生的成长过程中人们常常将"学生的需要"与"学生的成长需要"混为一体，没有正确地引导学生，学生的喜好与成长需要之间是有很大区别的，学校应当在这个基础上对学生的发展进行指导。

第二，通过学生的成长状态，特别是从学生的问题状态发现学生的"成长需要"，由此切入进行指导，使学生进步。在集体交往过程中，很容易出现部分学生交往空间的缩小，局限在一个小的圈子里，排斥其他同学。这些问题出现的方式包含着多种可能性，或者是进步，或者是退步。

第三，在成长的过程中不仅要发现问题、解决问题，还要根据学生的成长状况，组织适合学生成长的实践活动。以学生的健康成长发展为目的建立教室空间，可避免出现很多错误的观点与观念。为了促进学生的成长，应当注意各个阶段的问题状态，在教室空间的设计上面，不只是要注意建筑设计理念，更要参照教育理论观念，从各个方面考虑不同阶段、不同年级的学生的心理特征。应当认识到适宜学生成长状态的实践活动也能够促进学生的成长，这种成长的方式能够使学生成为自己教室设计的主人。

二、现代教室空间设计

（一）对教室的改革

19世纪的教室空间的设计，是根据当时社会的意愿来塑造的，是一个有纪律、有制度、服从安排的地方，是一个有着清楚的目标的地方。20世纪初，教室空间设计开始产生了一定的改观，传统的教学模式与教学理念都受到挑战。传统的教学理念需要的是足够听从教师意见与接受教师所传授的所有东西，而革新后的教育理念是让学生脱离教师的思想束缚，有自己的想法，成为一个独立自主、有自我意识的学生。对于教室空间的变革，应将教育理念与建筑理念相结合，从以下几个方面进行变革与尝试：

首先，应当摆脱掉19世纪传统的教学形式，建筑师与教育工作者在对教室空间形式进行设计时，应当考虑适合学生学习进步的空间结构，同时要符合新的教学理念。这需要改变过去由一系列沿着无尽的走廊、特点相同的房间相互单调串联的结构。

其次，新形式的教室的设计应当符合对学生健康方面的考虑，当时对于传统的学校也已经出现了露天的概念元素，能够确保教室足够通风，使得教室不再像是一个忽视个体需要的兵营式的结构，教室空间结构的设计能够使学生在一个舒适的环境中学习。

再次，教室的室内环境同样也按照以学习者为中心的教学范式设计。为了适应各种形式的教学模式，将教室空间设计得足够大，可以容纳很多人与物，还可以适应不同的教学模式。这种灵活式的教学教室空间，更有益于学生的创作发挥。

全新的教室空间的设计，目的是对学生的学习有所帮助，在环境良好、教室设备完善的条件下，学生能够用积极的心态来面对学习。新的空间设计模式将打破传统的封闭式形态，教室中所布置的座椅、桌子以及教师所要办公的地方，都将进行变动。这种形式下，教师在讲解不同的课程时教室布置都可以针对课程进行转变。

（二）教室空间的传承与发展

未来空间的结构转变对于教室的空间设计将会产生一定的影响。教室的变迁过程也是在传统的教室空间的基础上进行的转变，这些因素同样会影响未来的发展。第一，教学方式和教室空间是相互联系的。教学方式决定空间的设计，空间设计又在一定程度上制约教学方式。在进入21世纪后，这种理念的存在仍然对今天的教室空间的变革具有很大的意义，教学理念和方法的变化同样应该体现在教室空间架构的变化中。第二，教室空间结构的变革与当下社会的时代精神之间出现了问题，新的教室空间的变革目的是解决掉这些出现的问题。当前社会条件下的时代精神已经从过去传统思想文化禁锢中解脱出来，文化之间的变化存在着不一致性。第三，自从现代教室结构形成以来，学校和教室之间存在着一定的共性，需要有不同领域的专家和专业的人员，能够突破教室在设计过程中出现的狭隘。因此，学校在建筑开发时期，应当从学生的角度出发，给学生建立一个环境适合的教学基地，使教育能够在建筑风格中表现出来。

此外，任何的建筑在设计的过程中都需要考虑建筑过程中的经费问题，需要有足够的物质基础来使设计得以进行。新的技术和新的教学设备也在影响着教室的结构。各种电子媒体、媒介的出现，也是在教学的过程中，帮助老师与学生不断革新教学方式。

为了适应不断发展的信息化社会的变化，各种新的设备、新的理念都可能会使学生的学习方式发生变化。教室使用了超大屏幕显示器使得教室空间的划分发生了变化。现实空间与虚拟空间的结合，使虚拟空间展示的方式更为宽广。当然，除了信息技术之外，建筑、环保等方面的成就也会影响教室结构的发展。

三、"互联网 +"视域下思想政治课教室空间的利用

传统教室空间是一个缺乏物质创新的教室空间，传统的教室空间只重视对学生传授知识，而忽视学生的整体发展，必然会导致学生缺乏自我学习的意识。在教室设计上缺乏学生的立场，将学生视为被动的个体，缺乏对生命自觉的认识。

（一）传统教学环境

以教师为中心，在课堂上面对学生传授知识，同时对学生进行提问，并让学生在课堂之后对课堂上所学的知识进行练习。这种方式主要是由教师讲述，学生听讲并辅以练习以加强学科知识记忆。传统教学突出的是在教室中进行教学活动，教师是主要传播者，在学习过程中系统地安排整理课程内容，安排课程的进度，学生扮演的主要是接受者的角色，多数的时间是以学生的听讲为主，教学时间较短，最后通过练习、考试考评授课成果来判断学生的学习能力。

传统教室主要特征有：一是教师的身体语言对学习者至关重要。教师在教会学生知识的情况下和与学生进行交流的情况下，表现出来的语言、声音等，都可以反映出教师的一种态度，这些对学习者来说都是重要的。二是师生间存在互为动态、无形的交互作用。在教学的过程中，教师的语言行为、情绪变化、心理状态的改变，都会反映在教学课堂上，引起教室气氛的变化。三是学生之间相互影响。课堂上学生之间的相互竞争的氛围，可以激发学习者的情绪或者抑制学习者的情绪，从而对学习者产生影响。四是学习者的注意力必须高度集中。在传统的教学过程中，信息传输的过程是一个不可重复的过程，学习者必须认真地听讲，努力地记住教师在课堂中所讲述的重点。

（二）传统教室的不足与反思

高校思想政治课教学课堂一般采用多媒体教学，课堂从原来的"粉笔 + 黑板"模式

转变成"计算机＋投影"的模式，虽然避免了单调枯燥的照本宣科，使教学效果有了一定的提高，但又停留在了教学"表演"上，弊端没有发生根本的变化，难以满足"互联网＋"时代教学形态的变革，仍然存在很多问题。

一是限制了教师课堂教学能力的发挥，影响了师生之间语言及形体的交流，让学生处在被动环境下学习，难以达到思想政治理论课的教学目的。

二是内容更新缓慢，收效甚微。例如有些教师在课件制作和备课过程中，只是将网络下载的资料和课程内容进行简单拼凑，使得课件内容枯燥乏味，结构层次不清晰，内容缺乏和时事、生活的有机连接，不能与时俱进。

三是统一固定的座位布局，不利于教学活动的开展。课堂空间的封闭格局限制了诸如活动学习、探究学习、项目学习、协作学习等多种教学活动的展开，并强化了学生的顺从倾向。

四是多媒体教室的配备和控制难以满足学生探究的需要。课堂是思想政治教育的主阵地，高校思想政治课教学试图通过技术装备的投入对传统教室空间进行一定的改造，但却不能满足信息技术时代学生学习的特点和需求。

基于此，教室的物理环境和心理环境都需要做出相应的改变，才能适应互联网时代教育教学的发展变革，应对新时期思想政治教育面临的机遇与挑战。

（三）思想政治课现代教室空间变革思考

"互联网＋"时代，物联网作为积极的教学元素与教室空间相结合，扩展了教室空间的范围。从形式上看，物理空间和虚拟空间得到了很多研究者的认可；从技术与教室互动发展来看，推动了教室由传统教室、多媒体网络教室到现代教室的发展；从教室空间的内涵来看，思想政治课现代教室空间应该是学习资源获取便利，教学内容呈现情景化、可视化，能够促进课堂交互开展，充分发挥课堂主体的主动性、能动性，促进主体和谐、自由发展的教与学的新型空间环境。对于思想政治课现代教室空间的变革要重点思考以下几个问题：

首先，现代教室空间优化的基本理念。关于现代教室空间建设的思想有很多不同的表述，但其理念基本是一致的，均强调以人为本，增强学生的主观能动性，促进主体人格的完善，最终实现学生的全面发展。

其次，思想政治课教室空间设计的主要目标，应该体现于服务和支持思想政治课教学改革。一是支持思想政治课教学结构变革。高校思想政治课教学改革的关键是将教师主宰课堂的、以教师为中心的传统教学结构，改变为既充分发挥教师主导作用，又突出体现学生主体地位的新型教学结构。同时，思想政治课教室空间的设计必须具备灵活的空间布局、动态课桌椅组合、多显示屏空间、数字学习终端等多种特征，以满足课堂教学系统四个要素地位和作用的改变。二是实现不同教室空间功能的互补。根据思想政治课教学的特点，将现代教室模块化，以适用于不同教学应用模式。

最后，在建设方案上主要遵循主导原则。满足教学活动的实际需求，在保证方案实用性的基础上，还应提升整个教室环境的智能化水平，以适应未来智慧教室的发展趋势，发挥整体系统的最优性能，充分考虑到未来系统的升级与扩充。

第四节 "互联网＋"时代高校思想政治教育手段运用分析

本节主要从高校思想政治教育网站的建设、QQ群空间利用、博客运用以及微信的利用来研究分析"互联网＋"时代高校思想政治教育手段。

一、高校思想政治教育网站的建设

随着网络信息技术的快速发展，网络不断深入人们的学习与生活中，对人的政治态度、思想观念以及价值取向都产生深刻的影响，因此，思想政治教育工作需要新的教育方法，需要利用网络资源完成思想政治教育。然而，网络思想教育必须依靠网络平台才能实现。

首先，对高校思想政治教育网站进行简单的介绍。思想政治教育网站又名为"红色网站"，是高校利用网络向受教育者传递先进的思想政治理论，全方位渗透马克思主义观点，准确传达党的政治立场，培养遵守社会主义社会道德规范和具有较高素养"四有"新人的平台。清华大学汽车工程系于1998年建立了"红色网站"，这是我国第一个"红色网站"。这之后，随着我国政府对网络思想政治教育的重视以及相关政策规定的出现，各相关机关、高校以及企业也开始建立"红色网站"，作为我国传统思想政治教育的补充和延伸。"红色网站"的出现进一步丰富了思想政治教育的手段及内容，在引导国民建立正确价值观、人生观，提高政治思想素质等方面发挥了巨大的作用。经过多年的发展，几乎所有的高校都建立了专门的思想政治教育网站。

其次，对高校思想政治教育网站影响力的现状进行概括。经过多年的努力，虽然高校思想政治教育网站的数量不断增加，但其影响力依旧不足。本小节我们以绍兴某高校思想政治教育主题网站为研究对象，对高校思想政治教育网站的影响力进行详细介绍。第一，知晓率不高。绝大多数学生虽然了解思想政治教育网站，但不知道具体有哪些网站是以思想政治教育为主题的，而且有将近一半的学生并不知道自己的学校存在思想政治教育网站，更不用提知道本校思想政治教育网站的名称了。通过一系列的调查发现，大学生大多只听说过本校的思想政治教育网站，并未进行过进一步的了解。所以说思想政治教育网站在大学生中的知晓率较低。第二，关注度较低。大学生们较多浏览与娱乐或新闻相关的网站，极少有人浏览与思想政治教育相关的网站。就"希望的田野"这一思想政治教育主题网站来讲，只有极少数的学生曾经浏览过。大部分学生表示即使知道本校有大学生思想政治教育网站也不会去浏览。他们对思想政治教育网站并不关注，更喜欢浏览一些知名度较高的网站。这就说明思想政治教育网站在学生中的关注度较低。第三，认可度不高。经调查发现，有将近一半的大学生对建设思想政治教育网站持无所谓的态度；他们认为当前的思想政治教育网站并未发挥其教育的功效；绝大多数学生并不看好思想政治教育网站的发展前景。这就反映出大学生们对思想政治教育网站存在不满，并不认可现行的思想政治教育网站。

二、高校思想政治教育工作中 QQ 群空间的利用

随着网络技术的不断发展与运用，QQ 群应运而生，并建立于不同的领域。QQ 群是将对同一事物感兴趣的不同地方的人们聚集在一起，进行沟通与交流。高校、社会团体在不同层面建立了 QQ 群空间，可以实现资源共享，便于群内成员随时留下自己的独到见解。高校通过建立与思想政治教育有关的 QQ 群，为教育者提供了交流平台：一方面，能够推广好的工作经验，激发群内成员自主学习的积极性，提升自身的业务水平；另一方面，当遭遇困难较大的问题时，能够通过与他人进行交流，得到最优的方案，进而提高思想政治教育的解决问题的能力。

（一）利用 QQ 群空间开展思想政治教育的优势

一是随时可以掌握教育对象的思想动态。在传统的教育与管理模式中，部分教育者与受教育者的交流存在一定的顾虑。而在 QQ 群中，所有的成员都可以选择以群聊或私聊的方式实现随时随地与教育者进行无障碍沟通。QQ 群能够保证教育者与受教育者进行自由平等的交流，减轻双方在交流过程中的压力，促进受教育者与教育者的即时交流与沟

通，避免问题的堆积。此外，教育者可以通过 QQ 群聊的细节，掌握受教育者的思想动态，从而有针对性地开展思想政治教育工作。

二是提高信息传达有效性。随着互联网的逐渐形成以及在思想政治教育领域的普及，教育者的权威性受到了挑战，更何况管理干部的能力以及素质也是参差不齐的。管理者对政策以及活动的传达不力，会导致好政策、好活动难以实现好的效果。而增加 QQ 群的辅助就会取得不一样的效果。首先可以避免遗漏细节，增加传递信息的范围以及途径，使教育对象更容易接受平等方式的教育，在教育过程中拥有更多的话语权。同时，还可以激发普通群众参与思想政治教育工作的积极性。

三是信息发布及时性与持久性。通过使用 QQ 群可以及时在网上进行消息的发布，任何人都可以在 QQ 群中发布相关的消息，从而保证信息发布的及时性。通过网络手段作为辅助，在 QQ 群聊中强调发布信息的重要内容，或者将细节上传至 QQ 群中，方便每位成员进行查阅，也就保证了信息的持久性。

四是解决思想问题的及时性和详尽性。在 QQ 群中，可以随时随地地解答各种问题或提出各种疑惑，且尽可能详尽，不必担心过于频繁的交流会给教育对象带来负担，使教育对象对思想政治教育产生不耐烦的心理。

（二）利用 QQ 群空间开展思想政治教育应注意的问题

一是在建立各种 QQ 群时最好是实名制。建立 QQ 群时实行实名制，能够避免别有用心的人通过 QQ 群发布虚假消息，对网民造成不良影响。但有时为了打消 QQ 群成员的顾虑以保护其私密性，使其能够大胆地发表自己的意见，就不需要实名制。

二是在各种 QQ 群中，思想政治教育者不必担任群主。具体表现为以下几种情况：第一种情况，不具备担任群主资格的教育者，由于群服务会占用大量的服务器资源，因此仅允许满足条件的会员建群担任群主，并且有数量和规模限制。建群要求：QQ 等级一个太阳以上或者 QQ 会员。第二种情况，当教育者的网络知识不充足时，不能够担任群主。第三种情况，当教育者没有时间和精力管理群时不能担任群主。考虑到教育工作者的情况，可以担任 QQ 群管理员这一职务，QQ 群管理员也能够进行 QQ 群文件管理、公告发布以及人员增减管理等任务，既实现对 QQ 群的有效管理，又不会被群主的责任所累。

三是不能取代传统思想政治教育。QQ 群是将现实与虚拟、传统与流行科学有效地结合，在现在思想政治教育工作中使用 QQ 群已成为必然的选择。但是，传统思想政治教育渠道所发挥的作用仍不可忽视。因此，不能本末倒置，顾此失彼，应该统筹兼顾，优势互补。

三、高校思想政治教育工作中博客的运用

博客也就是我们所说的电子日志，可以分为个人博客和群体博客两类。思想政治教育工作者如若可以访问受教育者的私人博客，就能够更加准确地了解当事人的思想动态。群体博客是进行群体思想政治工作的载体，一般由思想政治教育工作者发布主题。在群体博客当中，每个参与者都能够自由地发表个人见解，但也要接受别人给予的评判。在群体交流和探讨过程中，人们的情感以及道德观念等得到提升。值得注意的是，由于网络具有匿名性，博客中难免出现措辞激烈的现象。对此，教育者要始终保持宽容的心态，对受教育者进行积极、正面引导。

（一）博客 —— 自主呈现与分享

博客作为从网络边缘崛起的势力，具有多元化的趋势，其内容以及组织形式多种多样。

从理论上讲，高校思想政治教育工作者的博客主页空间通常包括：对自身日常工作的记录、对管理制度以及设置这些制度的原因和标准进行公布和公示各类信息、发布通知、对班级同学的进步进行记录、记录自己工作和生活的感悟以及对网络上的好文章进行转载。

博客对每个网民而言都是平等和开放的，只要经过注册就能拥有个人博客空间，在这里没有身份和宗教信仰的差异。所有的人都能够参与其中，表达自己的观点或信仰。博客多为匿名注册，在虚拟空间之中，减少了对博客使用者的束缚。通过匿名注册运作博客，用户能够进行平等的交流，增加网络交往的随机性和不确定性，从而导致网络伦理冲突变得越来越激烈。正是因为博客存在着匿名、虚拟等特点，使得申请者对自己的言行不负责任，甚至是违反法律法规。

随着博客的发展与网络发展速度的加快，西方国家已经将网络社区作为意识形态渗透到文化软实力之中，成为软文化入侵的首选。正因为网络博客的互动性与超级链接性，因此难以实现追根溯源，所以利用博客空间进行政治意识形态的输出是一种低成本、低风险的方式，对大学生造成的恶劣影响不容忽视。就目前博客的发展趋势而言，在博客界面进行思想政治教育工作，要注意以下几点：第一，始终在博客中弘扬思想政治教育中的主旋律，避免受不良思想的侵蚀。在设置博客空间话题以及特色议程时，要以本土文化为主，以爱国主义思想引导广大学生。第二，在博客议程设置中凸显本土文化，在文化交融中增加传统文化和民族文化的魅力。第三，增强文化凝聚力和民族认同感。通过博客激发

大学生的群体凝聚力，从而使思想政治教育工作的水平发挥得更好。

（二）博客在高校思想政治教育中的积极作用

一是开启了一扇掌握大学生思想脉络的窗户。当代大学生的个性较为突出，具有丰富的感情和表现自身的欲望，在现实生活中他们的这些需求无法得到满足。因此，无法准确地把握大学生的思想状态。一方面，在现实生活中学生不愿意进行自我表达，这就导致教育者难以收集到来自受教育者的一手思想状态资料；另一方面，面对面的谈话容易使学生产生压力，而无法获得其真实想法。而如今许多大学生都喜欢在博客上分享自己的生活以及内心的想法，因此，思想政治教育工作者可以通过学生的个人微博掌握其思想动态，发现问题并及时进行解决。

二是为思想政治教育的开展推开了一扇门。传统的思想政治教育通常是以团体活动或一对一访谈的形式为主。团体活动的覆盖面广，但无法针对每一个学生进行思想政治教育；一对一访谈虽然可以针对每一个学生进行教育，但覆盖面较窄。而博客则兼顾了这两方面特性，既能保障学生的隐私，又能提高信息交流的效率；既扩大思想政治教育的范围，又能针对学生的实际情况及时调整方案。此外，我们还能通过博客进行答疑解惑的活动，或发布最新的资料以及生活提示，始终与学生保持密切联系，使思想政治教育更有温度。

三是为思想政治教育内容拓展了一片天。大学生对新鲜事物具有较强的求知欲，互联网能够对信息进行及时的更新。在博客的基础上开设的网络思想政治教育课的内容较为丰富。可以通过最新的社会事件引发学生的兴趣，从而有利于教育工作的开展。如今各大传统媒体都纷纷开设了博客与微博，及时发布权威信息，减少大学生收集资料的时间。

四是为思想政治教育时效性增强了一股力。网络思想政治教育具有较强的实效性，且能够方便、快捷、迅速地发布信息，实现资源的浏览和转载。在与学生的交流过程中产生思想的碰撞，促进大学生对思想政治的学习，从而使思想政治教育工作发挥更强的实效性。

四、高校思想政治教育工作中微信的利用

当下社会，微信已然成为一种生活方式。如何通过微信开展思想政治教育成为新时代的又一课题。

（一）微信与认知新培养

微信作为一种即时快速的通信工具，能够实现人与人之间更加便捷的交流，具有灵活、节约成本、显示实时输入状态等功能。微信是一个对所有用户免费开放的软件，在使用过程中只需支付少量的流量费。所有的用户都能够通过微信来构建自己的公众账号，而且对名字没有任何限制。用户可以通过公众号实现信息共享。

随着新媒体的不断发展，人们越来越离不开手机。就目前而言，微信的用户高达4亿，而其中大部分为年轻人和学生。对于学生而言，手机不仅是进行聊天的工具，还是一种生活方式，对大学生的生活产生深刻的影响。

以移动学习为例，顾名思义，移动学习就是利用移动设备进行随时随地的学习。虽然在国内，移动学习在一定范围内已被应用，但仍存在发展的空间。智能终端是制约移动学习进一步发展的重要因素，其普及率以及移动网络资费和学习资源都对移动学习有所影响。微信的出现促进了移动学习的发展，给予大学生全新的认知培养。微信APP应用能够帮助大学生完成学习活动。只要在手机上安装了微信应用，仅支付少数的流量费用就能使用微信。与此同时，微信的客户规模较大，共享新平台上的资料可以被所有用户使用。这样的资源库使得大学生更加容易获得学习资料。因此，微信特别适用于互动式的学习。目前生活节奏较快，师生难以实现一对一的沟通和学习，而微信能够为教育双方提供随时随地交流的平台，实现师生一对一的沟通与交流。

另外，微信的朋友圈功能为教学互动和同学交流提供了便利条件。任何学习组织都能通过微信平台进行实时信息共享。微信平台通过自身强大的分享能力，将网上的教育资源进行整合；通过二维码、推送等功能，实现学习资源的高效利用；通过教师的推送消息，实现教学内容的及时更新。也可以通过搜索功能在微信上建立虚拟班级和虚拟课堂。微信虽然无法对移动学习资源进行优化，但能够凭借自身的优势为学习者提供更多的选择和交流的方式。微信是一个拓宽认知的平台，便于学习者对各种信息的阅读和相互交流。

（二）微信为思想政治教育带来的挑战

一是微信传播时间上的即时性向思想政治教育提出了新挑战。微信作为最具即时性的信息传播平台之一，能够为所有人提供一手信息。这也是对过去由主流媒体主导传播格局的颠覆。正是由于微信能够进行实时交流，能够满足大学生学习和交往的需求，青年人在"微信"里进行信息沟通的同时也有可能受到错误思潮的影响。此时，思想政治教育工作者就会面临这样尴尬的境地：教育者讲授的内容受教育者早已知晓，受教育者说的新名词和新鲜事，教育者却可能闻所未闻。因此，微信的即时传播为思想政治教育工作的开展带来了巨大挑战。

二是微信传播内容的碎片化向思想政治教育提出了新挑战。微信作为一种新兴的信息传播与交往中介，在信息传播过程中容易将信息碎片化。微信中的信息一般是个人的生活细节或新闻、事态的滚动进展，每条内容表达的信息有限。基于微信语言的碎片化，网络信息的内容与教育者所表达的内容可能会出现差异，甚至相悖。这就有可能导致受教育者在思想上产生混乱甚至是逆反。

三是微信传播方式的裂变向思想政治教育提出了新挑战。微信作为信息传播的新形式，属于裂变式传播。这种传播方式的覆盖面较广，容易激发人们产生表达欲望。重大事件发生时，一些别有用心的人就会在微信平台上刻意对事件事实进行夸大，甚至掩盖事实真相捏造虚假消息。这些不实信息将对网络环境以及网络秩序产生直接的影响。因此，对微信平台进行有效监管，筛选掉不良信息，阻止网络谣言在网络上的扩散，让它们在促进人们信息交流的同时，还能够保证信息的真实性，是值得思想政治教育工作者思考和探索的问题。

第四章

大学生思想政治教育网络阵地的构建研究

随着互联网在我国的发展越来越迅猛，如何让互联网这个"最大变量"成为高校思想政治教育中"最大增量"，是摆在思想政治教育者面前的一个时代课题。"要顺势而为、因势利导，研究把握信息网络时代政治工作的特点和规律，用好用活网络平台，占领网络舆论阵地，推动政治工作传统优势与信息技术高度融合，增强政治工作主动性和实效性"是党中央给全体教育者提出的时代要求。

第一节　大学生思想政治教育网络阵地建设的必要性和可能性

网络时代，大学生思想政治教育是一场"攻防战"，向非马克思主义、反马克思主义宣战，能够主动出击，有战略有战术，抓住有利于进攻的关键时机，敢战善战勇战是维护主流意识形态的需要。与此同时，多元教育主体要打好"防卫战"，筑牢网络阵地，坚守好我们的精神家园，为高校人才培养构筑牢固、可靠的思想政治教育阵地。

一、大学生思想政治教育网络阵地建设的必要性

（一）抢占网络阵地的需要

传统大学生思想政治教育着力点主要集中在思想政治理论课和辅导员的学生工作开展，教育形式多为一对一、一对多、面对面。随着互联网的普及，大学生网络行为呈现多样化，这为大学生网络思想政治教育提供了新的机遇，打开了新的视角，也提出了新的挑战。大学生网络思想政治教育阵地建设是新时期高校思想政治教育的应有之义，被誉为思想政治教育的"第四课堂"。目前新阵地的开辟与建设在很多高校尚处于发展阶段，应用多体现在思想政治课教育教学、学生工作的网络联系和宣传，而意识形态建设、核心价值

观引导、政策宣讲、理论阐释等方面网络阵地建设还不能满足教育客体的需要。习近平总书记要求"我们的同志一定要增强阵地意识。宣传思想阵地，我们不去占领，人家就会去占领"。并提出思想舆论领域"三个地带"的观点，即第一个阵地是主阵地——红色地带，由主流媒体和网上正面力量组成。对于这个阵地要巩固和拓展，严防死守，绝不能丢。第二个阵地是黑色地带，这里充斥了现实和虚拟场域的负面言论，以及敌对势力的舆论。对于这个阵地要勇于斗争，推动其颜色改变。第三个阵地是灰色地带，介于前两者之间，我们的态度应该是加快使其转化为红色，并防止向黑色地带蜕变。"三个地带"理论充分说明未来网络阵地抢夺将是一场硬仗，也会是一场持久战。

（二）适应核心价值观教育生活化的需要

日常生活中，个体在自我价值的生产和再生产过程中，借助核心价值调整、校正，完善个体与自我、个体与他人、个体与社会、个体与国家的关系，进而构建人们的美好生活，这也是社会主义核心价值观的目标指向。对大学生而言，互联网几乎渗透在日常生活的各个环节，网络在大学生中的普及率要大大高于其他社会群体。把网络作为大学生思想政治教育的重要阵地进行系统规划、长远打算、统筹考虑，有利于发挥网络育人的功能，提高时效，强化沟通，丰富手段，保证育人方向，服务大学生成长成才。社会主义核心价值观不能束之高阁，必须通过生活化教育教化在大学生中产生影响，在大学生广泛活跃的网络阵地开展教育符合核心价值观教育日常生活化的需要。

（三）增强教育实效性的需要

很大程度上来说，互联网保障了人民群众的知情权、参与权、表达权和监督权。但在很多具体问题上，不同群体的心理需求是不同的。高校思想政治教育，教育客体是大学生，要善于发现学生的需求，找准切入点，有的放矢。马克思说："需要是人类心理活动中最基本的东西，是人类个体和整个人类发展的原动力。"当前，互联网俨然已经成为大学生的一种生活方式、一种思考方式、一种行为习惯。高校思想政治工作的战场不仅在思想政治课课堂，更是延展到现实生活中的每一个有学生的地方，尤其是互联网这个"主战场"，主动占领"主战场"，在网络行为、网络言语间洞悉学生的思想变化，了解他们的精神需求、现实诉求，以虚拟身份在线上，以真实身份在线下，给予他们及时、有益的精神引领、帮助指导、心理疏导、人文关怀，这些都将大大提高思想政治工作的实效性。

现在，网络空间情况复杂，主流当然是好的，但也有很多杂音、噪音，甚至有很多负面言论。这个战场很重要，对青年人影响很大，很多青年都是在网上接受信息的。开展网络斗争、加强网络管理、弘扬网上主旋律，这些工作大家都要做，团组织也可以更多发挥一点作用。辩证法认为，矛盾的主要方面决定事物的性质，矛盾的次要方面在事物发展不起决定作用，但一定条件下，矛盾的主要方面和次要方面是可以转化的。利用网络阵地，弘扬主旋律是党对网信事业发展提出的要求。同时，要警惕杂音和噪音，认真研判，通过正面宣传、澄清问题、理性分析、科学阐释来消解其不利影响，促使其转化为和谐之音。

二、大学生思想政治教育网络阵地建设的可能性

我国互联网的快速发展和深入普及，特别是随着 5G 技术的发展与应用，无不为高校大学生思想政治教育阵地建设提供了有力的技术支撑和广阔的发展平台。

（一）网络思想政治教育主客体条件具备

根据第 51 次中国互联网络发展状况统计报告显示，我国网民年龄结构中，10—19 岁所占比 14.3%，20—29 岁所占比 14.2%。职业结构中，学生最多，占比 26.9%。在高校，"无处不网、无人不网"已经成为一种趋势，并且这种趋势不断强化。大学生是新生事物接触、学习、使用比较快的群体，他们具有良好的学习能力，探知欲望强烈。网络世界海量信息，客观世界的虚拟延展，主观世界的网络交流，高速、便捷的网络体验，网络对生活学习成长需要的满足，大学生已经成为互联网使用中最普遍的群体。因此，在传统思想政治教育基础上，开展网络思想政治教育已经具备了充足的主体条件。大学生对网络使用广泛，网络对大学生学习工作生活带来深刻影响，互联网不仅仅是信息获得平台，更是一种全新的生活方式、交往方式、思考方式、行为方式。此外，高校拥有一批具有坚定政治立场，善于学网、知网、懂网、用网，从事网络思想政治教育的师资队伍，为大学生思想政治教育网络阵地建设提供了重要的政治保证，可以把握好、坚守住这个阵地。

（二）思想政治教育网络阵地建设的示范作用

网络阵地建设是网络思想政治教育的基础和前提，随着网络实践的深入和推广，我国的高等教育系统早已经开始意识到在网络阵地开展思想政治教育的重要性。很多地方已经率先走在全国网络思想政治教育建设的前沿，建设了优质的网络阵地，为其他高校相关工作的开展提供了有益借鉴和参考。全国教育系统的知名文化品牌，教育部实施的"易班推广行动计划"提供教育教学、生活服务、文化娱乐的综合性互动社区；"中国人民大

学在线"已经成为具有较强影响力的综合性大学生主题教育网站；在各高校内部，一些专业性、学术性网站，思想政治理论课教师和辅导员的博客、微信公众号进一步扩大了网络思想政治教育的覆盖面，使思想政治教育网络阵地不断在巩固中扩展，在扩展中巩固。其中，一些有影响力的个人微信公众号也在大学生思想政治教育网络阵地建设中发挥重要作用，受众很广、影响很深。有代表性的比如南京航空航天大学的"南航徐川"、大连海事大学曲建武教授的"仍然在路上"，都为我们开展网络阵地建设提供了良好的示范作用。还有一些马克思主义学院率先创建公众微信号，并在实践中不断扩大其影响，如清华大学的"清马来了"。

第二节　大学生思想政治教育网络阵地建设的基本思路

一、加强领导，形成网络阵地建设的合力

网络阵地建设是一项复杂的系统工程，阵地在才能赢。加强大学生思想政治教育网络阵地建设，涉及互联网企业、高校、大学生诸多主体，牵一发而动全身。互联网企业在运营实现自身发展同时，要积极承担社会责任，不能一味追求注册用户数、点击率、关注度流量、热度等网络评价指标。

在高校，党委是大学生网络思想政治教育的第一责任主体。党委要加强顶层设计，加强组织领导，将分散的网络阵地建设力量凝聚起来，汇聚成系统之力、长久之力、坚强之力，提升网络阵地建设质量，增强网络思想政治教育针对性实效性，提高大学生思想政治教育质量，开创大学生思想政治教育新局面。高校党委要统筹协调网络阵地建设牵头部门，如宣传部、学生处、信息中心、马克思主义学院，以之带动各学院、各类教辅部门、后勤部门在"三全育人"中利用不同形式开展网络阵地建设。还要调动发挥大学生群体的网络阵地建设和自我教育功能。高校学生既是网络受众，也是改善网络生态的重要力量。要发挥高校学科优势和人才优势，鼓励学生利用所知所学，正面发声、理性思辨，唱响网上好声音，传播网络正能量，澄清是非、伸张正义，不做沉默的多数。要加强互联网管理，整治有害信息，净化网络空间，守护好共同的网上精神家园。

二、完善立法，加强网络行为的法律约束

俗话说，没有规矩，不成方圆。互联网作为 20 世纪最伟大的发明之一，把世界变成"地球村"，有力推动着社会发展，深刻改变着人们的生产生活。但是，这块"新疆域"不是"法外地"，同样要讲法治，同样要维护国家主权、安全、发展利益。在互联网深刻影响中国经济社会发展的当下，从国外发展经验和我国发展实践来看，营造风清气朗的网络环境，完善互联网领域立法必不可少。与现实场域相比，互联网虚拟性、隐蔽性等特点愈加突出了加强互联网立法的必要性。作为其他三个"全面"的法律保障，加快制定、逐步完善网络立法是全面依法治国的应有之义。我国互联网立法发展二十余载，围绕互联网领域的安全问题、电子商务、信息保护、知识产权、未成年人保护、大数据、云计算等领域，制定颁布了一系列法律法规、部门规章、司法解释。这些立法在规范网络行为、主体约束、权益维护、违规惩罚、弱势群体保护、接轨国际多领域发挥着重要作用。但是，我国的互联网立法还存在着基础立法位阶整体不高、相关立法存在空白、法律间协调性不足、相关立法"权利—义务"结构失衡、立法滞后等问题。随着互联网的迅猛发展，我国已从 Web1.0 时代进入到 Web2.0 时代，技术环境的改变迫切需要国家与时俱进地跟进法律制定，不给不法之徒在网络空间肆意妄为、投机之举留有可乘之机。"要抓紧制定立法规划，完善互联网信息内容管理关键信息基础设施保护等法律法规，依法治理网络空间，维护公民合法权益。"

三、开发技术，防范和控制不良信息传播

"当今世界，网络信息技术日新月异，全面融入社会生产生活，深刻改变着全球经济格局、利益格局、安全格局。……虽然我国网络信息技术和网络安全保障取得了不小成绩，但同世界先进水平相比还有很大差距。"2021 年，美国推动"无尽前沿法案"，主要目的在于反制中国的科技竞争。网络之争最重要的就是技术较量，谁的技术好，谁的技术领先一步，谁就掌握控制权。互联网核心技术是我们最大的"命门"。核心技术受制于人是我们最大的隐患。网络阵地建设优势来源于技术，技术先人一步、快人一步、优人一步，才能确保主动权掌握在自己手里。

以先进技术防范和控制不良信息传播要处理好四对关系。

一要处理好自主创新与开放创新关系。核心技术买不来也换不来，发展要立足我国的基点，自立自强。美国将华为列入实体名单制裁后，曾被称作"备胎"的华为鸿蒙系统

"一朝转正"，敌对势力的阴谋破产，这为我们做大做强民族产业，做好做优自己的技术提供了"教科书"式的榜样。自立不等于"自闭"，在强调发展基点立足我国国情同时又要参与国际合作，学习他国先进之处。二要处理好投入与产出的关系。互联网技术开发的"命门"是核心技术，核心技术研发需要大量的科研投入、人才投入。随着我国经济实力的不断提升，国家和企业的科研投入不断增加。好钢要用在刀刃上，在生产要素配置中，经费和人才同样适用这一要求，不拘一格降人才，生产要素资源优化配置才能出生产力、科技力。三要处理好做大做强和强强联合的关系。目前，我国已经形成几个超级互联网平台，"马太效应"在互联网领域越来越突出。核心技术开发需要具有强大实力的互联网企业，冲锋陷阵，但国际竞争更需要骨干企业的强强联合，我们要打造中国版"文泰来"联盟，实现弯道超车。四要处理好"疏"和"堵"的关系。网络时代思想政治教育阵地建设是一种排除干扰、自我净化和健身强体、增强免疫力的过程。互联网领域的代码技术为这一目的的实现提供可能，但要警惕"代码暴政"和"干预不足"，两者都会制约网络治理效果的实现。

四、强化自律，提高大学生网络道德意识

任何技术都倾向于创造一个新的人类环境。与前两次技术革命相比，互联网技术对人类社会的重塑正不断刷新人们的认知，人类社会因"网"而生成网络社会，网络社会的人们正生活在一个由自然，社会和虚拟空间构成的世界之中，更准确地说，网络社会的人们正穿梭于这三个世界之间。与现实世界一样，虚拟空间秩序的构建与维护同样需要网络法治的"硬约束"和网络道德的"软约束"。道德约束作为内因，对网络行为规范、网络秩序维护、和谐网络社会构建的作用是第一位的。社会层面的思想道德观念一旦形成会形成一种巨大的实践推动力，影响到社会的有序进步和稳定发展；在个人层面，道德建设可以让个人更好认识自己与他人、与社会、与国家的关系，在思考中更好实现人生价值，这是一种将自我价值与社会价值高度统一的价值追求。网络道德缺失对个体成长危害巨大，对网络环境建设具有破坏影响，甚至会造成现实世界道德环境恶化、社会道德退化，强化自律是治理的根本。思想政治教育网络阵地要管、要占、要建，大学生是重要的建设主体。提高大学生网络道德意识目的是要增强免疫力、增强辨别力、增强战斗力、增强网络定力。当然，强化自律不能单纯强调自我约束，只强调内因作用忽视外部条件。要发挥社会倡导、宏观调控、监督管理、教育引导的协同作用，加速推进养成大学生正确的网络道德习惯和良好网络行为。

第三节　大学生思想政治教育网络阵地的巩固与拓展

在当下这个网络时代中，互联网与社会、学校与社会、线上与线下的界限已经不明显，这为做好高校思想政治工作提出新的课题。网络思想政治教育阵地的开辟、建设、筑牢、净化和巩固，既是做好网络思政工作的必然要求，也是推进高等教育治理能力现代化的客观需要。

一、开辟网络阵地：建设主题网站，突出网站特色并扩大影响力

建设思想政治教育主题网站是信息技术发展对高等教育提出的新课题，也是网络思想政治教育的重要手段、重要载体。其作用在于能够紧抓教育客体需求，服务学生于网络，增进主客体互动、丰富校园文化建设方式，拓宽服务学生新途径。

（一）主题网站建设中存在的主要问题

从实践中看，目前高校大学生思想政治教育网络阵地建设有两个问题较为突出。一是阵地意识缺乏、协作精神不足。在各高校，普遍建立了各自的网络思想政治教育平台，但同一个省、同一个市内平台建设缺乏整合、条块分割、合力不足。学生网民浏览使用积极性不高、互动效果不明显，多为单向宣传、报道、通知、公示等功能，思想政治教育主题网站在学校门户网站、各大网站中所占比重较小，访问量少，边缘化情况严重，个别网站缺乏"人文关怀"，缺乏对青年群体思想政治教育的引导和持续关怀。二是开放有余、坚守能力不足。一些高校思想政治教育平台建成后，网站内容更新较慢，一劳永逸。网络板块、语言风格依然传承传统思想政治教育的说教与硬性灌输，内容枯燥，形式单一。有的网络平台对于社会中有争议的焦点、热点问题缺乏时效性引导，对于大学生群体中一些庸俗、低俗、媚俗的不良倾向不能及时加以纠偏，极大阻碍了社会主义核心价值观理念的形成和巩固，不利于形成广大青年学生正确的世界观、价值观和人生观。

（二）主题网站的建设和发展

1. 增加内容丰富性，提高质量打造品牌

思想政治教育主题网站建设要符合自身的方向定位，服务于大学生的成长成才，服

从于党的教育根本要求，服务于推动高等教育持续发展。对栏目设置与更新要进行充分调研和动态管理。心理健康教育、思想理论教育、政治教育、道德教育等都是思想政治教育应涵盖的基本内容。首先，关于科学理论的宣传与推广。这一方面内容可以参考"学习强国"APP，将马克思列宁主义、毛泽东思想和中国特色社会主义理论体系，特别是习近平新时代中国特色社会主义思想的内容、理论成果以合适的形式、栏目用于网站建设，聚焦国家社会发展、社会民生的热点、焦点对党和国家的方针政策进行解读与宣传。科学理论的宣传与普及应注意互联网的宣传形式，不能只是传统思想政治教育内容的"易地搬迁"，要结合互联网传播方式和互联网时代网民的接受方式。可以参考《习近平新时代中国特色社会主义思想学习纲要》有声书等网络传播形式丰富专题网站，提高网络传播的内容质量，打造品牌，扩大影响力和传播力。其次，要对中华民族五千多年优秀传统文化进行深度挖掘、传播与普及，以青年学生乐于、易于接受的方式进行宣传，推广"经典咏流传""中国诗词大会""百家讲坛"等优秀节目，以优秀传统文化涵养大学生素养，充盈他们的精神世界，让他们与古人、圣贤、智者进行跨时空对话与讨论，在网络时代的成长中汲取传统智慧和传统力量。最后，利用网络传播校园文化，利用网上论坛、网上新闻、电子公告向学生网民传播思想政治教育的内容和活动，引起广泛关注和积极参与。主动制作适合新兴媒体传播的网络产品和优秀文化作品，推动优质文化资源、教育资源在更大范围内普及共享。主题网站的栏目设置要根据客观形势变化和大学生反馈情况进行调整，增设改版、取消、扩充，动态调整，动态监测，通过后台数据了解大学生的关注度和参与度。

2. 扩大服务的功能性，促进形式多样性

思想政治教育网络阵地建设，需要不断丰富网络内容，促进形式多样，增加服务功能。大学生的入学指导、生活服务、勤工俭学、组织发展、毕业就业、心理疏解等与学生密切联系的现实内容都可以充分利用网络，以此提高服务质量和教育品质。网站可以通过设立形式多样的服务板块，通过服务学生拉近与他们的距离，吸引他们更多关注思想政治教育网站，形成对主题网站的持续关注，从而认同高校思想政治教育工作的价值和意义，提高思想政治工作的针对性、有效性和前瞻性。"灌输"的方法是思想政治教育中一个直接手段，但过多单纯地灌输会让"网络原住民"的"00后"产生抵触情绪甚至是反感。思想政治教育与服务功能相得益彰，只有这样，才不会造成思想政治教育只是单纯政治说教，而无关实际问题的解决。这种结合既是对思想政治教育网上网下原则相统一的贯彻，更是为了提高网络阵地建设的有效性。人心是最大的政治。做网上工作，不能见网不见人，必须下大力气解决实际问题，在实际问题解决中提升思想政治教育的效度，把大学生网民凝聚到高校的思想政治教育工作中。

3．增强信息内容的思想性，保证信息的质量

网络具有政治社会化功能，高校思想政治教育网络阵地的建设在增加信息流量、丰富内容形式同时，更要注重信息的政治性、思想性。网络思想政治教育阵地要借助宣传，引导大学生关注世界局势、国家发展、社会进步、民生福祉。通过有效网络内容传播，引导广大学生弄清楚中国共产党为什么"能"、马克思主义为什么"行"、中国特色社会主义为什么"好"等基本道理。启迪学生对国家前途和命运进行思考，启迪学生对个人成长关注并反思，启迪学生聚焦社会现实且能激浊扬清。网络阵地建设的关键是扩大传播力、公信力、影响力，克服现实活动中的小众参与，微众受益。当前，"四史"学习教育是党的政治生活中的一项重要任务，网络阵地建设要紧密围绕这个主题，通过学习宣传引导学生树立正确的国家观、历史观、民族观、文化观。革命故事、英雄事迹、名家解读、理论争鸣、论坛讲座都可以运用到高校思想政治教育网络阵地建设中，突出网络阵地信息的主导性。

随着我国高校网络思想政治教育工作的不断发展，一批高校在主题网站建设中取得了显著成绩，网站建设质量高，在广大青年学生和社会中具有一定的影响力。如教育部的"中国大学生在线"网站、辽宁省的"大学生在线联盟"、北京大学2001年创建的"红旗在线"网站、山东大学的"学生在线"网站、山东理工大学的"青春在线"网站。杭州电子工业学院创建的中国红色网站联盟网站更是以"联盟"形式对思想政治教育主体网站分散的资源进行整合尝试，有效实现思想政治教育网络平台"1+1＞2"的功效。

二、建设网络阵地：善用底线思维，增强高校网络思想政治教育的引导力

中共十八大以来，习近平总书记多次强调，要善于运用底线思维的方法，凡事从坏处准备，努力争取最好的结果。运用底线思维，坚持"有守"和"有为"密切配合，有效提升高校思想政治教育的网络引导力，防范大学生思想政治教育中的"黑天鹅"事件和"灰犀牛"事件，更好地应对网络时代诸多新挑战、新问题。

（一）坚守底线思维，做好守土有责

网络时代，高校思想政治教育主体固守网络阵地，严阵以待，审时度势，积极应对，除了应有明确的态度和坚定的立场外，还要树立三个"意识"。

1．阵地意识

《中共中央关于加强和改进思想政治工作的若干意见》中明确指出："在新的历史时期，思想领域的矛盾和斗争错综复杂，有时还表现得相当激烈，思想领域的阵地马克思主义不去占领，非马克思主义和反马克思主义的东西必然去占领。"网络的开放性、虚拟性和跨文化性无疑使大学生思想政治教育形势更加严峻和紧迫，网络信息的不可控和教育对象掌控难度的增大都给这项工作带来极大挑战。这种情况下，思想政治教育主体能否坚定地主动宣传、普及马克思主义理论，坚守好自己的舆论宣传阵地，能否在网络战场上以一种全新的迎战姿态面对挑战，以创新的网络语言争取更多的青年学生，固守高校这块圣地，坚决抵制一切恶意诋毁中国特色社会主义和中国共产党的言论和思想，能够面对乱世而不乱，稳住阵脚，砥砺前行，是对一个高校思想政治工作者的重要考验。

2．安全意识

网络时代，网络具有开放性、共享性、超时空性和隐蔽性等特点，这样的特点也为西方霸权主义、文化殖民主义、意识形态的渗透与传播提供了便利，埋下安全隐患。首先，思想政治教育主体要进行不断的自我教育、自我约束，要有高度的忧患意识和较强的免疫力，要有政治敏锐性和高度的警觉，特别是关系到意识形态领域的问题。其次，思想政治教育主体要担负起教育、引导学生合理使用网络、正确使用网络，自觉分辨、甄别、过滤网上信息，抵制网上反动、不良的信息的侵蚀，引导学生网络言行遵守相关法律法规、管理制度的约束，加强网络道德自律。正如评论员曹林所说："当下横亘在人群中最幽深的分野，已经不是信息多寡所形成的'知沟'，而是判断力强弱所分化出的'智沟'。"

3．学习意识

人，需要确立一个终身学习的意识，并具有不断学习、不断完善和提升自我的能力，在网络时代，这个要求变得更加突出。高校思想政治教育主体较快适应网络教育环境，除了具有丰富的思想政治教育理论知识，还要系统学习、熟练掌握网络技术、信息技术等新技术手段。另一方面，为更好拉近和教育客体的距离，也要学会"网言网语"，学习大学生常用的各种应用软件、网络交流平台，以平等的姿态与学生多交流多学习，贴近大学生；要学习网络心理学，了解大学生的思想动态和网络言行，创新思想政治教育工作方式和方法，并将之与互联网技术有效结合，提高教育成效。

（二）运用底线思维，争取有所作为

高校思想政治教育工作是一个系统工程，需要全校教育、教学、管理、服务各部门教职员工齐动员、齐上阵。但这个过程中，思想政治理论课教师无论从职责所在，还是从所学专长上讲都应该成为思想政治教育的主力军。尤其是在思想政治教育网络阵地的建设中，更应不辱使命，有效利用网络平台更好地延伸思想政治教育阵地，扩大思想政治教育影响的成果。

1. 延展思政课教师讲台，做马克思主义大众普及的宣讲员

宣传马克思主义，是高校"思政课"教师的本职工作。在网络时代，网络上的错误思潮"大V"和"公知"的强势话语、个别西方国家的"别有用心"都需要思政课教师充分利用专业优势，利用多种渠道、多种载体、多种形式，开辟讲台外的第二阵地，坚定不移地宣讲马克思主义，宣传党的路线、方针、政策。思想政治课教师可以利用专业优势，或通过开办个人微信公众号进行定点定向宣传，也可以利用网页、微信、微博QQ开展马克思主义理论、马克思主义中国化理论的普及和推广。也可以以普通网民的身份对大学生的需求进行答疑解惑，为大学生现实问题的诠释和解决提供坚实的理论基础和实践依托。利用建党百年华诞的契机，在线上线下讲好党史故事，带领青年学生真实回顾中国共产党百年的筚路蓝缕，百年的辉煌成就，真实还原党的建立和发展史上优秀党员和英雄人物事迹。高校思想政治课教师不仅"传道、授业、解惑"，高校思想政治课教师是富有神圣历史使命的一个特殊群体，对于青年学生的培养，对于社会主义意识形态的宣传和构建负有不可推卸的责任。高校思想政治课教师将教书育人的阵地从课堂延伸到网络，抓住各种机会，采用网民喜闻乐见的方式和通俗易懂的话语，适时适地适宜地宣传马克思主义，将使思想政治课教师的职业效用发挥到最大化。

2. 关注网络意识形态热点，做网络舆论的引导者和网评员

意识形态是变化的、动态的。从宏观上看，意识形态变化是缓慢的、是滞后于经济基础的变化的。但是在微观上、在局部上，它的变化又是剧烈的，有时是瞬息万变的，有时也可能在局部时段、局部地区掀起波澜。从实际工作看，网络意识形态热点，既有唇枪舌剑的隔空对峙，也有现实事件发酵在网络的反映。网络信息传播中依旧存在"沉默的螺旋"现象，即强势的发言会让有反对意见的一方，在压倒性的数量优势面前变得沉默观望，而这种沉默会使事态发展更加倾斜于意见占大多数的一方，最终形成绝对优势。如果强势的发言、绝对的优势声音是非理性、非主流、非正义的，那么良好的网络生态必将遭到破坏，长此以往，网络中将乌烟瘴气、浑浊不堪。因此，作为高校思想政治课教师，要敢于并勇于在强势声音中发出不同的主流声音，不能做"沉默的羔羊"，不能做息事宁人的"和事佬"，要充分发挥专业优势，为混乱的网络争执提供正确导向进行有理有利有节的斗争，

引导网络舆论生态的良性发展，自觉承担起一个意识形态教育工作者应有的责任，为净化网络舆论生态环境做出应有的贡献。

3. 积极参与网上网下意识形态斗争，做捍卫真理的战士

当前，意识形态斗争形势尖锐。线下青年学生对马克思主义理论学习、思想政治教育课程学习存在兴趣不高，冷漠、藐视甚至排斥，存在对理想信念不屑一顾、对信仰置之不谈的现象。

马克思主义理论课程在一些高校不被重视，一些专业课教师对思想政治课开设缺乏足够重视，思想政治课程的理念和工作推进在很多专业教师中还没有落实落地；一些学生认为思想政治课学分过高，排课在一二节实属没必要。总之，思想政治课在现实中冷遇不少、冷嘲不断。由于缺乏自信，一些思想政治课教师为迎合学生，放弃马克思主义理论的宣传，在课堂上哗众取宠，无原则、无纪律地胡讲乱讲，无意义的"抬头率"换来的是学生对思想政治课的愈加不重视；更有教师在课堂上、网络上恣意发表不负责的反主流意识形态的言论；也有教师将现实遭遇、个人负面情绪带入课堂教学和网络言论中，对我国主流意识形态进行曲解和误读。在线上，一些"大V""公知"，公然攻击我们的党，攻击我党的路线、方针、政策，否定改革开放以来我们所取得的巨大成就，夸大政策失误、组织不力，夸大负面影响，夸大阴暗面，以偏概全，以点带面，恶意上纲上线。对此，思想政治课教师要敢于向错误言论宣战，站稳政治立场，坚定理想信念，做马克思主义的坚定信仰者和中国共产党的忠实拥护者。更应该通过有理论深度的评说、对现实思考的观点阐述、有重量的文章推出，向网上网下的错误思想、错误言论、不当行为"开战"，做捍卫真理的"斗士"。

三、筑牢网络阵地：运用议程设置，重塑思想政治教育的话语权

议程设置理论，是传播学中研究传播主体在传播过程中发挥主导作用的理论依据。所谓"议程设置"，是指媒介选择社会议题遵循一定的价值观念和利益取向，并按一定规则给予程度不同的关注；人们对某些议题重要性的重视程度，受到了议题被关注频率与强度的显著影响。这也就意味着媒介可能无法影响人们怎么想，却可以影响人们去想什么，通过议程的设置可以将社会注意力引导至特定的方向。

网络时代，高校思想政治教育主导地位动摇，一方面是由于"无屏障"空间带来海量信息冲击；另一方面则是外在不利环境影响下，高校自身思想政治教育宣传态势、内容冲

击力、效果影响力等内在原因所导致的竞争相对弱势。因此，重塑高校思想政治教育的话语权，需要教育者充分学习、灵活运用议程设置理论，即便在信息膨胀、"人人都是麦克风"的新形势下，也可以多发声、发重音、刷耳目、浸心灵。

（一）把握网络议程设置下的高校思想政治工作

提高大学生网络思想政治教育实效性，应主动设置大学生关注的"网络议题"。如果主流的话题议程不被积极、主动设置，一些非主流、非主旋律的主题就可能抢占主战场，抢占思想政治教育的高地。做好议程设置要把握以下几个关键。

1. 议程设置的常态化

高校思想政治教育工作具有长期性，教育开展过程中既不能"去意识形态化"，也不能"泛意识形态化"，日常管理及思想政治教育不能冲淡意识形态教育的主旨，马克思主义和共产主义信仰、中国特色社会主义理论体系、理想信念、非马克思主义思潮批判等，议题要常更常新，从不同层面、不同角度、不同切入突出主题，积极引导大学生接受并坚守主流意识形态，引导学生正确辨析非马克思主义、非主流意识形态的本质和危害。

2. 议程设置的时机把握

在党和国家一些重要时间节点，一些重大事件发生时，高校要精准把握抢占最佳时机，设置与之内容相关的议程，吸引大学生的关注，特别是争论性大、疑惑较多的问题，高校主流声音一定第一时间准确发声、权威发声，抢占舆论引导先机。比如抗击新冠肺炎中的人与自然关系的反思，人道主义、国际主义精神体现；袁隆平院士和孟启超院士离世后对于科学家精神的讨论，等等。

3. 议程设置的导向需求

网络环境下，网络议程设置的最大特点是改变传统媒体条件下的单向性，高校的思想政治教育工作要充分考虑教育对象网络行为的信息需求、学习需求、精神心理需求、社交需求、娱乐需求等，以学生为核心，尊重学生的平等主体地位，以学生需求作为设置核心，主动介入学生关注的社会议题讨论并发言。

4. 议程设置的生活化

传统媒体时代，高校思想政治教育多为从上至下，过于刚性，习惯于正面、直接、显性、强制的方式。网络时代，思想政治教育议程设置应坚持贴近生活、贴近实际、贴近学生，关注现实生活，洞悉大学生内心世界，主旋律不束之高阁，回归大学生现实生活，但又不能偏离思想引导的主线。

（二）议程设置后的互动凝聚

议程设置，就是由教育者选取弘扬主旋律、激发正能量、能调动大学生积极性的议题，通过持久广泛的讨论，不断强化渗透，在鱼目混珠的网络环境中激浊扬清。进行议程设置，教育者不能"一设了之"，要在充分尊重教育客体地位的基础上，与之开展平等的交流。传统媒体时代，交流是一对多、上对下，而网络时代交流突出多对多、点对点、面对面。大学生喜欢并享受网络环境的一个重要原因就是可以独立其中，并能以"符号"的身份，充分表达、自由抒发，没有权威的压力，没有世俗的限制。在宽松与自由的网络环境下不可避免地会带来傲慢与偏见、失真与失言、偏激与不理性，甚至可能在"沉默的螺旋"的效应下，形成巨大的舆论洪流，而这股洪流也许只是大多数的意见而并非正确的声音。

因此，议程设置的环境形成后，讨论、辩论需要思想正确的"意见领袖"出现发声。关于意见领袖的培育，可以从两个方面着手，一是教育者在与学生长时间的交流、沟通中，逐步使自己成为深受学生欢迎、信赖、认同、有一定网络影响力的"意见领袖"。还有一种是在网络行为中，发现、有目的地培养学生"意见领袖"，与教育者的"意见领袖"相比，学生中的这部分人更有引导优势，他们的身份不用转换，话语无须刻意，只是平时要加强这部分同学的网络发言主导性，提升他们的发言质量，为他们创造良好的发言环境，通过他们直接或间接的影响带动其他大学生网民，提高核心价值认同。与前两种校内意见领袖不同，还有一种集中在校外的网络意见领袖。随着互联网的快速发展，包括新媒体从业人员和网络意见领袖在内的网络人士大量涌现。在这两个群体中，有些经营网络、是"搭台"的，有些网上发声、是"唱戏"的，往往能左右互联网的议题，能量不可小觑。

（三）《人民日报》等公众微信号的启示

网络时代"用户至上"，尊重用户、服务用户、满足需求是这一时代的要求，从信息稀缺的传统媒介环境到信息过剩的网络环境，用户如何定位，用户兴趣点是什么，用户的行为轨迹怎样，依托网络技术，这些都可以寻到答案，而答案正是网络信息传播主体要关注的、切入的。

近几年，很多党媒创办了微信公众号，"新华网""求是网""人民日报""求是手机报"等主流公众号都颇受好评，以《人民日报》公众微信号为例，下设栏目有"来了，新闻早班车""标题新闻""提醒""健康""荐读""关注""实用""夜读"。全天分5时、8时、13时、18时、21时、22时六个时段进行微信推送，内容以国家时政要闻为主线，衣食住行、市井百态、经济政治文化社会生态、日常生活、热点焦点、国内国际、心理自助等。党的十九大召开期间，该公众号更是加推了"快讯"栏目。传播方式则包括文字、视频、音频、动画、图片，画面冲击力强，视觉效果好，文字主旋律明确，正能量满满。二十四节气、传统节日、领导人讲话精编都很有特色和文化底蕴。譬如一篇《"不要人夸颜色好，只留清气满乾坤"火了，一起火的还有这些话》，就将习近平总书记在中共中央政治局常委同中外记者见面时援引的话，以视频原声、原典《墨梅》以及释义，包括习近平总书记那些发自肺腑的话做了精心编排。整篇文章读下来，使人对我国传统文化、新时代党的领导人执政宣言、执政决心和信心有了生动而深刻的理解，阅读后充满激情，民族自尊心和自豪感油然而生。《人民日报》公众微信号的建设为高校网络阵地建设提供了可资借鉴的经验。

高校发展离不开网络，网络对于拓展教育内容、丰富传播手段提升传播效果发挥着重要作用。高校在使用互联网过程中存在工具化、功利化倾向，各类网络阵地服务教育教学管理多，关注学校发展、校园文化和校园活动多，对思想政治教育常规活动、例行活动多，对于平日生活中的时事评论、热点跟踪、焦点聚焦、社会思潮、思想动态、网络争鸣等乏于关注和网络引导，只是在一些历史事件纪念日、重要的政治活动时才给予较为全面的关注。从《人民日报》公众号的传播效果看，教育主体"要增强议题设置能力，该说的说到位，该热的热起来，该冷的冷下去"。既要关注与大学生息息相关的日常生活，关注他们的成长成才，又要注重对他们政治意识的培养、核心价值观的培育。思想政治教育工作要把握网络传播移动化、社交化、可视化的趋势，要在重塑思想政治教育话语权上下功夫，在传播话语体系上下功夫，要贴近学生网民，善于运用它们喜欢、习惯的网言网语，在乐于接受和易于理解上下功夫。只有教育客体听得懂、听得进、听得明白，正面宣传和主流价值的网络传播效果才能不断提升，用户规模不断扩大、用户黏性不断增强。"做好网上舆论工作是一项长期任务，要创新改进网上宣传，运用网络传播规律，弘扬主旋律，激发正能量，大力培育和践行社会主义核心价值观，把握好网上舆论引导的时、度、效，使网络空间清朗起来。"

四、净化网络阵地：加强监督管理，优化思想政治教育网络环境

企业，是以营利为目的的经济组织，互联网企业是借助互联网模式发展起来的新型经济组织。借助互联网模式，中国经济模式持续转型升级并取得巨大成效。无论是共享经

济、消费升级、金融科技等新的业态，还是大数据、区块链、人工智能等新技术，中国互联网企业都在其中扮演了推动者和建设者的角色。企业发展追求经济效益无可厚非，但仍需履行责任，即经济责任、法律责任、道德责任、社会责任。为了追求点击率传播黄暴信息、电商平台的不正当竞争和假冒伪劣、网约车平台的不规范管理、搜索引擎的竞价排名、外卖餐饮的无证经营和食品安全问题，这些现象的共性都是一味追逐经济利益，罔顾职业道德和社会责任。对网络乱象的整治、对互联网企业的监管，是网络空间综合治理的必然要求，也是助力大学校园文化建设，为大学生思想政治教育营造良好的社会网络教育环境创造条件。

（一）加强法制建设，推进监管法制化和规范化

法律法规是规范一切社会关系的根本手段。实现互联网企业良性发展，法律层面及相关部门的监管与规范必不可少。近年来，我国在互联网监管领域不断成熟和完善，出台了《互联网信息搜索服务管理规定》《关于进一步加强管理制止虚假新闻的通知》《网络安全法》《中华人民共和国电子商务法》《云计算服务安全评估办法》《儿童个人信息网络保护规定》《数据安全管理办法》等。这些互联网法律法规规范的问题全面，规范对象覆盖网络传播全过程。这些法律法规实施都表明互联网不是法外之地。在一系列法律文件的指导下，我国互联网治理力度不断加大，成效显著。以 2019 年为例，我国开展的网络专项行动有清理恶意移动应用程序、APP 乱象专项整治、约谈百度搜狐、"剑网 2019"专项行动、网络音频专项整治、约谈主要网约车顺风车平台公司、推进青少年网络防沉迷、APP 违法违规收集个人信息专项治理等。网络治理行动根据行为的不同性质和影响程度，采取不同的处理，依法行政约谈、警告、暂停更新、关闭或移送司法机关。

今后，在坚持依法治网、依法办网的基本原则下，要加强网络立法的预见性、执法的可操作性以及对网络违法犯罪的惩戒性和强制性。在准确把握网络发展趋势和发展规律的前提下，充实关于互联网犯罪的条款。明确新型互联网犯罪的立案标准，补充举证范畴，明确各类电子犯罪的量刑标准。对于跨地区的互联网犯罪，确立相关案件的管辖原则，明确互联网企业在思想政治教育方面的"禁区"和责任；在规则、条例方面，制定相关行业规则，确立互联网企业的责任追溯机制和奖惩机制。

（二）压实主体责任，加强内容和安全审查

网络社会，内容为王。自《网络信息内容生态治理规定》施行以来，我国各大互联网企业基于自身特点，"认真梳理薄弱环节和漏洞短板，从机制、队伍、产品、技术等不同

维度发力展开内容治理行动，多措并举推动生态治理"。

今天，网络与人们的生活越加紧密，社交媒体应用平台充斥着海量的 UGC 内容（用户生产内容），如果企业只是作为第三方提供平台容易导致低门槛准入，各类杂音噪音充斥，负能量聚合。作为责任主体的互联网企业应担起内容管理的责任，加强内容把控和安全审核，增加人力资源投入，扩充审核队伍，加大审核力度，优化内容推荐算法。微博平台的"蔚蓝计划"、腾讯公司的"清风计划"等网络内容生态整治行动均取得了很好的成绩，确保了自身平台健康发展，不给低俗恶搞内容提供传播渠道，弘扬社会主义核心价值观，净化了网络大空间，为高校网络思想政治教育营造了良好的网络氛围。此外，网络社会中，个人信息的管理也是企业主体责任的重要内容。一些互联网企业为了经济利益打包出售用户信息，还有企业对信息管理不善，造成用户隐私的泄露。互联网企业应增强安全意识，正确使用用户个人信息，不给网络不法行为提供可乘之机。

企业文化是一个企业的灵魂，是企业蓬勃发展的精神动力。互联网企业应加强企业文化建设，落实主体责任。"大思政"格局中网络企业责任重大。通过企业教育强化舆论导向，突出正能量；在培育合格员工过程中注重把握员工的思想动态，不断强化其主流意识形态、社会主义核心价值观，以及对党的领导、党的路线方针政策的高度认同；企业可以定期开展时政座谈会、职工政治培训、职业道德演讲赛等活动。

加强互联网企业监管，需要政府监督、企业出力，也需要社会监督。建立平台互联网企业征信数据库，适时向大众公布失信企业名单，限制失信企业发展和扩大；利用信息技术创新监督途径，推动互联网企业适时发布社会责任报告，网民通过报告随时了解并监督互联网企业的社会责任履行情况，都不失为有效监管的主要举措。2019年，十六家网站、平台共同签署了《共同抵制网络谣言承诺书》；2020年，中央网信办违法和不良信息举报平台上线新版官方网站和"网络举报"APP。

五、巩固网络阵地：注重科学引导，指导大学生正确参与网络实践

网络突破了时间和空间的限制，给大学生提供了生活学习的平台，但网络信息的泛滥、复杂也给大学生带来了巨大的负面影响，不利于大学生正确参与网络实践。加强大学生网络行为引导，引导他们正确鉴别、有效获取、高效利用网络信息，十分必要。

（一）加强大学生网络政治参与的引导

互联网对社会的深刻影响，不仅表现在经济、文化、社会生活等领域，还体现在政治话语体系、政治参与方面。"00后"大学生关注自身发展，在网络社会力求个体与网络社会平衡发展，他们通过互联网积极进行政治参与、政治表达。这种参与是民主观念影响下，大学生作为社会公民主动投入政治生活的表现。事实上，网络的扁平化、平等性、互动性为这种参与提供了可能。正如曼纽尔·卡斯特所说："在因特网和社会共同的演化过程中，我们生活中的政治范围已经被大大改变了。权力基本上围绕着代码和信息内容的生产和传播进行。"

技术对政治的赋权被互联网无限放大、叠加、倍增。大学生政治参与体现在政治选举、政治结社、政治监督、政治表达等，网络政治参与活动中，政治表达的形式最为广泛、最为直接。受政治理论水平和分析能力的限制，大学生的政治表达比较容易现象化，缺乏本质的透析。其政治表达也易于受到他人及群体的影响。"网络对许多人而言，正是极端主义的温床，因为志同道合的人可以在网上轻易且频繁地沟通，但听不到不同的意见，持续暴露于极端的立场中，听取这些人的意见会让人逐渐相信这个立场。各种原来无既定想法的人，因为他们所见不同，最后会各自走向极端，造成分裂的结果，或者铸成大错并带来混乱。"这就是"群体极化"现象。因此，要加强政治性网络舆论科学引导、培育网络政治文化良好生态，提高大学生的政治素养，引导大学生在法治轨道上理性政治表达，有序进行网络政治参与。

（二）加强大学生网络实践道德自律的引导

受主客观因素影响，高校学生网络实践中道德缺失情况严重制约大学生成长，破坏健康网络环境的营造以及网络社会有序发展。随心所欲的表达、不加辨析的转发、不文明网络用语的使用、网络暴力的肆无忌惮、网络成瘾、虚拟和现实社会的错位、道德责任缺失、网络欺凌等都是网络道德缺失的表现。

加强大学生网络实践道德自律，从内部规范其行为，是大学生正确参与网络实践的基础。教育者必须把培育和弘扬社会主义核心价值观作为着眼点，继承和发扬中华民族传统文化，广泛开展社会主义核心价值观宣传教育，引导大学生树立正确的道德观念，提高自身的道德素养，自觉抵制有害的网络实践行为。引导大学生遵守法律法规，提高大学生遵守法规的自觉性，规范其网络实践行为，通过加强对大学生的法治教育，指导他们形成一定的网络法治观念。习近平总书记在全国高校思想政治工作会议中强调："高校教师要坚持教育者先受教育，努力成为先进思想文化传播者、党执政的坚定支持者，更好担起学生健康成长指导者和引路人的责任。"教师的网络道德表现是大学生的一面镜子。在实际教育中，教育者发挥示范表率作用，有意识地引导大学生形成正确的权利义务观念，使其在网络世界中正确行使权利并履行相应义务，做一个知法守法的合格网民。

第五章
高校思想政治教育实效性的机制完善

面对当前社会的新形势、新问题，为提高高校办学水平，加强高校社会主义精神文明建设，满足社会对德、智、体、美全面发展的人才的需要，我们必须尽快加强大学生思想政治教育管理，提升思想政治教育的有效性、长效性和实效性。

第一节　探索大学生思想政治教育的有效运行机制

研究大学生思想政治教育的运行机制，可以帮助我们更好地制定大学生思想政治教育的政策框架，以便我们选择适当的宏观调控措施，推动我国大学生思想政治教育事业的健康发展。

一、大学生思想政治教育运行机制内涵

（一）大学生思想政治教育运行机制的含义

大学生思想政治教育的运行机制是指大学生思想政治教育系统的各个构成要素之间，以及与其运行密切相关的社会其他因素之间相互联系和相互作用的工作方式。这种工作方式影响着大学生思想政治教育系统各构成要素的结构及其功能的发挥。随着我国社会经济体制改革的不断深入，大学生思想政治教育的运行机制也不断进行自我创新，逐步与社会主义市场经济相适应。

（二）大学生思想政治教育运行机制的内容

1. 主体运行机制

主体运行机制是大学生思想政治教育运行机制的核心，主要包括理论"传送"机制、学习与选择机制、接受机制、实践与自省机制、信息反馈机制五大模块。

2．保障性的运行机制

保障性的运行机制是大学生思想政治教育工作的保障，主要包括社会和校内两方面内容，具体说来就是社会动力机制、保障机制和激励机制以及校内保障机制、传统民族文明的继承与发展机制、世界文明的借鉴与选择机制这六部分。

3．评价性的运行机制

评价性的运行机制是大学生思想政治教育工作的监督系统，主要由社会评价机制和学校评价机制组成。

（三）大学生思想政治教育运行机制的特点

大学生思想政治教育运行机制有如下特点：

（1）系统性。大学生思想政治教育运行机制是基于系统理论构建而成的有效的机制体系。

（2）整体性。大学生思想政治教育运行机制是一个由大学生思想政治教育各环节运行机制所构成的整体体系。

（3）一致性。作为机制体系的一部分，大学生思想政治教育各运行机制在总的目标上是一致的。

（4）动态性。大学生思想政治教育各运行机制会随形势的变化而不断地改进与完善。

（5）互补性。大学生思想政治教育运行机制的各环节在功能上是互补的。

（6）长效性。大学生思想政治教育运行机制在构建后具有一定的稳定性和长久性，能形成相对的长效机制。

（四）大学生思想政治教育运行机制的功能

大学生思想政治教育运行机制具有重要功能，主要表现为：

（1）整合功能。大学生思想政治教育运行机制可以将各种教育资源有效整合在一起，充分调动各有关方面的积极性，形成合力，从而取得最佳的教育效果。

（2）支撑功能。大学生思想政治教育运行机制是高校教育子系统的机制，支撑着大学生思想政治教育的大局，也支撑着整个高校教育机制体系。

（3）保障功能。大学生思想政治教育运行机制是大学生思想政治教育各要素功能能够正常发挥的保障，是大学生思想政治教育得以有效有序进行的保障，是实现大学生思想政治教育目标的保障。

二、大学生思想政治教育主要运行机制

（一）领导机制

大学生思想政治教育的组织领导直接关系到思想政治教育目标和任务的实现，关系到学校各项思想政治教育活动的统筹和协调以及各项资源整合力量的发挥，它对于大学生思想政治教育的开展、实施、改进起着统帅作用。

1. 发挥党的政治和组织优势

中国共产党历来高度重视大学生思想政治教育工作，高校党组织肩负着大学生思想政治教育工作的重要职责。

（1）坚持党组织的核心地位。党的领导是大学生思想政治教育工作的核心保证，坚持党委的统一领导，首先必须明确党委的领导职责。党委的统一领导并不是事无巨细均由党委过问，党委领导主要是政治方向领导、决策领导、协调和监督领导。党委要贯彻落实中央和有关部门关于大学生思想政治教育的文件精神，领导学校思想政治教育目标的制定、计划的安排，负责思想政治教育方面的重大决策、机构设置，统筹协调各部门的思想政治教育工作，整合学校思想政治教育资源的力量，形成思想政治教育合力，通过联席会议、听取报告、学生反馈、相关评估等渠道掌握学校思想政治教育情况并进行监督；坚持党委的统一领导，必须确立党委书记的责任。党委领导是集体领导，对思想政治工作集体负责，每个党委成员都是思想政治工作的责任人。在党委班子中，党委书记是班长，对党委决策具有重要的影响作用，在党委集体负责人中自然是第一责任人，一所高校能否在党委领导下真正将思想政治教育搞上去，关键在一把手是否重视。

（2）加强高校大学生党建工作。进入21世纪以来，大学生党建工作的思想政治教育功能进一步强化。大学生党建工作在实践中不断创新。

第一，严格大学生党员发展程序。

大学生党员的发展应从严格把握党员标准的基础上，严格遵从党员发展的程序，坚持政治审查、集中培训、发展对象公示、党组织集体讨论表决等程序，把符合条件的优秀大学生吸收到党的队伍中来。各院、系在初步确定发展对象后，把相关资料报到学校，学校组织部门在审查后，把发展对象的基本情况进行整理、汇总，然后召集学生处、团委等进行联合会审，严格筛选，共同把关，保证新党员的质量。对发展对象进行系统、严格的培训，把培训表现作为考察、审批的重要内容。通过不同形式的培训，进一步提升发展对象的党的理论知识水平，强化党性修养，促使其在日后的工作、生活中自觉地按照党员的

标准要求自己，达到教育、培养发展对象的目的。在发展对象通过会审初步确定后，学校组织部门要组织具有丰富经验的党务工作者组成考察组，直接到学生和老师中听取对该学生的意见，全面了解每个发展对象的情况。定期召开学生党员发展工作例会，及时研究处理发展党员工作中的有关问题，严格审查发展对象。对具备条件的，要及时研究并报党委审批；对不符合条件的，宁缺毋滥，坚决不予审批，但要说明理由，做好解释工作。

第二，加强大学生党组织的思想建设。

思想建设是学生党组织建设的首要任务。学生党组织建设工作者应适应不断发展的形势，针对高校实际，特别是学生思想实际，以切实有效的措施，抓好思想建设工作。

其一，构建学习教育体系的多样化。在组织大学生思想政治理论学习的时候，一方面要抓好传统的学习方式，比如上党课、举办培训班、举行报告会和组织专题讨论等形式，有计划地组织好党团员的集体学习，积极倡导党团员自主学习；另一方面要注意当代大学生学习需求的多样性，采取举行活动的形式，寓教于乐，进行学习。总之要建立健全学习的方式方法，建立系统的述学、评学和督学制度，由党组织对党团员理论学习情况做出评价，给党团员学习做出有益的反馈。

其二，改组学生组织建设，强化学生组织教育功能。学生党团组织，是高校党团组织的最基本单元，是学生组织生活主要场所。学生党团员对党的信念还不坚定，要加强学习型党支部建设，对学生党团员进行经常性教育，把社会主义核心价值体系融入党团员教育的全过程。针对学生党团员的特点，改进和创新党支部的工作和活动方式，创新教育活动方式，增强活动的教育效果，使党组织的教育活动既严肃认真又生动活泼，贴近学生党团员的思想、学习和生活实际，成为学生党团员喜闻乐见的活动方式。

2. 发挥共青团的重要作用

（1）坚持改革创新。团的建设必须坚持改革创新精神。在新的形势下，共青团的自身建设面临着前所未有的一些问题。只有始终坚持党建带团建的根本原则，以改革创新的精神加以研究和解决，才能使团的建设适应新的要求。当前共青团事业正处在一个新的历史高度上，共青团工作要在工作思路上进行观念创新，在工作方式上进行方法创新，在自身建设上进行体制创新，推动共青团工作不断焕发出蓬勃的生机和活力。观念创新就是要在学习继承和坚持马克思唯物主义认识论优良传统的基础上，用新观念、新思维来观察、认识新情况，并努力学习借鉴先进的社会组织理论和管理经验，结合当前的形势，对团委工作实现认识上新的突破。

（2）密切联系学生，发挥团组织的作用。大学生是高校共青团赖以生存和发展的社会根源。大学生不仅在组织上是共青团的后备力量，更重要的是大学生的需要和理想构成了共青团工作的主要内容和主要依据。共青团的社会职能，只有在与广大在校大学生的密切接触中才有实现的可能。衡量团的社会价值的标准之一，是看它能否代表大学生最重要的利益，对学生发展和引导有多大的作用，在学生中有多大的影响力。中国共产党的根本宗旨是为人民服务，把社会主义核心价值观落实到高校团建中去，就是要为广大在校大学生服务。因此，在引领学生、服务学生中发挥团组织的先进作用，是团委建设目标的重要内容。

（3）加强团委思想建设。团委思想建设的基本形式是坚持开展团的组织生活。团的组织生活是团组织对团员进行自我教育的主要形式，一般是指团的支部大会、团小组会，以及团的基层组织面向大学生开展的以思想政治教育为主要内容的各种活动等。

思想建设的重点不仅仅要存在于现实之中，还要在网络上开展。网络是大学生交流的一个重要平台，因此网络社区也要成为开展团员青年思想教育的载体和阵地。积极建设大学生思想教育网站，占领网上思想教育的阵地，加大网站的服务力度，增强团组织思想教育的吸引力，通过学习、就业、交友、心理咨询、法律援助等大学生感兴趣的、能切实为大学生服务的形式建设网站。

活动是团的基层组织较为经常采用的一种组织生活形式，共青团组织已经积累了丰富的活动经验，并有待继续深化。团的组织生活采用活动形式不仅能开阔大学生的视野，增长知识才干，而且能够使团的组织经常保持旺盛的生机与活力。在团的工作逐步向社会化拓展的形势下，要认真研究和探讨如何使活动更适合团员和青年特点，坚持思想性、知识性和趣味性的有机结合。同时，要注意调动大学生的主观能动性，使他们的积极性得到充分发挥。在活动中有意识地进行自我教育、自我提高。开展团的组织生活必须坚持改革，从团的性质和大学生特点出发，注意朝着组织生活内容的针对性、形式的多样性和制度的灵活性方向发展。要针对不同层次团员青年的不同特点，设计开展以弘扬社会公德、职业道德，倡导文明健康、科学方式为目的的大学生志愿者、青年文明号、希望工程、手拉手等大学生喜闻乐见的实践活动，使广大团员青年在具体的活动中践行良好道德规范，受到教育，陶冶情操，提高素质。

（二）制度管理机制

制度是规范化、定型化了的行为方式与交往关系的体现，是管束、支配、调节和统一个人行为的规则和程序，具有指引、导向、约束、激励和惩罚的作用。随着高校内部管理制度改革的推进和招生规模的不断扩大，高校后勤社会化、课程学分制、学业和就业压力增加等因素，给大学生管理工作带来了新的挑战，提出了新的要求。为此，建立和完善大学生制度管理机制，树立依法管理观念，健全管理制度体系，是实现大学生科学管理的重要保障。

1. 加强法治建设

观念指导行为，是行为的先导。法治不但是一种治国方针和社会秩序，而且还是一种观念意识，一种把法作为社会最高权威的理念和文化。有效的管理必须依靠法治来保障，建立以人为本、民主、法治的治理环境是对大学生实现有效管理的重要保障。

（1）尊重学生主体。国际 21 世纪教育委员会在向联合国教科文组织提交的《教育：财富蕴藏其中》的报告中指出"教育在社会发展和个人发展中起基础性作用"，"教育最重要的目标是使每个人发展自己的才能和创造潜力"。尊重学生主体地位，发展学生个性特长，是现代大学最重要的办学理念之一，这要求高校及其管理者做到：以人为本，认同学生的主体地位；强调服务，满足学生的个性需要；讲求宽容，为学生发展提供宽松环境。高校学生工作管理者在制定学生制度、确定任务和思考问题时，都应当紧紧围绕"培养人才、服务学生"这一主题，使管理中的各个细节都能体现出一切为学生成才服务的目标。尊重学生主体地位、促进学生主动发展的观念，就是要把学生作为教育的主体，尊重学生的主体意识，突出主体性教育，倡导和发挥学生自我教育的主动性、积极性和创造性，使学生真正成为学习的主人。在高校学生管理工作中，要以学生为本，积极引导学生形成正确的价值观和人生观，要加强对大学生内在心理和成长规律的研究，要关心学生、了解学生、沟通学生、理解学生、诚待学生、尊重学生，实行民主管理，给予学生更多的个性成长空间和自主选择权利。

（2）完善立法体系。高校学生管理工作法治化是高校依照国家法律的规定对在校大学生的学习、生活、社会活动等各个方面实现全方位指导、教育、服务和管理的学生管理工作模式。学生管理立法涉及的内容是全方位的，需要建立一套完整的体系，包括宪法的有关规定、基本法、单行法、行政法规、地方法规和规章制度六个层次。近年来，虽然我国的教育立法体系得到快速发展，形成了初步的体系，但仍然不够完善，仅有教师法和未成年人保护法两部教育主体的法律，还没有以学生为主体的专门法律。同时，一些法律不能适应新形势的要求，缺乏时代感和针对性。虽然 2005 年 3 月教育部颁布了修订后的《普通高等学校学生管理规定》和《高等学校学生行为准则》，但相关配套政策还亟待加强，还需要教育行政主管部门尽快完善立法体系。

2. 健全管理体系

管理制度主要涉及学生的生活、学习和行为规范以及各种专项管理制度，主要有行为准则、文明公约、生活学习管理制度、学籍管理办法、评价措施、奖惩规定和资助管理条例等。完善的学生管理制度既为学生管理提供了依据，也为学生管理指明了方向，做到人人有规可依、事事有章可循，有助于提高大学生管理工作的规范性和公信力，且制度得到学生认可后，学生能够自觉自愿遵守，合理地调整自己的言行，使个人的发展符合学校教育管理的要求。

（1）管理制度特点。制度的最大特点就是规范性、权威性、指导性和稳定性。大学生管理制度，是师生共同认定的价值追求和遵守的行为准则，体现法治的精神和教育的标准，其制定过程及其本身具有严谨科学、表述准确到位的特点。规范性，是指制度规定了学生的行为标准和模式，其行为是有拘束的、有节制的；权威性，是指在规章制度范围内，人人都必须遵守，任何人不得置身于制度之外，这是制度发挥行为约束力的关键；指导性，是指制度能使学生预见个人或他人的行为后果，并选择自身的行为模式，它有引导学生向良性发展的作用；稳定性，是指规章制度一旦制定，不能朝令夕改，要保持其相对稳定性，这是保证制度严肃性和权威性的关键。高校在大学生管理制度体系的构建中，必须认识和适应制度的这些特点。

（2）基本制定原则。学生管理制度的建立既不能脱离管理对象的现实状况，也不能离开学生的历史境遇。诚然，制度来自高校学生管理的实践，但又对高校学生管理带有指导作用。在大学生管理制度的制定和设计过程中必须遵循一些基本原则。

一是把握办学方向和人本原则。要坚持社会主义的办学方向，激发大学生勇担民族复兴、祖国富强的历史责任，同时，又要从大学生的实际出发，做到以人为本，尊重学生的人格和个性差异，给予他们鼓励和信任。

二是树立制度导向和明确标准。要明确大学生的行为准则，让他们清楚自身享有的权利、承担的义务，应该做什么而不能做什么，强化对自己行为负责任的认识，要引导大学生朝着上进的方向发展。

三是坚持激励和约束有机结合。在制度的设计中，要把"激励为主、处罚为辅"的原则贯穿始终，设定科学合理的激励目标和机制，鼓励大学生积极进取、奋发图强。

四是体现公平民主的原则。大学管理制度的设计应当做到权责分配科学，让学生和教师都参与到制度的建设中来，提高制度的适用认可度。

（3）形成完整体系。高校学生管理的规章制度在发挥建立和维护学校的正常秩序、提高管理效率、完成各项教育活动等方面起着十分重要的作用。依法对大学生实行教育和管理，必须建立科学、规范、完整的学生工作规章制度体系。

大学生管理工作是一项系统工程，包括大学生日常管理、新生入学教育、教学实践环节、就业指导、毕业论文设计、宿舍管理、奖惩评估、日常行为规范等，这对学生管理部门提出了很高的要求。如《学生手册》《学生违纪处分条例》《学生综合测评办法》《学生早操管理办法》《学生课堂出勤管理办法》《学生内务文明卫生制度》《学生宿舍安全保卫制度》等，这些规章制度不但要制定得科学合理，而且还要形成一套完整的管理体系，各个制度之间既有高度的独立性，又相互支撑，互相补充，共同构建学生管理制度体系。再者，高校学生管理制度的规范系统，不但应当涉及学生主体行为的各个方面，还要包括管理部门与人员主体。比如，学生专职管理队伍的资格聘任制度、培训考核制度、监督晋升制度、工作薪酬制度；学生参与学校管理的知情权、建议权和参与决策等方面的制度等。只有把制度覆盖到学生管理的各个方面，才能形成完整的学生管理工作规范体系。

3. 落实管理制度

当前，高等教育迅猛发展，学生规模日益扩大，学生的世界观、人生观、价值观日趋多元化，各项教育改革纷至沓来，大学生管理工作的难度加大。所以，在制定了科学的学生管理制度、形成了完备的学生管理体系后，制度的落实就成为最重要的问题，它直接关系并最终决定了大学生管理的效果。在实施大学生管理制度过程中，要注意以下三个方面的内容。

（1）维护合法权利。大学生不但享有公民的基本权利，而且作为受教育者，又享有法律法规规定的特殊权利。作为学生，他们不仅是学校管理的对象，同时也是学校管理的主体之一。学生不但有义务服从学校的教育教学管理，同时也可以对学校的各项工作提出意见和要求。因为，作为管理对象，他们对学校的管理服务质量、服务水平、管理能力和工作情况都有一个最真实、最深切的感受和体验。高校管理部门和管理工作人员要时常倾听他们的心声，更好地了解学生的需求和愿望，不断改进管理制度，提升管理工作的整体质量。对于学生的合理建议，更应引起高度的重视。为此，学校要建立学生快速反馈机制，畅通信息渠道，及时处理问题。例如，可以通过学代会、学生代表、校领导信箱、部门接待日、校内论坛等形式，为大学生提供一个反映意见、参与学校管理的平台，推进学校管理民主化，切实维护大学生合法权益，提高管理工作的层次水平。

（2）明确法定义务。权利与义务具有对等性，在享受了某种权利的同时必须承担相对应的义务。一方面，大学生维护自身利益的意识越来越强，他们勇于向学校主张自己的权利，甚至运用法律手段来维护自身权益，这是应当肯定的。但另一方面，有的大学生对于必须要履行的义务却担当不够。因此，对于学生，高校在给予权利保障的同时，还应让他们充分地认识到自己所要承担的责任和义务，增强他们的法制观念，引导他们自觉遵守法律法规，端正个人行为，履行学生应尽的义务。

在大学生管理工作中，要求学生工作者具有"以人为本、和谐发展"和"全面育人"的工作理念。在坚持以"公平、公正、公开"的原则开展日常管理工作的同时，也应根据形势需要，经常举办各种既蕴涵严肃的政治内容、又洋溢着优秀文化传统与风情的校园文化活动，营造平等团结的良好氛围。

（3）管理与教育结合。坚持教育与管理相结合，就是通过建立健全各种规章制度，规范学生的行为，把学校所提倡的各种思想观念、道德标准融于各项管理工作之中，渗透到学生的工作、学习和生活之中。将思想引导与行为规范相结合，通过管理育人，使思想政治教育由虚变实，由软变硬，将自律与他律统一于人们的实践活动之中，这是新时期思想政治教育的一个重要发展。要培养高尚的思想道德，形成良好的社会风尚，解决人们的思想认识问题，仅仅靠思想教育是不行的。因此，要注重教育与管理相结合，使思想政治教育与严格管理相互作用，相互补充，形成自律与他律、内在约束与外在约束结合的机制。大学生是青年的特殊群体，对他们的思想政治教育必须依据不同的内容来确定与之相适应的方式、方法，教育要照顾他们的特点，贴近他们的生活，应灵活运用他们易于接受的方式方法，如心理咨询、典型教育、经济救助、帮扶教育等，以适应他们的需要。大学生思想品德的形成和发展，不是经过一两次教育就能实现的，往往需要经过多次教育、认识和实践的反复。大学生思想品德形成过程中，经常受到外界干扰和影响，再加上自身心理品质不稳定，可能出现思想行为上的反复，有时，甚至会向完全相反的方向发展。针对大学生思想行为上的反复性，对大学生的思想政治教育应有针对性地实施教育过程的反复。

（三）评估机制

大学生思想政治教育工作评估就是教育主管部门或高校根据大学生思想政治教育工作的目标、要求以及大学生的思想实际，确立指标体系，运用测量和统计等先进方法，对大学生思想政治教育工作的保障机制、实施过程及实际效果等进行价值判断的过程。

1. 评估机制的类型

为达成评估目的，可以从不同角度和按不同标准对大学生思想政治教育工作进行评估。评估的类型不同，评估所产生的作用也会有所不同，但评估的类型必须服从评估目的。基于目前对大学生思想政治教育工作的评估现状，可以依据一定的标准划分为以下类型。

（1）宏观评估和微观评估。依据评估对象的不同可以分为宏观评估和微观评估。宏观评估是以全国、某个地区或一所大学为对象，评估其大学生思想政治教育工作的整体效应。微观评估是以一所大学的某一单位、某一个人或某一特定教育活动为对象所进行的评估。宏观评估的目的是获得关于大学生思想政治教育工作的整体、概括性的认识；微观评估的目的是获得关于大学生思想政治教育工作效果的具体的、个别的认识。

（2）动态评估和静态评估。依据大学生思想政治教育工作状态的不同，可以分为动态评估和静态评估。前者是对大学生思想政治教育的过程和大学生的思想政治素质变化的状况所进行的评估，后者是对大学生思想政治教育工作已经取得的成效和大学生思想政治素质已经达到的水平所进行的评估。

大学生思想政治教育工作是一个不断发展的实践过程，其效果的体现也是一个动态的过程，因而，应对大学生思想政治教育工作进行动态的评估。但大学生思想政治教育工作也有相对静止的一面。大学生思想政治教育工作的静态评估，就是以大学生思想政治教育工作相对静止状态为依据所进行的评估。动态评估和静态评估不可偏废，应当结合进行，只有这样才能真正把握大学生思想政治教育工作的规律性，符合评估科学性的要求。

（3）单项评估和综合评估。依据大学生思想政治教育工作评估内容的不同，可以分为单项评估和综合评估。单项评估是对大学生思想政治教育活动的某一个方面、某一项指标或某一个环节所进行的评估。单项评估是综合评估的基础，它的准确性影响综合评估的准确性。综合评估是从整体上对大学生思想政治教育工作所进行的评估，包括对大学生思想政治教育工作的主体、内容、过程及效果所进行的综合考评。

（4）失误性评估和成功性评估。依据大学生思想政治教育工作后果的不同，可以分为失误性评估和成功性评估。大学生思想政治教育工作的后果大致可以分为两个方面：一是失误（或失效）的后果，一是成功的后果。失误性评估重在查找问题、分析失误（或失效）的原因，目的在于从失误（或失效）中吸取教训，从失误中探索大学生思想政治教育工作的规律与正确的方法。成功性评估是对大学生思想政治教育活动中取得成绩与成功经验所进行的评估，目的在于从成功中总结经验，探索大学生思想政治教育工作的规律，推广先进经验。

另外，还可以依一定标准分为定期评估与不定期评估，事先评估、中间评估、事后评估，要素评估、过程评估、效果评估，实地评估与通讯评估，诊断性评估、形成性评估和总结性评估，绝对评估、相对评估等。

2．评估指标设计

（1）高校自评与组织考评相结合。大学生思想政治教育工作评估，应该采取"高校自评"与"组织考评"相结合进行。高校对照评估标准和指标体系进行体系建设和自我评估，并逐项列出评分理由。高校自评应该结合实际，组成自评小组，分不同部分，针对不同内容开展考评，形成自评报告。自评报告的内容必须包括现状描述、工作实绩和努力方向。组织考评主要是指由校外专家进入高校，做必要的实地考察、提取报告、档案查证、数据核实和学生座谈等，然后根据自评报告和实地考核情况，逐项进行审核评估。各项评估和测评结果均直接纳入大学生思想政治教育最终综合评估成绩。

（2）征求意见与组织审定相结合。评估体系涉及高校教育管理各方面，与高校自身建设和发展密切相关。因此，在开展组织评估的时候，评估者应当广泛听取被评估的高校领导、教育工作者和学生以及不同方面的意见，不应当主观臆测，贸然下结论，对提出的意见要认真研究，注重评估的民主化和公正透明，既要如实反映现状，又要确保评估质量，从实际出发，力求观点明确、依据可靠、佐证有力。在听取意见的基础上，还必须以审慎的态度做好组织审定工作，控制好测评中可能存在的误差，保证综合评估的效度和可信度。

（3）等级认定与通报表彰相结合。评估指标体系从评估结果上看，可分为"好、良好、合格、不合格"等类别和等次，在依次级差之间设计出相应的量化分值区间，便于评估体系的实际操作与运用，并反映高校、教师、学生、教育部门和教育过程的总体状况。评估等级之间的比例要有总体控制。评估结果要给予运用，达成评估实效。评估结果作为今后评估高校育人质量、评奖评优的依据之一。同时，对于不合格的高校要给以一定的行政处理和提出有效的整改措施，必要时进行公布曝光，并取消其有关资质。

总之，评估只是手段，并不是目的，考核评估的最终目的是进一步加强和改进大学生思想政治教育工作。

第二节　发挥大学生思想政治教育的竞争激励机制作用

大学生思想政治教育竞争激励机制是推进大学生优良道德品质形成的重要动力，发挥新时期大学生思想政治教育的竞争激励机制作用，有助于大学生思想政治教育实效性的提高，也是大学生思想政治教育长效性的保证。

一、发挥新时期大学生思想政治教育的竞争激励机制作用的总体思路

竞争激励机制包括竞争和激励两种机制，在大学生思想政治教育竞争激励机制的问题上，首先需要明确竞争激励机制的总体思路。

（一）构建竞争激励机制的目的是促进社会的可持续性发展和大学生的全面发展

对于"哪些行为和成果是予以肯定，需要奖励的""哪些行为和成果是予以否定，需要惩罚的"，都必须有统一的认识，必须从全局高度和长远利益考虑，从社会与个人互动的过程进行考虑。如果思想政治教育竞争激励机制依据混乱，或者学校、社会和家庭中的竞争激励标准相悖，就会使大学生在学校、社会中的言行举止前后矛盾，相互脱节，这样就会使我们的思想政治教育误入歧途。因此必须从战略和全局的高度上总结这个问题，正视这个问题。从心理学上讲，大学生思想政治教育的竞争激励机制是为了调动教育主客体的积极性、主动性，发挥主体的潜能。结合我国的具体实践，就是要站在社会可持续发展和大学生个体全面发展的高度上，在社会与个人的和谐共存中，使竞争激励机制有章可循。

（二）竞争激励机制要"以人为本"，重点在于激励

竞争激励机制中主要是激励机制，奖励抑或惩罚，其目的不在于对主体的约束，而在于对主体的激励。激励是思想政治教育活动的一种重要方式，与思想政治教育的工作目标相一致，是一种激发人的行为动机、维持和提高人的动机水平并使其朝着预定的目标持续努力的管理措施和教育手段。激励原则是思想政治教育的基本原则。思想政治教育的对象和主体都是学生，思想政治教育就是做人的工作，做人的工作关键是增强吸引力和有效性，从而发掘和调动人的积极性。通过竞争激励机制，可以起到激励先进、鞭策后进、督促中间的作用。其内蕴的教育方法是"疏导式"，而不是"填鸭式"或"灌输式"。大学生思想政治教育竞争激励机制的重要作用在于激发教育主体的潜能，并以此引导他们树立科学的世界观。

（三）科学的评价机制直接影响大学生思想政治教育竞争激励机制的实效性

对大学生思想政治教育的评价是否科学、合理将直接影响竞争激励机制的实效。对

高校思想政治教育工作的正确考核、评估，对思想政治教育队伍的科学考核、评价，对思想政治教育主体——学生的科学评价机制都要通过一定的竞争激励机制手段，直接影响高校、教师和学生的切身利益。反之，陈旧的评价观念、单一的评价内容、简单的评价方法和单向的评价主体都会制约科学竞争激励机制的形成。科学评价机制与竞争激励机制相辅相成，和谐共生，才能为社会的可持续发展和大学生个体的全面发展提供保障。

（四）社会合力和有利的社会环境是确保竞争激励机制长效性的关键

要保障大学生思想政治教育竞争激励机制的长效性，仅仅强调思想政治教育队伍和学生本身的权责是远远不够的。按照马克思的观点，人的本质是一切社会关系的总和，是社会全部的经济关系、政治关系和文化关系的具体体现，这就决定了大学生思想政治教育竞争激励机制的实效性和长效性需要在社会实践中得以加强和保障，汇集社会各方面的合力、营造良好的社会氛围是确保大学生思想政治教育竞争激励机制长效性的关键。

二、大学生思想政治教育竞争机制

（一）竞争与竞争机制的含义

竞争是人类社会普遍存在的一种现象。社会的竞争是个体或群体为满足自身需要而与其他个体或群体展开的比较与竞赛并力求取得有利地位的倾向。具体到学生个体的竞争行为，竞争机制指在高校学生之间由相互竞争而引起的关联和制约关系，并通过学校内在构成要素的调节以适应外部环境变化，从而求得生存发展的活动机能。

（二）大学生思想政治教育竞争机制的作用

马克思主义认为，凡是有共同劳动的地方，就可以出现个人的竞争。亚当·斯密的经济学竞争理论也告诉我们，竞争不是无恶不作的魔鬼，相反有很多积极的作用。竞争是调动一切潜能的动力。原因在于竞争是公正的评判人，竞争使得外在的压力转化为内在的动力，通过利益调整激发活力。所以，我们应该认识到竞争不仅是一种客观存在，还是一种动力。

1. 有利于调动学生的学习积极性和进取心

在激烈的竞争条件下，学生对成功的渴望会更为强烈，对学习将会表现出更加浓厚的兴趣，克服困难的意志更加坚定，争优取胜的信念也更加坚强。学生受到竞争目标的鼓舞，会有获胜的强烈愿望，这种心理状态正是影响学习效果的决定因素之一。处在这种心态下，学生往往观察力敏锐，思维活跃，眼界开阔，精力充沛，因而会大大提高学习效率，调动学习积极性，振奋进取精神。

2. 有利于促进学生的自我教育与自我管理

由于竞争目标明确具体，又有阶段性竞争结果的公布，学生明白自己在竞争群体中所处的位置，以及自身的优势和劣势，从而不断调整个人的竞争计划，规范自己的思想与行为。同时在团体竞争中，团体的优胜可以使每一个个体受到鼓舞，增强团体凝聚力。

3. 有利于对竞争实施有效的调节和指导

在竞争机制中，教育者可以从繁杂的事务性工作中超脱出来，站在一个更高的层次对竞争实施有效的调节和指导。同时，通过深入细致的思想政治教育，对每个学生进行具体分析，帮助学生在竞争中正确评价自己。

4. 有利于形成高效的管理体制

竞争机制可以使管理的形式保持长时间的相对稳定，便于形成高效的管理体制。而且由于培养目标的相对稳定，竞争目标系列也可以相对稳定。如果需要适应不断变化的新情况，只需在目标系列的具体内容上做适当的调整，就可避免在学生教育与管理中因方式变化而使学生无所适从，促进了学生管理的制度化、科学化、规范化。

（三）大学生思想政治教育竞争机制的实施

在大学生思想政治教育竞争机制的实施时，民主公平是最重要的原则。它要求在教育与管理中让竞争主体拥有平等参与竞争的机会，在竞争过程中要有公平的竞争规则做保障，竞争结果要公开。

1. 竞争目标要公开明确

学校培养学生都应当以有理想、有道德、有文化、有纪律为目标，使其成长为德才兼备的人才。这一培养目标，是学生奋发向上、努力成才的方向，也是衡量每个学生成长的尺度。为此，要把确立竞争目标、引入竞争机制和培养合格学生紧密地联系起来，为学生确立一个正确的竞争方向。

2. 评优评奖细则的制定要严格

评优主要包括先进个人（三好学生、优秀学生干部、优秀团员、各类积极分子等）和先进集体（先进班集体、文明寝室、先进社团等），评奖主要包括各类竞赛奖项、各类奖助学金等。思想政治教育者应该按照目标要求，结合具体情况制定各种评优的细则。评优细则应事先公示并接受学生的反馈意见，而且写入《学生手册》。细则内容应根据形势的发展和要求的变化而不断补充和完善。

3. 引导合理竞争

引导合理竞争是形成充满生机与活力的竞争局面的条件，也是思想政治教育者对竞争实施宏观调控的有效方法。具体可以从以下两个方面来入手：

一是个人评优与现实表现相结合。克服个人评优仅凭成绩优劣而不看现实表现的情况，从德、智、体、美四个方面加以评定；兼顾学生个体在某一个方面的特殊素质与特殊贡献，从而在竞争过程中体现出共性与个性的统一，有利于克服"智育硬指标，体育软指标，德育空指标，能力无指标"的倾向，形成一个公平竞争的良好局面。同时引进学生互评的机制，确保公平、公正。

二是集体评优与个体因素相结合。集体评优评奖要考虑个体因素，调动个体的积极性。可以把个人竞争成绩和团体竞争成绩紧密联系在一起，促进竞争与合作，扩大竞争规模。对在各种活动中取得优胜的班级、团支部、寝室、小组的奖励积分可分解到各成员之中。同样，对违反校纪校规，损害国家、学校、班级利益的个人或团体，也应视情节轻重，罚扣积分。从而使学生在活跃校园生活、遵守校纪校规等方面形成一种竞争局面，也形成团体内"竞中有帮，争中有助"的协调合作的竞争局面。

三、大学生思想政治教育激励机制

（一）激励与激励机制的含义

激励是管理学的一个重要概念，它作为管理的一项重要职能，是建立在满足个人某种期望的基础上的。激励就是引导人的动机，引发人的行为。按照心理学的原理，激励是强化需要的手段，管理者通过激发鼓励，可以最大限度地调动被激励者的主观能动性，发挥一个人的最大效能，从而更快更好地实现管理目标。激励机制就是指在组织系统中，激励主体运用多种激励手段与激励客体相互作用、相互制约的结构、方式、关系及演变规律的总和。

激励机制对客体的作用具有两种性质，即助长性和致弱性，也就是说，激励机制对客体具有助长作用和致弱作用。从形式上讲，激励机制分为外在激励和内在激励（或称自我激励）；按激励持续时间分为长期激励和短期激励；按激励的类型来分可分为物质激励、精神激励和情感激励。众多的激励机制又可以分为两个方面：一方面是奖励激励机制，另一方面就是惩处激励机制。

（二）大学生思想政治教育激励机制的作用

激励机制一旦形成，它就会内在地作用于组织系统本身，使组织机能处于一定的状态，并进一步影响着组织的生存和发展。激励机制作为现代教育与管理的一种职能和手段，是高校思想政治教育中比较有效的一种方式，它可以最大限度地调动学生的主观能动性。实践表明，大学生的学习、生活状况如何，取决于学生自身努力和教师的激励。思想政治教育要重视激励的作用，利用各种激励方式激发大学生成才的积极性。

1．有利于挖掘学生的潜力、激发其创造性

从理论上说，需要产生动机。人的行为都是有目的的，都是受到某种引发和引导而产生的。因此人的活动实际上是"需求—动机—激励—行为"这一过程的周而复始。"激励"包括"自我激励"和"外因激励"两个方面。当人产生某种需求时，就会调动自身潜能，积极创造条件来实现这种需要。思想政治教育者要善于把握学生的真正需要、长远需要，并将满足学生需要的措施与实现组织目标有效地结合起来。科学研究表明，人是具有极大潜力的，但能否充分挖掘出来，则取决于激励机制是否有效。在激励因素的作用下，学生内在的潜能得到激发，个人和学校就充满生机，就会形成一股推动力。学校可以通过开展各种竞赛活动，激发学生的积极性，充分挖掘学生的潜能，培养学生的创新精神。

2．有利于激发学生的学习动力，形成良好学风

激励机制包含着竞争精神，它的合理运行能够创造出一种良性的竞争环境，进而形成良性的竞争机制。在具有竞争性的环境中，学生就会受到环境的压力，这种压力将转变为他们努力学习的动力。激励尤其是精神激励具有的教育性，能鼓励广大学生不断反省自己、鞭策自己，以正确的观念和积极进取的态度去努力实现学习目标。同时，通过激励机制，对学生符合学习目标的情感、意志和行为也会予以支持和强化，对不符合学习目标的意识、欲念和冲动则予以约束和弱化，从而增强组织的凝聚力，形成良好的学风。

3．有利于强化思想政治教育的效果

激励机制是对学生进行教育、实施管理的一种手段。既可以从正面来肯定学生思想、行动的积极因素，根据有关规章制度给予精神或物质上的奖励，以达到鼓励先进、发扬正气的目的；又可以针对学生思想、行为中的消极因素，根据不良行为的情节轻重和有关规章制度给予批评教育或一定的处罚，以达到明辨是非、纠正错误、促进转化的目的。

（三）大学生思想政治教育奖惩机制的强化

大学生思想政治教育奖惩机制的强化要按照奖优惩劣原则，这是发挥思想政治教育作用的重要条件。激励机制的形成，要从以下问题入手。

1. 制定奖惩规章制度

奖惩规章制度通常也叫"游戏规则"，是激励机制形成的基础。奖惩规章制度的制定必须科学、合理，标准明确，措施可行，易于操作。要做到这一点就要在制定制度的过程中，认真学习有关法律法规，以法律法规为准绳，同时要注意调查研究，善于听取各方面的意见，尤其是广大同学的真实想法。只有这样才能做到制度与措施合法、合理、合情，才有群众基础，才能充分发挥其激励功能。

2. 考评材料档案化

对学生实施奖惩必须有根有据，学生的各项考评材料必须保存齐全，这是有效实施激励机制的依据。因此，在日常管理过程中，对每一个学生都要建立相应的档案，对其平时各方面的表现做好记载。只有这样，在实施奖惩机制时才能尽量减少主观偏差，增强客观性，做到有据可查，使学生口服心服。

3. 奖惩结果公正化

奖惩结果的公正化是有效实施激励机制的要求。对学生实施奖惩要实事求是、标准统一、一视同仁、科学适度。只有坚持公正这一原则，才能维护奖惩工作的严肃性，真正发挥奖惩工作的激励教育作用。所以在进行奖惩的过程中，要多让普通同学参加日常的管理、检查、调查，使每一项政策性行为都能转化为广大同学的集体行为和集体意愿。

4. 处理措施时效化

处理措施时效化，就是奖惩措施必须紧跟在行为发生之后进行，这是激励机制发挥作用、产生较好效果的保证。一旦时过境迁再进行处理，就会降低效果。所以奖惩结果公布之后，其处理措施也应相继落实，这样既教育了个体，也激励了整体，效果才会显著。

5. 激励方式适当化

表扬的方式和范围要适当，表扬的面要适量，表扬学生要适度。批评要与人为善，对事不对人；语言上要尽量使学生感到你是在帮助他，而不是在批评他，要在批评中给学生以启发。要善于运用榜样激励机制，即通过发现、树立正面典型，用先进人物的优秀品德和模范行为感染和影响学生。榜样激励有多种方式，如评选优秀大学生、参加先进事迹报告会、学生党员示范活动等。要引导学生对照榜样进行分析，找出差距，明确方向，付诸行动。

6. 信息反馈网络化

奖惩措施必然会在同学中产生一定的反响，反响意见中既有正面的，也有负面的；既有中肯的，也有偏激的。但有一点不能否认，那就是学生的意见总是有一定原因的。如果找不到学生意见的原因，思想政治教育就会缺乏针对性，失去主动性，甚至使同学产生抵触情绪。为此必须有一个完善的信息反馈网络：一方面，要让学生有提意见的地方，扩大信息来源；另一方面，要对有些意见进行适当引导，使学生了解全面情况。

第三节　完善大学生思想政治教育的自我管理机制

教育作为提高大学生思想政治水平的外在条件虽然不可缺少，但它毕竟不能代替学生的自主行为。要把教育的要求转化为学生内在的思想和德行规范，还要通过学生的认知、情感、意志的思维活动和自教自律的具体方式才能实现，即化他教为自教，也就是将大学生思想政治教育和管理转化为个人内在的信念、情感、意志和良心。

一、大学生思想政治教育的自我管理概述

（一）自我管理及大学生自我管理

管理学的基本理论认为，管理是人类生活中最基本和最重要的活动之一，是任何组织必然存在和不可或缺的活动，是保证组织有效运行的必要条件。所有组织，无论其性质如何，都只有在管理者对其加以有效管理的条件下，才能按照所要求的方向行进。我们认为，不仅社会组织存在管理的问题，作为个体的人，也有自我的管理问题存在。个体同样具有对自身进行有效管理的一系列问题需要加以思考和解决。这种个体对自身的管理，我们称之为自我管理。所谓自我管理，就是指个体对自己本身，包括自己的目标、思想、心理和行为等表现进行的管理，其主要特征是自己把自己组织起来，自己管理自己，自己约束自己，自己激励自己。自己既是管理的主体，又是管理的客体。

大学生自我管理就是大学生个体为了培养全面发展的素质，而进行的自我认识、自我评价、自我约束和自我激励的活动，是大学生个体充分调动自身的主观能动性，有效利用和整合自我的资源，运用科学的管理方法，展开的自我学习、自我教育、自我发展、自

我完善的活动。

（二）大学生自我管理特点

1. 个体性特征

从本质上讲，大学生活的自我管理是每一个大学生个体的独立行为活动，是个体的主动性的发挥和个人独立管理自我的主体意识的觉醒与外化。尽管这种自我管理的行为要受到外界条件的影响和制约，受到社会环境和大学文化的引导和牵引，但其仍然是一种个体的主动性的活动，个体性特征是明显的。

2. 学习性特征

大学生活的自我管理无论其外在的表现方式如何，但其根本是旨在提高大学的学习效益和效率的活动，大学生活的自我管理始终是围绕着学习这个中心展开的。当然大学学习的内涵是广义的，包括学会生存的技能和人际沟通的能力。大学四年自我管理的效果如何，要最终通过学习的效益来评判。说到底，自我管理的措施与执行的形式都是外壳，其内核是学习的效益如何，有没有通过自我的管理达到四年的最佳学习效益才是主要的考量。

3. 动态性特征

在大学的四年里，大学生个体对自我的管理过程是一个随着时间推移而循序渐进的过程，是一个动态的管理过程。这个过程是由管理者建立管理的雏形，进而不断充实、补充、调整与完善的过程，是分散的管理到系统管理的过程。其动态性特征是显性的表象。动态性特征决定了大学生的自我管理的作用和意义，决定了这一过程是个体自我管理能力不断提升的过程，是对自我的认识逐步科学的过程，是自我心智进步与发展的过程，这一过程还是对高中生活的继承和对未来人生铺垫与奠基的过程。

（三）大学生自我管理的内容

1. 自我认知

自我认知是大学生自我管理的基础条件，是作为管理主体的大学生对自己的言行和特点的感受和了解。只有了解自身的性格特征、心理状况、学习生活习惯、自身的优势和劣势，才能够扬长避短。

2. 自我计划

自我计划是自我管理的重要组成部分，只有完善的自我计划才能使大学生活做到有目标、有组织，才能增强大学生活的实际效率。

3. 自我控制

自我控制是实现既定目标的保证，是一种有利于自身、他人和社会的自律活动。自我控制通过自身检查实现目标的进度和质量，通过自我纠偏，使自己的思想和行为有利于实现目标。

4. 自我激励

自我激励是引导自我行为的重要一环，是自我管理的推动力，是由于个人内在的动机和愿望而产生的一种驱动行为，是自我向目标前进的心理活动过程。

（四）大学生自我管理的作用

1. 大学生自我管理既是手段又是目的

一方面，自我管理是大学生自我修养、自我约束的一种方式；另一方面，自我管理又是大学生提高自我、顺利发展的目的和体现。从人的发展来看，精神和道德追求是建立在人的本质和需要基础上的高层次的价值目标；从教育和管理的发展来看，教育和管理的直接目的是自教和自律。如果说"教育的目的就是为了不教育"，那么也可以说"管理的目的就是为了不管理"。

2. 大学生自我管理既是一种规范和约束，又是一种选择与自由

一方面，大学生自我管理是一种自我控制，使言行遵循一定的秩序；另一方面，大学生自我管理更是一种自觉自愿、自主自由的积极选择和行为，通过正确选择与规范，"从心所欲不逾矩"，实现主观与客观、主体与客体、目的与手段、自由与必然的统一，赋予自教自律自主性、进取性、发展性和创造性，使学生的思想和行动富有生机与活力。

3. 大学生自我管理既是个体行为，又是群体行为

一方面，自我管理表现为学生个体行为，具有内在的相对独立性；另一方面，自我管理与教育又是相互影响、相互制约、相辅相成的，同时又具有外在感染性和群体性。

总之，大学生自我管理是学习、实践、实现社会化的重要方式。一方面，大学生在学习、实践过程中，需要较强的认同感，才能自觉接受并主动投入必要的时间、精力，而自我管理可以产生认同的积极愿望；另一方面，人是社会中的一分子，和谐的人际关系又是和谐社会的重要条件，人的自我管理程度越高，其社会化也就更加容易实现。在很大程度上，实现高校的培养目标，大学生自我管理是最根本的条件，也是学生社会化的重要方式。自我管理对学校来说，是具有自主性、自觉性、发展性的活动，实现不教而育、不管

而理，对社会起到维持秩序、稳定局面、推进发展的作用；对个人具有自主、自为和自我发展的作用。

二、大学生思想政治教育的自我管理的要求

（一）大学生自我管理必须要处理好的关系

大学生个体的自我管理是在学校和社会管理的背景下进行的，必须处理好与学校管理和社会管理的关系，自我管理才能正常有效地展开。

1. 大学生自我管理与学校管理的关系

大学生的自我管理不是孤立进行的纯粹的个体活动，它是学校管理的有机组成部分。个体的发展规划最好能与学校的人才培养规划和目标相适应，与学校的管理制度相适应，与学校的文化氛围实现良性的互动，避免出现激烈的矛盾和冲突。尽管如此，个体自我管理的主动性、自主性必须得到有效的保证。学校管理应当给予个体自我管理的空间，为个体的自我管理创造必要的条件。

2. 大学生个体的自我管理与学生组织管理的关系

学校内部的学生组织对学生群体的活动具有一定的协调作用。学生个体应当有条件地理解和服从这种协调。另一方面，学生个体应当具有自主的选择权，有自我决定个人事务的权利，行使个人事务的自我管理权。最好的结果是个人的自我管理与学生组织的管理协调一致，或者大体上不出现明显的冲突。

3. 大学生的自我管理与社会管理的关系

大学生个体，作为社会人的存在，应当具有满足社会人的一般要求的属性，不应当，也不可能成为独立于社会之外的特殊个体；理应服从社会的一般管理规范，成为模范遵守社会管理规范的社会成员。在服从社会管理的前提下，应当充分发挥自我管理的优势，自主地设计自己的规划并且进行有效的实施，强化自我的知识和能力，以便将来更好地为社会服务。

（二）大学生思想政治教育的自我管理的要求

1. 明确教育与管理的目标和规范

自我管理不是一种静态性的自我约束，而是学生朝向一定目标，遵循一定规范的动

态性规约。明确的目标和规范，是自我管理的前提条件。目标为学生提供的是一种价值追求，是自我管理的取向和意义表达，目标被学生认可、接受之后，学生能够用目标来导引、调节自己的价值取向，加强体验与理解目标的意义。没有明确的目标，或者不接受目标，学生就不会持久地坚持目标取向，也不会坚持学校所制定的规范，在思想和行为上必定各行其是，与社会生活不协调，这就不是所要求的自我管理。

同样，规范为学生提供的一种行为准则，是自我管理的遵循尺度和意志体现。规范被学生认可、接受后，学生能够用它来规约、衡量自己的行为，使外在规范内化为自身的内在准绳。规范包括法规和道德两个方面。没有明确的社会规范或学生不认可、不遵循社会规范，思想和行为就会失范。所以，让大学生自我管理，绝不是放任自流。在高校的思想政治教育中，必须有明确的教育管理的目标和规范，使学生在自我发展中有正确的方向。

2．发挥教育和管理队伍"导"的职能

学校党组织、学生工作职能部门、教师和辅导员队伍，应该培养和训练学生的规则意识，通过对遵规守纪的认可、奖赏和对违规失范的谴责、惩罚，来引导、训练学生的自我管理行为。同时，要转变教育者和管理者的观念，使他们从处理琐碎繁杂的事务转移到引导、指导、检查、监督上来，既不是家长式的包办，也不是保姆式的代替，而是在学生自我管理的具体过程中，为他们出谋划策，帮助他们做出正确决策与选择。所谓检查监督，即是对学生自我教育与管理的组织工作和活动进行定期检查，既要放手让大学生自己做，也要使他们尽量少出偏差。

3．创设良好的校园文化氛围

创设良好的校园文化氛围是引导大学生自教自律的必要条件。学校的文化氛围和内部环境对学生有规范、导向、激励、推动和评价作用。大学生在一定的校园文化中会自觉不自觉地接受、内化并整合其主导的价值观念和思维方式，使自己的思想潜移默化中被同化。因此，校园文化是提高学生自我教育能力、提高学生综合素质的有效载体。创设良好的校园文化氛围，应具体抓好以下几个方面的工作：加强基础文明建设，倡导修身进取的道德风尚；加强学风建设，形成浓厚的学习氛围；加强文化园区建设，营造优美的校园环境；丰富课余文化活动，增强校园文化的先进性和群众性。同时，还应重视高校内部潜在的、非课程形式的教育活动，创建有利的"道德场"，形成大学生自我管理的良好环境和氛围。创建有利的"道德场"，注意从小事抓起，从学生的学习、生活和行为的细节上开始，提出明确具体的要求，引导学生自我管理。

4. 发挥学生群团的作用

大学生群体建设需要自教自律。群体是教育与管理的重要载体。对于大学生来说，群体对自我发展有极大的促进作用。因为集体本身就是一个教育的主体，不仅对集体中的每个成员有规范和要求，而且可以促进成员之间的相互督促和相互帮助。同时，学生的成长主要是一个社会化的过程、一个参与的过程。身处集体的个体之间通过自由交流情感和思想，共同分享成长和进步的快乐与幸福。因此，大学生自我管理是群体建设不可缺少的内容。

大学生群体自教自律的基础是学生的群团。最早将群团分为正式群团和非正式群团的是美国哈佛大学工业管理研究所的教授梅奥，他通过多年的实验论证指出，学校管理中存在正式群团问题，而实际上在群团中还存在着大量的非正式群团。无论是正式群团还是非正式群团，都有其特殊的规范来影响其成员的行为，对学生的自教自律起着重要的作用。正式群团是管理者根据群团目标的需要，为完成某一具体任务而设立的，它的成立有正式文件和章程，有定员编制，成员之间有明确的分工和职责关系。就高校而言，主要包括其中的院系、部（处）、科（室）、班级、党政团群团等。非正式群团是指不按群团正式制度的规约，由正式群团成员自愿结合而成的松散联合体。高校学生非正式群团是指在高校正式群团之外，学生之间通过相互交往而产生彼此间的共同利益和认同关系。这类群团形成的基础是成员间共同的兴趣爱好、生活方式、价值观和共谋发展的需要。如学生中的老乡会、联谊寝室、实习小组等都属于非正式群团的范畴。高校学生非正式群团对学生的教育管理有较大影响，尤其在自教自律方面的作用明显。

在高校的学生管理中必须把正式群团和非正式群团结合起来考虑。充分利用学生中非正式群团在协调人际关系、联络感情、相互合作、提高工作效益等方面的积极作用；加强引导，消除其不利影响，使学生中的正式群团和非正式群团形成一股合力，推动各项学生工作的顺利进行。此外，还应注意充分发挥非正式群团核心人物的作用。非正式群团的核心人物相对于群团的每个成员来说，更易于被外界了解；同时，他们都具有较大的影响力和约束力，他们的一举一动都会得到其他成员的响应，做好了他们的教育引导工作，就更容易影响、引导群团其他成员的自教自律。

（三）形成大学生群体自我管理的局面

学生组织包括学生党团组织、学生会、学生社团、班委会等群体。加强校、院（系）、班级三级学生组织的联系，形成学生自教自律组织系统。引导各级学生组织通过开展多种形式和富有实效的活动，促进学生自我发展，形成大学生群团自上而下的自教自律局面。

1. 学生会

学生会是学生自教自律的主要组织。校、院的学生会是在党组织领导下、团组织具体指导下的学生自己管理自己、自己教育自己的群众性组织，是党组织联系学生的桥梁和纽带。"自我管理、自我服务、自我教育"是学生会工作的基本准则。学生会通过组织丰富多彩的活动，不仅可以丰富学生生活，而且可以有效地对学生的思想与行为进行引导。

2. 学生自治

学生自治是学生自教自律的关键。学生自治是学生组织在党组织领导和团组织指导下的自主建设方式，一般以学生党员、学生干部为骨干开展自治活动。学生自治实际上是学生组织按照学校的培养目标与规章制度，进行自我教育与自我管理的活动。有些学校的学生为了发挥自治作用，还专门建立了学生的自教自律机构、学生监督机构，以保证学生自教自律的进行与效果。

3. 班集体

班集体是学生自教自律的基层组织。《中共中央国务院关于进一步加强和改进大学生思想政治教育的意见》明确指出："班级是大学生的基本组织形式，是大学生自我教育、自我管理、自我服务的主要组织载体。"班集体通过一系列主题、班会、文体活动，使教育与管理的要求转化为现实影响，产生教育效应，达到促进学生成长成才的目的。

4. 党支部

党支部是学生自教自律的示范组织。党支部是带动广大党员与非党员学生团结进步的核心力量，是加强和改进大学生思想政治教育的重要战斗堡垒。要在班级中成立党支部，班级支部要根据党员和非党员学生的成长成才需求，切合实际地搞好思想建设、组织建设和作风建设。

第六章

提升大学生思想政治教育认同的探索

如前文所述，认同感是制约大学生思想政治教育实效性的一大因素。大学生思想政治教育认同的因素既有来自宏观的环境因素，也有课程建设和教育教学的问题。为了提升大学生对思想政治教育的认同，提高高校思想政治教育的认同效果和实效性，既要明确大学生思想政治教育认同需要遵循的若干基本原则，又要针对大学生思想政治教育认同的构成要素进行具体的实践路径设计，以期发挥思想政治教育认同的整体合力。同时，需要特别加强大学生对思想政治教育理论课程的认同，通过课程建设和相关管理来提升大学生对思想政治教育的认同度，发挥思想政治理论教育的主渠道作用。

第一节　提升大学生思想政治教育认同的基本原则

思想政治理论教育关系到"培养什么人、怎样培养人和为谁培养人"的根本问题，我们在过去的工作中虽然取得了一定的成绩，但面对新形势、新情况，仍然存在不少亟待解决的问题。主要表现在思想政治理论课程的认同效果没有达到预期，不仅影响了大学生科学世界观、人生观和价值观的树立，也威胁到了国家的意识形态安全。因此，以提升思想政治教育认同为切入点推进思想政治理论课程改革，有利于新思路和新方法的形成。笔者认为，提升思想政治教育认同，需要在思想政治教育过程中遵循以下五个方面的原则。

一、坚持马克思主义的理论指导原则

在当今世界，马克思主义依旧有着强大的生命力，这种生命力来自理论本身的科学性，即它在认识世界和改造世界过程中发挥的世界观、方法论的积极指导作用。习近平总书记在纪念马克思诞辰 200 周年的纪念大会上，用科学性、人民性、实践性和开放性四个特征来概括马克思主义，科学界定了马克思主义的理论品质。马克思主义的生命力来自新时代中国特色社会主义的建设实践，也就是说，马克思主义之所以"行"，其原因不仅来

自理论自身，更来自强大的现实指导力，即能够在理论和现实的转换机制中，将理论的品质转化为实践的特征。马克思主义的最终目的是实现共产主义，而新时代中国特色社会主义便是马克思主义发挥理论解释力和现实指导力的实践境遇，彰显了马克思主义对于世界历史发展规律和民族国家建设的科学把握。可以说，不论是对于实现中华民族伟大复兴的历史任务而言，还是对于把握世界历史的发展趋势而言，马克思主义的理论指导都不可或缺。思想政治教育在哲学社会科学中占据着十分重要的地位，理应全面贯彻党的教育方针，坚持马克思主义的指导地位，贯彻落实习近平新时代中国特色社会主义思想，坚持社会主义办学方向，完成铸魂育人、培育新时代中国特色社会主义建设者和接班人的重要任务。思想政治教育的主要任务，在于提升主流价值观的认同程度，从理论和实践两个层面实现对于被教育者的形塑与规约。所谓主流价值观的认同，不是盲目跟从，也非流于现象层面的简单赞同，而是对作为真理的马克思主义的真诚信仰，而这种达到了信仰层面的认同不能纯粹是外在灌输的结果，而是主体在认识论层面的自觉过程，是基于马克思主义的科学性、人民性、实践性和开放性的必然逻辑。马克思主义为大学生思想政治教育认同的形成提供了多方面的保障，既在方法论和内容层面奠定了认同的科学性、合法性根基，也在实践基础乃至保障机制等层面确保了认同的效率和效果。

二、提升思想政治课教师素养的"六个要"原则

思想政治理论课是高校思想政治教育实现立德树人、铸魂育人的主渠道和主阵地，对于大学生思想政治教育认同具有十分重要的作用。2019 年 3 月 18 日，习近平总书记亲自主持召开学校思想政治理论课教师座谈会并发表重要讲话，对办好思想政治课进行科学而系统的阐述，成为新时代提升大学生思想政治教育认同的根本遵循。习近平总书记指出，办好思想政治理论课意义重大。办好思想政治课关键在教师，关键在发挥教师的积极性、主动性和创造性。讲好思想政治课不容易，因为这个课要求很高。教师承载着传播知识、传播思想、传播真理，塑造灵魂、塑造生命、塑造新人的时代重任。新时代思想政治课教师要按照习近平总书记提出的"六个要"标准来提升自己的综合素养。

第一，政治要强。思想政治课要解决学生理想信念问题。要让有信仰的人讲信仰。对马克思主义的信仰，对社会主义和共产主义的信念，只有首先在思想政治课教师心中扎下根，才能在学生心中开花结果。思想政治课教师只有自己信仰坚定，对所讲内容高度认同，做学习和实践马克思主义的典范，才能讲得有底气，讲深讲透，才能有效引导学生真学、真懂、真信、真用。要善于从政治上看问题，自觉用新时代中国特色社会主义思想武

装头脑，在大是大非面前保持政治清醒。教师是释疑解惑的，如果教师自己都疑惑重重，讲出来的东西不会是充分坚定、富有感染力的。

第二，情怀要深。思想政治课要引导学生立德成人、立志成才。只有打动学生，才能引导学生。教师在课堂上展现的情怀最能打动人，甚至会影响学生一生。真信才有真情，真情才能感染人。思想政治课教师要有家国情怀，心里装着国家和民族，在党和人民的伟大实践中关注时代、关注社会，汲取养分、丰富思想。要有传道情怀，对马克思主义理论教育事业投入真情实感，对思想政治课教育教学有执着追求。要有仁爱情怀，把对家国的爱、对教育的爱、对学生的爱融为一体，心中始终装着学生，让思想政治课成为一门有温度的课。

第三，思维要新。思想政治课要教会学生科学的思维。思想政治课教师给予学生的不应该只是一些抽象的概念，而应该是观察认识当代世界、当代中国的立场、观点、方法。思想政治课教学是一项非常有创造性的工作，要学会辩证唯物主义和历史唯物主义，善于运用创新思维、辩证思维，善于运用矛盾分析方法抓住关键、找准重点、阐明规律，创新课堂教学，给学生深刻的学习体验。在教学中可以讨论问题，更要讲清楚成绩；可以批评不良社会现象，更要引导学生正面思考；可以讲社会主义建设的复杂性和艰巨性，更要引导学生对社会主义前景充满信心。无论怎么讲，最终都要落到引导学生树立正确的理想信念、学会正确的思维方法上来。

第四，视野要广。思想政治课教师要有知识视野，除了具有马克思主义理论功底之外，还要广泛涉猎其他哲学社会科学以及自然科学的知识。要有宽广的国际视野。学生经常会把国外的事情同国内的情况联系起来，这个过程就会产生一些疑惑。学生的疑惑就是思想政治课要讲清楚的重点。要善于利用国内外的事实、案例、素材，在比较中回答学生的疑惑，既不封闭保守，也不崇洋媚外，引导学生全面客观认识当代中国、看待外部世界，善于在批判鉴别中明辨是非。还要有历史视野。历史是最好的老师。思想政治课教师的历史视野中，要有5000多年中华文明史，要有500多年世界社会主义史，要有中国人民近代以来170多年斗争史，要有中国共产党100年的奋斗史，要有中华人民共和国70多年的发展史，要有改革开放40多年的实践史，要有新时代中国特色社会主义取得的历史性成就、发生的历史性变革，通过生动、深入、具体的纵横比较，把一些道理讲明白、讲清楚。

第五，自律要严。思想政治课教师对自己要求要严格，既要遵守教学纪律，也要遵守政治纪律和政治规矩，做到课上课下一致、网上网下一致，不能在课上讲得不错，却在课下乱讲，不能在现实生活中表现不错，却在网上乱说。思想政治课教师掌握着课堂的主导权和话语权，一定要自觉弘扬主旋律，积极传递正能量。遵守纪律，不意味着不能讲矛盾、碰问题。有的教师怵于思想政治课的意识形态属性，担心祸从口出，总是绕开问题讲、避开难点讲。只要坚持正确政治方向，立足于引导学生坚定理想信念，全面客观看问题，就不用担心在政治上出问题。要给教师充分的信任，不抓辫子、不扣帽子、不打棍子。

第六，人格要正。有人格，才有吸引力。亲其师，才能信其道。思想政治课教师要有堂堂正正的人格，用高尚的人格感染学生、赢得学生。要有学识魅力，用真理的力量感召学生，以深厚的理论功底赢得学生。思想要有境界，语言也要有魅力，从教师的话语中，学生能够感受到教师的人格和学识。要自觉做到修身修为，像曾子那样"吾日三省吾身"，像王阳明那样"诚意正心""知行合一"，自觉做为学为人的表率，做让学生喜爱的人。

习近平总书记针对思想政治课教师素养问题提出的"六个要"，不仅是思想政治课教师在教育教学工作中努力践行的原则，也是所有教育者必须遵循的工作原则。

三、改革创新思想政治课的"八个相统一"原则

习近平总书记提出了坚持"八个相统一"的要求，是我们在思想政治课改革创新实践中遵循的基本原则。

第一，坚持政治性和学理性相统一。政治引导是思想政治课的基本功能。强调思想政治课的政治引导功能，并不是要把课讲成简单的政治宣传，而要以透彻的学理分析回应学生，以彻底的思想理论说服学生，用真理的强大力量引导学生。马克思说："理论只要彻底，就能说服人。"马克思主义理论就是彻底的理论。思想政治课教师所讲的理论、观点、结论要经得起学生各种"为什么"的追问，这样效果才能好。需要注意的是，不能用学理性弱化政治性，在大中小学的不同学段，无论是通过讲故事、讲历史还是讲理论的方式讲思想政治课，都要体现思想政治课的政治引导功能。

第二，坚持价值性和知识性相统一。思想政治课重在塑造学生的价值观，这一点必须牢牢抓住。强调思想政治课的价值性，不是要忽视知识性，而是要通过满足学生对知识的渴求加强价值观教育。只有空洞的价值观说教，没有科学的知识做支撑，价值观教育的效果也会大打折扣。当然，在思想政治课教学中也不能只强调知识性，不能为了应付考试让学生死记硬背知识点，而不注重对学生价值观的引导。学生有兴趣才会记忆，这种记忆是牢靠的，没有兴趣死记硬背就是"死"知识。知识是载体，价值是目的，要寓价值观引导于知识传授之中。比如，在讲授中国历史时，要注重引导学生传承民族气节、崇尚英雄气概，引导学生学习英雄、铭记英雄，自觉反对那些数典忘祖、妄自菲薄的历史虚无主义

和文化虚无主义，自觉提升境界、涵养气概、激励担当。

第三，坚持建设性和批判性相统一。思想政治课的任务是传导主流意识形态，建设性是其根本。同时，彻底的批判精神是马克思主义本质特征，马克思主义就是在同各种错误思潮的不断斗争中开辟前进道路的。思想政治课要在传播马克思主义立场、观点、方法的基础上用好批判的武器，直面各种错误观点和思潮，旗帜鲜明地进行剖析和批判。任何社会任何时期都会有各种问题存在，要教育引导学生正确看待、辩证认识、理性分析现实问题，辨明大是大非、真假黑白，在对社会假恶丑现象的批判中弘扬真善美。要坚持问题导向，学生关注的、有疑惑的问题其实也就几大类，要把这些问题掰开了、揉碎了，深入研究解答，把事实和道理一条条讲清楚。实际上，有时候不一定讲得那么高大全，从一个问题切入，把一个问题讲深，最后触类旁通，可以带动很多关联问题，有可能是一通百通，提纲挈领。要练就不怕问、怕不问、见问则喜的真本领，不能见学生提问就发怵。真理从来是在诘问和辩难中发展起来的，如果一问就问倒了，那就说明所讲的不是真理或者自己还没有掌握真理。

第四，坚持理论性和实践性相统一。思想政治课要用科学理论培养人，遵循不同学段学生的认知规律，把马克思主义基本原理讲清楚、讲透彻。同时，马克思主义是在实践中形成并不断发展的，要高度重视思想政治课的实践性，把思想政治小课堂同社会大课堂结合起来，在理论和实践的结合中，教育引导学生把人生抱负落实到脚踏实地的实际行动中来，把学习奋斗的具体目标同民族复兴的伟大目标结合起来，立鸿鹄志，做奋斗者。

第五，坚持统一性和多样性相统一。思想政治课的教学目标、课程设置、教材使用、教学管理等方面有统一要求，但具体落实要因地制宜、因时制宜、因材施教，结合实际把统一性要求落实好，鼓励探索不同方法和路径。思想政治课教师在教学中要把统编教材作为依据，确保教学的规范性、科学性、权威性，同时也不能简单照本宣科。教材给出的是教学的基本结论和简要论述，要让不同类型的学生都爱听爱学、听懂学会，需要做很多创造性工作。要在教学过程中进行多样化探索，通过多种方式实现教学目标。

第六，坚持主导性和主体性相统一。思想政治课教学离不开教师的主导，同时要坚持以学生为中心，加大对学生的认知规律和接受特点的研究，发挥学生主体性作用。一些思想政治课堂运用小组研学、情景展示、课题研讨、课堂辩论等方式教学，让学生来讲，这有利于发挥学生主体性作用。教师要做好画龙点睛工作，加强引导和总结提炼。要教育引导学生多读马克思主义经典著作、当代中国马克思主义理论著作、中华优秀传统文化典籍等。要开出书单、指出重点，让学生正确理解经典著作，掌握马克思主义精髓，感知中华文化魅力，避免教条主义、本本主义，避免一知半解误读马克思主义。

第七，坚持灌输性和启发性相统一。灌输是马克思主义理论教育的基本方法。列宁说："工人本来也不可能有社会民主主义的意识。这种意识只能从外面灌输进去。"让学生接受马克思主义，离不开必要的灌输，但这不等于搞填鸭式的"硬灌输"。要注重启发式教育，引导学生发现问题、分析问题、思考问题，在不断启发中让学生水到渠成得出结论。这里面，会讲故事、讲好故事十分重要，思想政治课就要讲好中华民族的故事、中国共产党的故事、中华人民共和国的故事、中国特色社会主义的故事、改革开放的故事，特别是要讲好新时代的故事。讲故事，不仅老师讲，而且要组织学生自己讲。

第八，坚持显性教育和隐性教育相统一。思想政治课要做思想政治教育的显性课程。有人提出把思想政治课变成隐性课程，完全融入其他人文素质课程中，这是不对的。我们办中国特色社会主义教育，就是要理直气壮开好思想政治课。同时，要挖掘其他课程和教学方式中蕴含的思想政治教育资源，实现全员全程全方位育人。既要有惊涛拍岸的声势，也要有润物无声的效果，这是教育之道。

坚持"八个相统一"要求，目的就是要把思想政治课讲得更有亲和力和感染力、更有针对性和实效性，实现知、情、意、行的统一，叫人口服心服。

四、全面贯彻"三全育人"的总体性原则

总体性是马克思主义的重要特征和思维方式。马克思主义总体性特征和思维方式如果具体到思想政治教育认同工作中，就是要将思想政治教育认同的实现视为一项涵盖全过程和全方位的总体性的工作。所谓"三全育人"，首先需要将重点放在对于"全"的关注上，即全体教育工作者都要参与到思想政治教育认同的推进工作，而不是仅仅将教育者限定于思想政治理论课的专业教师，有意识、有计划地推动思想政治课程和课程思政有机结合。与此同时，注重将立德树人的任务贯穿于教育的全过程，实现课上课下、校内校外的有机统一，在定向培育和耳濡目染的结合中提升思想政治教育的认同程度。需要指出的是，对于认同程度的提升还必须关注从"教学"向"育人"的转换，也就是说要充分立足于学生的认知特征和行为习惯，扬弃传统的灌输式的教育模式，在优化课程资源的同时，充分保证学生的自主权和主动权，切实做到因地制宜和因材施教，将学生对于教学内容的获得感和认同感作为思想政治教育工作的目标导向。

党的十八大以来，以习近平同志为核心的党中央高度重视意识形态认同工作，围绕"培养什么人、怎样培养人和为谁培养人"的问题，积极推进教育体制改革，创新学校思想政治工作，为全面加强党对于教育工作的领导，凸显中国特色社会主义的制度优势提出了新的要求。为了实现习近平总书记在全国教育大会上提出的培养德智体美劳全面发展的

社会主义建设者和接班人的总任务，党中央和国务院在《关于加强和改进新形势下高校思想政治工作的意见》中指出，高校应当充分认识到新时代思想政治工作的新情况和新趋势，积极探索新时代思想政治工作的新要求和新方法，加强学校思想政治工作，把立德树人作为根本任务，补齐教育教学工作中存在的短板，以学生的认同感和获得感为导向，以作为马克思主义中国化最新理论成果的习近平新时代中国特色社会主义思想淳风化俗，将立德树人的根本任务贯穿于思想政治理论课教学、专业课教学以及各项社会实践过程中，通过思想价值引领的全过程贯穿来提升思想政治教育认同的效率和效果。当前，提升思想政治教育的针对性和亲和力的主要举措在于"课程思政"的推行，作为一种总体性的教育理念，其目的在于通过与思想政治课程在政治方向、教育载体、师资力量以及教学资源的逻辑嫁接的基础上，激发协同效应，提升思想政治教育的认同感和获得感。思政课程和课程思政的相互结合，能够将显性教育和隐性教育相统一，挖掘其他课程和教学方式中蕴含的思想政治教育资源，实现全员全程全方位育人，思想政治课程能够在政治方向、思想价值以及教学方法上给予课程思政总体性的指导，课程思政又能够在拓展师资力量、课程载体以及教育资源层面给予思想政治课程有效的补充，二者的相得益彰能够确保思想政治教育的认同在"思政共同体"的层面实现，即通过育人理念的共享共通、对话机制的培育以及保障体系的落实来推动认同的实现。

五、切实尊重受教育者的主体性原则

从思想政治教育的实践过程来看，思想政治教育从来不是单向的理论灌输，而是基于主体间性的"交往实践"过程，这就意味着存在于思想政治教育过程中的主体是双重的，一方面是试图施加某种意识形态影响的施教者，另一方面是需要接受前者影响的受教育者，前者不能因为传播者的师者形象而占据强势的话语立场，后者也不能因为接受者的立场而处于被动的客体情境。特别是对于受教育者而言，在传统的教学过程中，往往会由于主体立场的丢失而受制于某些"话语霸权"，表面上的接受掩盖了内心向度的拒斥，进而形成了与认同目标背道而驰的后果。实际上，对于施教者和受教者而言，二者相辅相成且共存于思想政治教育的时空过程。因此，思想政治教育应当充分尊重受教育者的主体性与能动性，创新教育的模式、方法和内容，摒弃非现代意义上的"师本"伦理，以期在强化受教者的主体地位的基础上提升思想政治教育的效率和效果。就其形成原因而言，一个不可忽视的因素就是传道授业的"师本"伦理对于大众的影响，它虽然体现了大众谦卑温良、尊师重道的优秀品格，但对于现代性的教育理念来说存在弊端。例如，过于强调教育过程中的道德主义，以及凸显施教者的话语权威性和支配地位等，忽视了受教者的多元诉求和差异特征，在二者之间形成难以逾越的鸿沟。特别是针对具有意识形态教化作用的思想政治教育而言，认同的形成不是要求无差别的整齐划一，而恰恰是在尊重受教育者个性化特征基础上的心理趋同性。因此，应当对于传统的"师本"伦理采取辩证的态度，在吸收其积极要素的同时，剔除阻碍教育现代化特别是思想政治教育认同的因素。尊重受教育者的主体性，主要包括理性层面的"自我意识"以及非理性层面的"感性因素"两方面内容。一方面，作为主体的受教者由于从事的实践活动的差异性而必然拥有个性化的意识内容，这也正是施教者在教学过程中所主要考虑的因素。另一方面，主体的情感因素也是不可忽视的。如果基于人类生物本能的情感、意志和审美等能力被加以尊重和利用，不仅有利于强化受教育者的尊重感和获得感，也有利于形成情感共鸣，从而促进认同目标的实现。

对于该原则的具体实施而言，一是要转变既往的以施教者为中心的教学理念，充分尊重受教育者的能动性和主体性，凸显主体间性的时代内涵与创新意义。同时，受教育者也须破除对于施教者权威的迷信并发挥主观能动性，以期搭建平等和公正的学习对话平台，实现教学相长。二是要积极推进教学法的改革和创新。实现对受教育者主体地位的尊重不仅提出了针对施教者的具体措施，而且也包括对于受教育者本人的要求。换言之，受教育者需要意识到自身是具有独立意识的自为主体，而非抽象的自在存在，即他应当能够将作为主体的"自我"剥离于社会关系的缠绕并加以独立的考察和自省，并能够以此为基础优化思维方式和行为准则。因此，我们不能抽象地强调尊重受教育者的主体地位，而是要通过教学法的改革积极引导受教育者形成独立健全的主体人格，而这也是实现思想政治教育认同的基础和前提。

第二节　提高大学生思想政治教育认同的具体路径

大学生对思想政治教育的认同，其实质反映的是思想政治教育活动的效果和思想政治教育目标的实现。思想政治教育认同活动又是由教育者、认同主体、认同客体、认同介体、认同环体等要素构成的复杂的系统性工程，因此要实现大学生思想政治教育认同，需要各要素发挥各自的功能作用并形成整体合力。

一、全面提升教育者的综合职业能力

在思想政治教育领域，教育者是教育活动的组织者和实施者，其综合职业能力的高低直接决定着教育的质量和效果，从而直接影响着受教育者对教育的认同。由于现代社会的急剧变革和教育改革的不断深化，社会对教育者的综合职业能力要求越来越高。教育者只有全面提升自身的综合职业能力，包括自我教育能力、教学科研能力、个人魅力等，才能在最大程度上被教育对象尊重和接纳，这也是大学生思想政治教育认同取得成功的基础和前提。

（一）提升自我教育能力

教育者是思想政治教育内容的认同者和掌握者，必须具有扎实的马克思主义理论基础和较高水准的马克思主义理论素养，才能真正成为认同主体思想政治方面的领路人。由于马克思主义是博大精深、发展开放的理论体系，教育者只有反复学习、深入研究，才能不断从中汲取思想营养，而要做到这一点，教育者必须提升自我教育能力。

第一，真信、真懂是提高自我教育能力的前提。作为一名教育者，必须对自己教授的理论和知识真信真懂，才能引导受教育者真学、真懂、真信。思想政治理论课教师更应如此。让人信首先得自己信。真信、真懂，才能真讲、敢讲。坚定马克思主义信仰是所有思想政治教育工作者最基本也是最重要的政治素养，是对高校思想政治理论课教师的根本要求，思想政治教育工作者必须全面树立坚定不移的马克思主义信仰，敢于同"去马""非马""贬马""伪马"等各种错误思潮做斗争，毫不动摇地传播马克思主义。同时还要在"真懂"上下功夫，这就需要具备持久的自我教育能力，通过不断学习、研究来增强自身政治理论水平，"理直气壮"开好思想政治理论课，讲好思想政治理论课。

第二，真学、真用是提高自我教育能力的关键。"教人者必先受教"。对于一名思想政治教育工作者来说，提升自我教育的意愿和能力的关键是真学真用马克思主义。真学，就是认真扎实地学、系统全面地学，就像习近平总书记所倡导的，要老老实实在读原著、学原文、悟原理上下一番苦功夫、硬功夫、细功夫，弄懂、吃透马克思主义的基本内容和精神实质，而且做到深学深悟、常学常新。真用，就是真正做到理论联系实际，善于运用马克思主义基本原理发现分析解决问题，善于把抽象的理论转化成看得见、摸得着的东西，以"接地气"的话语形式传播马克思主义，做到以透彻的学理分析回应学生，以彻底的思想理论说服学生，用真理的强大力量引导学生，从而"激励学生自觉把个人的理想追求融入国家和民族的事业中，勇做走在时代前列的奋进者、开拓者；正确认识远大抱负和脚踏实地，珍惜韶华，把远大抱负落实到实际行动中，让勤奋学习成为青春飞扬的动力，让增长本领成为青春搏击的能量"。

（二）提升教学科研能力

一般来说，会教书或会进行研究的教师都是好教师，既会教书又会研究的教师是更好的教师。打造思想政治教育"金课"，提升思想政治教育的实效性，对于教育者来说，必须同时具备教学能力和科研能力。教学与科研不是"两张皮"，而是一个具有内在联系的不可分割的统一体，即"教学与科研互动，教学与科研相长"。

第一，提升教学能力。教学能力是指教育者成功从事教育教学工作必须具备的各种能力的集合体，对教学的质量和效果有着十分直接的影响。提升教学能力，一是要深入理解教学的基本内容和基本精神，在教学内容上多钻研，熟练掌握教学内容，精心设计教学教案，把握好重难点等环节。二是提高教育教学的组织管理能力，包括善于与学生交往的能力、善于发动学生积极参与学习活动和激发学生学习动机的能力、善于营造课堂教学环境的能力、善于组织形式多样的教学活动的能力、善于管理课堂教学中学生学习行为与纪律的能力、善于反馈和调控课堂教学的能力、善于评价课堂教学和激励学生学习的能力、善于处理偶发事件的应变能力以及较强的人格、情绪的感染力等。三是增强创新能力。教育工作者的创新能力，是指教师在现代教育观指导下，能进行教育教学探索和科研实践活动从而创造出符合教育规律且能产生积极效益的新理论、新方法的能力。四是不断改进教学方式、丰富教学手段的能力。教师要善于根据教学内容采取多元化教学方式方法，如启发式、专题式、辩论式、案例式等，同时还需要熟练运用现代信息技术，如多媒体、网络等进行教学来提高课堂教学实效性。五是应具备的其他方面的能力。除了上述必须具备的教学能力外，一名优秀的思想政治教育工作者还应具备教学评价与反思能力、将文本语言转化成自己的口头语言的能力、将教材体系向教学体系转化的能力等。

第二，提升科研能力。当前我国思想政治教育工作取得了很大进步，但也不同程度存在着教学效果不理想的状况，其主要原因之一在于教学过程中科研含量不高、科研投入不足以及自身科研意识不强。如何切实提高思想政治教育教学中的科研含量呢？一是要高度重视科研能力的提升。教学能力的提高离不开科研能力的支撑。只有在教学过程中做好科研工作，才能够提升思想政治教育工作的深度和水平。思想政治教育工作者要加强个人科研能力建设，紧紧围绕学科专业与所教课程潜心科研，以科研实践来促进教学实践，以高水平的科研成果来教育学生。二是要正确处理好科研与教学的关系。教学是基础，科研是支撑。教学与科研既不相互矛盾，也不能相互替代。思想政治教育工作者要把教学与科研有效结合起来，将教学和科研工作的比重合理分配。绝不能因为科研任务而忽视教学工作或拒绝承担教学任务。思想政治教育的科研并不是以科研为目的，其落脚点还是要回归到教学上，是提高教育教学质量的重要途径。思想政治教育科研的最终目的和归宿还是提高学生对思想政治教育内容的认同，引导和帮助他们扣好人生第一粒扣子。

（三）提升个人魅力

个人魅力是一个教育者内在素质和外在表现的有机统一，主要包括学识魅力、人格魅力、情感魅力与语言魅力等。教育活动的基本规律表明，受教育者喜欢一门课程，往往是从喜欢讲授这门课程的教育者开始的。教育者自身的个人魅力不管是在其教学活动过程中还是在受教育者的成长成才过程中，都有着举足轻重的地位，很大程度上影响着受教育者对教育内容的认同和内化。增进思想政治教育的认同，教育主体需要努力提升个人魅力。

第一，提升学识魅力。学识魅力是教育者的内在知识水平和知识运用能力的综合体现，主要包括扎实的基础知识、广泛的人文知识、厚实的理论功底以及获取并运用知识的创新能力。学识魅力是教书育人的坚实基础，与教学效果是正相关关系，对受教育者学习兴趣的培养、提升对教育主体的认同感具有重要作用。由于思想政治教育认同的内容丰富多样，兼具政治性和学理性、价值性和知识性、理论性和实践性等特征，这就给思想政治教育传授主体在道德水平和业务能力上提出了高要求，包括要具备广博的知识积累和深厚的学术素养等。拥有丰富的理论知识储备，将其融会贯通于教学之中，教育者才能旁征博引、深入浅出、入木三分，才能"不怕问""说得清""问不倒""难不倒"，才能在讲台上真正讲得理直气壮。有了这样的学识魅力，教育者才能赢得学生的认同，思想政治教育的认同才能达到"水到渠成"的效果。

第二，积极塑造人格魅力。人格魅力是一个人的道德、品质、思想信念、行为模式等综合体现出的一种吸引力、号召力、凝聚力和认同度。教育者的人格魅力在育人过程中有着独特的、不可替代的功能。教育者高尚的人格常常会得到受教育者的尊重、赞许和仰慕甚至崇拜，其产生的吸引力和感染力对受教育者的影响是巨大的、深远的，甚至在有些方面会影响受教育者的一生。无论是思想政治理论课教师，还是其他思想政治教育工作者，应有意识地不断增强自己的人格魅力，成为塑造学生品格、品行、品位的"大先生"。一是要提高道德修养，提升人格品质，做一个道德情操高尚的人。二是要有扎实的学识。三是要有仁爱之心。作为一名教育者，就应该无条件地热爱每一个学生，既要严格要求，又要尊重、理解和宽容学生。总之，每一位教育者都应该争做"有理想信念、有道德情操、有扎实学识、有仁爱之心"的"四有"好老师。

第三，努力培养情感魅力。教师的情感魅力，是指教师自身独特的气质、风度、审美情趣和精神状态，以对学生的尊重和热爱为中心，体现在对教育事业的忠诚和执着，对教学工作的热情和投入，对学生的关爱和尊重等方面。实践证明，教师的情感魅力对教学的成功至关重要。教育者如果发挥好情感魅力，不仅能够更好地激发受教育者的学习兴趣和求知欲望，而且还能够拉近彼此间的距离并建立良好的关系，从而更有利于促进受教育者对教育活动的配合以及对教育内容的认同。着力提高思想政治教育的认同度，需要教育者培育和提升情感魅力。一是要有深厚的职业情感，即热爱国家、热爱教育事业、热爱学生。二是在传授思想政治教育内容的过程中要有情感温度，即以情感为出发点，做到以情感人、以情动人、以情育人，在情感互融的基础上，使思想政治教育的亲和力、感染力和实效性得到增强。总之，就像习近平总书记在学校思想政治理论课教师座谈会上所要求的那样，情怀要深，要有社会主义家国情怀，心中始终装着学生，让思想政治教育工作充满温度。

第四，必须具备语言魅力。语言是沟通的桥梁。对于一名教育者而言，教育教学的成败在很大程度上取决于教育者的语言艺术水平。富有魅力的教学语言是增强课堂吸引力、说服力和感染力的关键因素。思想政治教育的认同要取得理想的效果，教育者的语言表达至关重要。教育者必须要高度重视传授语言艺术，努力提高自身的语言魅力。语言魅力的塑造非一日之功，需要教育者在日常的教育活动中大力锤炼自己的教学语言，掌握一定的语言艺术与技巧，如幽默语言、情感语言、委婉说话、生动语言、体态语言、网络语言的艺术以及各种思想政治语言应用的艺术等，做到把科学理论说通、说准、说活、说趣、说美。总之，就是能够运用接地气的语言实现马克思主义理论的大众化、通俗化。

除了上述四个主要方面外，思政教育者的个人魅力还包括形象魅力、个性魅力等。思政教育者只有不断提高自身魅力，才能赢得受教育者的喜爱和尊重并使其真正爱上这门课程。只有真心喜爱这门课，受教育者才能接受、认同教育者所传播的思想政治观念、道德原则、行为规范等思想政治教育的内容，并自觉将其作为自己的精神引领和行为指南，真正做到内化于心，外化于行。

二、积极发挥认同主体的主观能动性

认同主体是思想政治教育认同的出发点和落脚点，其思想状态也是教育者进行思想政治教育认同的基本依据。因此，积极发挥认同主体的主观能动性对于增强思想政治教育认同的有效性起着十分关键的作用。而充分发挥认同主体的主观能动性就必须尊重认同主体的主体性地位，遵循认同主体的身心发展规律以及满足认同主体正当合理的利益诉求。

（一）尊重认同主体的主体性地位

传统思想政治教育模式往往忽略了认同主体的主体性地位，认为认同主体必须服从教育者，两者是没有关联、相互割裂的关系。但在当前思想政治教育改革环境下，教育者必须考虑认同主体自身的独立性、自主性、能动性和创造性，尊重认同主体的主体性地位。

尊重认同主体的主体性地位，一是要转变传统思想政治教育模式，更新思想政治教育的观念，确立认同主体的主体性地位。新时代思想政治教育观念，应该是教育者与认同主体之间平等民主、相互尊重。教育者应该既是认同主体的师长，又是认同主体的参谋、朋友、顾问。二是要培养认同主体的主体参与意识，为尊重认同主体的主体性地位奠定良好基础。培养认同主体的主体参与意识，要在认同过程中加强对受教育者思想意识上的引导，让他们从多个角度全面认识思想政治教育的内容，要以平等的态度，理解、信任并尊重受教育者，创造出和谐、宽松、相处融洽的认同氛围。另外，还要积极鼓励和支持受教育者对思想政治教育内容发表自己的想法和见解，对受教育者关于思想政治理论内容所表达出的不成熟、不全面的看法和观点，不应直接给予否定，应充分地给予认同主体尊重，引导他们进行自我反思、自发教育，从而使认同主体加深对思想政治理论内容的理解。当认同主体创新能力被激发出来了，他们也就更能明确自己的主体地位，成为思想政治教育教学活动中真正的、平等的参与者，同时能够进行自我教育，使得传授主体与认同主体形成良性的互动，让受教育者真正认同这些思想政治理论内容，认同主体的主体性地位才能受到尊重。

（二）遵循认同主体的身心发展规律

积极发挥认同主体的主观能动性，同样也不能忽视认同主体的身心发展规律。在思想政治教育认同过程中，教育工作者尤其要重视个体身心发展中的顺序性规律、阶段性规律、不平衡性规律以及个别差异性规律，并恰当运用这些规律对受教育者施加积极的教育影响。第一，教育者应适应认同主体身心发展的顺序性，思想政治教育认同工作需要循序渐进，不能急于求成，搞跨越式发展。第二，教育者要适应认同主体身心发展的阶段性规律，注意各阶段之间的衔接工作。要根据受教育者不同的年龄阶段的特点来对症下药，不能简单地搞一刀切，在认同的内容、要求和方法上根据不同年龄段的学生区别对待。同时，还要看到不同年龄段的学生之间的联系，不能人为、机械地分开，要注意各年龄段之间的衔接工作。第三，教育者要适应认同主体身心发展的不平衡性规律，加强认同主体身心发展关键期的认同。认同主体身心各个方面的发展存在最佳期或关键期，为了有效地促进认同主体的发展，思想政治教育认同工作要抓住关键期，以求在最短的时间内取得最好的效果。第四，教育者要根据认同主体身心发展的差异性规律，做到因材施教。将每个人的潜力发挥到极致，选择出最适合、最有效的认同路径，让每个认同主体都能得到最大程度的发展。

（三）满足认同主体正当合理的利益诉求

积极发挥认同主体的主观能动性，还需要满足认同主体正当合理的利益诉求。在对受教育者进行思想政治教育认同的过程中，要使作为认同主体的受教育者能够积极、主动地参与到思想政治理论的认同中来，就应该提供认同主体提出利益诉求的渠道，满足其正当且合乎情理的利益。

认同主体的利益诉求包括宏观和微观两个层面的诉求。宏观层面的诉求主要包括经济利益诉求、政治利益诉求等。在社会主义市场条件下，增加经济收入，提高社会保障水平和物质生活条件，满足生活需要已成为大众最主要、最广泛的经济利益诉求。大众的政治利益诉求主要是在坚持四项基本原则的前提下，能够充分享有宪法赋予他们的各项民主权利，参与管理国家和社会事务。在认同主体微观层面的利益诉求中，主要为精神价值方面的利益诉求。认同主体精神价值方面的诉求包括两个方面，一个是由受教育者关注自身的发展成长产生的利益诉求。具体来说，认同主体要求拥有高水平的教师（教育者）、合理的知识结构安排（认同客体）、科学的认同方法和手段（认同介体）、浓厚的认同氛围（认同环体）等条件。另一个则是指受教育者在思想政治教育认同中主张对整个认同系统进行评价和监督的利益诉求。他们的主体意识要求其有资格参与对教育者的考核，对教育者的教育水平和质量进行评价。满足认同主体正当合理的利益诉求，首先要正确引导认同主体的利益诉求。其次，要采取积极的态度，保障认同主体正当合理的利益诉求。最后，要拓宽利益诉求表达渠道，切实解决认同主体提出的正当合理的利益诉求。

三、不断优化与创新认同客体

认同客体，也就是思想政治教育的内容，包括一系列思想观念、政治观点和道德法律规范等。认同客体既要继承历史传统，又要充分反映时代发展过程中的新理论、新思想、新要求、新精神。因此，不断优化与创新认同客体是增强思想政治教育有效性的必然要求。在优化和创新认同客体过程中，我们不仅需要注意其优化和创新的基本原则，同时要更加主动和有针对性地对教育内容进行适时调整、更新和优化。

（一）优化与创新认同客体的基本原则

第一，贯彻落实贴近实际、贴近生活、贴近学生的"三贴近"原则。坚持"三贴近"原则是进行优化和创新认同客体的重要前提，对于增强思想政治教育认同具有重要的促进作用。贴近实际，就是要贴近社会实际，指的是在思想政治教育认同活动中，认同客体要与当前的社会实际保持一致。贴近生活，就是要贴近现实生活，认同客体要关注大学生的日常生活，反映社会现实。贴近学生，就是指思想政治教育认同活动要坚持从学生的思想、心理、情感角度出发，从学生中来，到学生中去。一是要贴近学生的思想状况，通过思想政治教育让学生了解当前我国社会的发展实际，让学生对我国当前的社会发展现状有充分的思想认识。二是要贴近学生的认知能力，思想政治教育的内容理论要深入浅出，要与学生的认同能力相符合，避免他们难以理解，从而影响他们参与思想政治教育认同的兴趣。三是贴近学生关注的热点，在当前信息时代，社会信息混淆的现象层出不穷，思想政治理论内容要在这些铺天盖地的信息中抓住学生关注的热点，用马克思主义基本原理和观点正确解读和看待这些热点问题和事件，帮助学生树立正确的世界观、人生观、价值观。

第二，坚持真理性原则。在思想政治教育认同过程中，坚持真理性原则十分重要，这是思想政治教育认同活动开展的前提及其能否取得成效的关键所在。坚持优化和创新认同客体的真理性原则，一是坚持认同客体的科学性。要充分借鉴和运用一切科学成果，使认同客体的内容成为有机统一的整体，真正符合思想政治教育发展的客观规律。二是认同客体要符合社会历史发展规律和人民群众的根本利益。一方面，优化和创新认同客体，不仅要符合社会发展的实际，还必须实事求是、与时俱进，将为人类社会做出重大贡献的卓越的创新理论成果、马克思主义中国化的最新理论成果及时融入和充实到思想政治理论内容中来。另一方面，坚持认同客体真理性就必须符合人民群众的根本利益，从而发挥其鲜明的价值导向作用，培育人民群众的马克思主义信仰，以实现认同客体真理性与价值性的统一。三是认同客体要符合真善美的标准。优化和创新认同客体，不仅要真，还要有善的目的，并最终要以美的形式呈现出来。以前，思想政治教育认同虽然有了善的目的，但由于缺乏美的表现方式，使得本来生动活泼的群众生活和社会实践的思想政治教育活动，最终呈现给认同主体时却变得枯燥、晦涩，遭到认同主体的抵触和排斥。

第三，坚持创新原则。创新是思想政治教育的灵魂，也是其保持生机和活力不竭的源泉。思想政治教育认同过程中，认同客体每一部分内容都是时代的产物，都是特定时代的反映和体现。坚持认同客体的创新原则，必须把握两个要求：一是要科学合理地整合认同客体。我们要通过研究认同客体各部分内容结构之间的关联和作用，梳理出各部分内容之间的地位、功能及其相互之间的有机联系，来掌握其核心规律，并在对认同客体全面理解和认识的基础上，优化组合认同客体，不断为思想政治教育注入新的活力，增添新的内容。就思想政治理论教育的内容延伸而言，可以在以坚持社会主义核心价值观为主的基础上，更加突出与社会主义职业道德、网络道德、社会公共道德、优秀传统文化等的融合发展，特别是充分挖掘优秀传统文化中的思想政治教育资源，进行创造性转化和创新性发展。二是要及时更新认同客体。时代在发展，社会在进步，只有不断充实和更新认同客体的内容，认同客体才能得到更高层次的优化和创新，思想政治教育的有效性才能得以体现。在当前认同主体呈现出个性化发展的背景之下，优化和创新认同客体应该在现有基础上进行，深入挖掘新时代的新思想、新观念，将习近平新时代中国特色社会主义思想内涵融入思想政治教育认同当中，为认同客体注入新的内容，从而进一步提高认同客体的理论深度，深化认同主体对新时代中国特色社会主义的道路自信、理论自信、制度自信、文化自信。

（二）优化与创新认同客体的对策

思想政治教育的内容虽然具有相对的稳定性，但不断变化则是常态。思想政治教育的内容要及时修正、改变、补充和完善，否则就会缺乏主动性和针对性，最终就会难以得到认同主体的认同。因此，作为思想政治教育认同客体的教育内容必须要适时调整、更新和优化。具体来说，优化和创新认同客体主要是处理好以下几个方面的关系。

第一，坚持先进性与层次性相结合。一是在内容的选取上要突出其先进性。思想政治教育内容的先进性最重要的标志就是能够与时俱进，顺应时代变化，服从时代需要，体现时代要求。如果内容陈旧落后，不合时宜，远远跟不上时代前进的步伐，这样是不会得到认同的。二是在内容设计和实施上要注重层次性。由于人们的年龄阶段不同，所处的社会地位不同，生活经历不同，所受的社会影响和教育不同，这些都会导致人们政治信念、思想觉悟、道德水平的差异性，从而决定了思想政治教育内容要有层次性。因此，思想政治教育要根据受教育者个体的差异，针对不同的教育对象，提出不同层次的思想道德素质和行为规范要求，实施不同的教育内容。

第二，坚持主导性与多样性的统一。"思想政治教育的主导性，从根本上说，是指思想政治教育的指导、引导、统领的性质、地位和作用。"思想政治教育的多样性强调的是思想政治教育的价值目标取向、教育内容和方法不是单一、一成不变的，而是多种多样和动态变动的。思想政治教育的主导性与多样性之间有着内在逻辑和辩证统一关系，其中主导性是前提和根本，处于支配地位；多样性是源流和基础，是为主导性服务的，处于从属地位。在坚持主导性上，一是要旗帜鲜明地弘扬主旋律，毫不动摇地坚持马克思主义在思想政治教育认同客体中的指导地位。二是要加强毛泽东思想和中国特色社会主义理论体系在思想政治教育认同客体中的中心地位，尤其是习近平新时代中国特色社会主义思想。这一思想和理论体系奠定了构建当代中国政治认同的基础。三是将以社会主义核心价值观为内核的社会主义核心价值体系作为思想政治教育认同客体的重要组成部分，以此来引领和整合社会思潮，扩大社会认同。坚持多样性主要是要坚持思想政治教育内容的多样性。除了主导性内容外，思想政治教育认同客体还应坚持开放包容，批判地继承和弘扬中华民族传统文化，批判地吸收和借鉴国外先进思想文化，使其不断得到充实、丰富和更新。坚持主导性和多样性的统一，既要坚持主导性，也要考虑发展的多样性，反对将二者割裂开来。

第三，坚持人文性与科学性相结合。人文性和科学性是思想政治教育认同客体的两个基本属性。优化和创新思想政治教育认同客体，必须要坚持科学性与人文性的内在统一，这是因为一方面具有正确、科学、先进的理论是增强思想政治教育吸引力进而达到认同的前提。马克思主义及其中国化理论就是这样被实践证明了的并将继续被证明的科学真理，建构、优化与创新思想政治教育内容必须要以其为指导和核心内容，真正做到以科学的理论说服人、感召人、武装人。另一方面，由于思想政治教育认同实质上是以人为实践对象的一种特殊的社会实践活动，因而它同时又具有十分鲜明的人文性特征。这一特质决定了只要在思想政治教育中融入人文性内容，适当增加一些文、史、哲、艺等人文知识，使其蕴含、渗透出人文精神和人文情怀，充满人文气息，就会提升思想政治教育亲和力和认同力。思想政治教育认同客体的科学性和人文性是相互渗透、相互补充的关系。只有将二者有机结合起来，构建出科学价值与人文价值相匹配、相协调的思想政治教育内容体系，真正达到"科学之真、人文之善、艺术之美"，才能使认同主体对其从心灵深处愿意接受并最终认同。

第四，坚持理论性与实践性相结合。思想政治教育认同的客体实际上是一种反映特定社会和阶级要求的思想关系和理论体系。它不仅以一定的价值原则和行为规范的方式反映当代社会精神追求，而且还要求人们在现实生活中以实践的方式来推行，因而它既是理论的又是实践的。优化与创新认同客体，同样必须坚持理论性与实践性的统一。从理论性层面来讲，思想政治教育认同的客体要具备深刻的精神性、理论性，是在实践中提炼和总结出来的，其生成和发展具有相对的稳定性。从实践性层面来讲，思想政治教育认同的客体不是抽象的、纯思辨的，而是具体的、实践的。一方面，认同客体不能脱离现实生活和社会实践，必须顺应时代发展潮流，紧跟时代步伐，切实反映当前国内外社会的现状与发展要求，不回避社会热点难点问题，按照"现实的逻辑"来展开，否则就会丧失生命力和说服力。另一方面，要使思想政治教育认同客体被接受，还要充分考量认同主体的学习、工作和生活的实践状况，尽量使其贴近并融入认同主体的学习、工作和生活实践。总之，优化与创新认同客体，既要注重理论性，又要考虑实践需要，要尽可能避免抽象、空洞、说教式的教育内容，选择那些既符合理论又符合实际的教育内容，这样才能增强思想政治教育认同的主动性和积极性。

四、大力推动认同介体的改革创新

认同介体是思想政治教育认同各要素间相互联系的纽带和桥梁。随着社会的发展和教育理念的更新，思想政治教育认同介体的改革创新迫在眉睫。认同介体的改革创新主要包括两个方面：一是在认同方法上要坚持显性教育法和隐性教育法相结合，二是在认同载体上要合理运用传播媒介。只有从这两个方面入手推动认同介体不断改革创新，充分发挥出认同介体的功能与作用，才能使认同主体在思想政治教育接受活动中获得更好的认同效果。

（一）坚持显性教育法与隐性教育法相结合

显性教育法和隐性教育法是思想政治教育的两种具有不同内涵和特点的教育方法。其中，显性教育法在思想政治教育认同活动中处于主导和基础地位，发挥着主体作用，隐性教育法在思想政治教育认同活动中处于从属地位，是思想政治教育显性方法不可或缺的重要补充。二者犹如车之两轮、鸟之两翼，相互依存、相互促进，缺一不可。

思想政治教育认同中的显性教育是指教育者按照教学目标以公开的、有组织有计划的、直接外显的方式向认同主体表明教育目标、传授教学内容、施加教育影响的一种有形的教育形态。思想政治教育认同活动中的显性教育形式主要有课堂教育、各种形式的报告会、讲座、演讲与其他宣教活动以及大众传播媒介的宣传教育等。显性教育法常常采用直接化、专门化、正规化的教育渠道和教育方式，具有鲜明的目的性、规范性和系统性，能快捷及时地对认同主体施加直接而有益的教育影响。因而，显性教育法的这种独特方式和传统优势在坚持显性教育法和隐性教育法相结合的过程中发挥着不可替代的作用，长期以来在我国思想政治教育中占据着主导位置。显性教育有着较强的理论导向功能，能够旗帜鲜明地运用主导性理论灌输方式，有目的、有计划地对认同主体开展思想政治教育认同活动，使认同主体认同国家和社会所倡导的主流意识形态的思想观念和价值观念等。显性教育法要发挥出在思想政治教育认同中应有的功能与价值，必须要随着时代特点与受教育者的新变化不断改进和创新，尤其是要在科学性、实践性、灵活性、趣味性等方面下功夫。

与此同时，还要注重发挥隐性教育法的独特作用。隐性教育是指教育者隐藏教育的主题和目的，淡化受教育者的角色意识，按预定的教育计划将教育内容渗透到教育对象所处的学习、工作、生活和环境氛围中，引导受教育者去感受和体会，以实现教育目标的一种教育方式。像我们常用的成语，如"耳濡目染""以身作则""潜移默化"等，就是对其最好的诠释。隐性教育是一种间接的、内隐的、渗透的道德教育方法。它的实施不带有强制性，而是利用隐蔽的方式巧妙地将教育内容渗透到教育对象所处的环境、文化、娱乐、舆论、服务、制度、管理等日常生活氛围中，引导受教育者去感受、体味，理解一定的思想意识和道德观念，使之形成自身的道德评价标准和体系，来指导和规范受教育者的言行。隐性教育的主要特点，一是教育目的和内容的内隐性。二是教育方式的渗透性。三是教育过程的依附性。四是教育途径的自主开放性。正是这些特点，使得隐性教育方法在思想政治教育认同过程中与显性教育方法相比具有自身独特的优势与作用。因此，要增进思想政治教育认同的效果，必须给予隐性教育方法足够的重视，要大力开发和利用好一切隐性教育资源，包括物质形态的、精神形态的、制度形态的等。总之，凡是隐性教育可以融入的地方，都要用心用力用情地挖掘和利用，使其与显性教育形成合力，以提高思想政治教育的整体效应。

（二）合理运用传播媒介

近年来，随着科技的迅猛发展，传播技术的不断突破与更新，传播媒介在思想政治教育认同过程中的作用越来越明显。信息技术的快速发展，特别是网络的普及，为思想政治教育认同活动提供了极为有利的科技条件和物质支撑。思想政治教育认同活动中运用现代传播媒介进行教学，既可以最大限度地扩大思想政治教育认同活动的覆盖面，还能够提高思想政治教育认同的实效性。当然，现代传播媒介对思想政治教育认同的影响总体上而言是有益的，但也存在一定的不利影响。传播媒介所反映的内容及其对人民群众认同的影响是复杂的，其传播信息内容上的良莠不齐很容易使传播媒介的教育、引导作用出现偏差。传播媒介的"双刃剑"效应，决定了思想政治教育工作者在运用时一方面要采取切实有效的措施减少其消极影响，另一方面要知晓传播媒介的特质与规律，充分发挥和利用好其在思想政治教育中的明显优势与积极作用。

第一，把握传播技术的时代性特质。随着社会的快速发展，传播技术也在不断更新，以紧跟时代发展的步伐。着力提升思想政治教育的认同度，教育者要主动顺应科技进步的潮流，适应媒介传播环境与方式的新变化，熟练运用网络与新媒体技术，如 QQ、微博、微信、博客等，积极探索"互联网 + 思想政治教育"模式，将思想政治教育认同活动与新媒体技术有机融合起来。

第二，把握传播过程的数据化特质。在当前大数据时代背景下，数据化的生存方式更易于人们之间的相互交往和沟通。如何借助大数据技术来提高教学质量以及切实增进政治认同、思想认同、情感认同，是每个思想政治教育工作者需要探索和思考的问题。思想政治教育认同活动需要大数据。教育者可以运用大数据的智能抓取功能从认同活动大数据库中提取出所需要的数据，再运用大数据的计算分析能力分析出认同主体的学习态度、接受的状况及原因等，最后依据这些信息及时调整、改进策略，实行精准施教以增强教育的针对性和实效性。

第三，把握传播受众的方法论特质。毋庸置疑，大众传媒的快速发展对人们的社会生活产生了巨大的影响。但在理论上，传播的效果并非完全由传播媒介和传播者所决定，很大程度上是受制于受众。受众（信息接受者）是信息传播链条的一个重要环节，没有受众对信息传播状况的反馈就不能真正了解大众传媒最终效果的好与坏。可见，受众理论不仅是一种方法论，更是传播的意义所在。同样在思想政治教育认同过程中，作为受众的认同主体，其反应与评价是思想政治教育认同的效果的直接反映，同时也是判断思想政治教育内容是否得到有效认同的重要依据。所以，当前开展思想政治教育认同活动，更需要运用受众理论，更多地从认同主体出发，使认同主体和教育者始终维系着平等的关系，同时要立足于认同的效果及反馈，避免出现思想政治教育过程中自说自话的尴尬局面，最大限度地发挥出思想政治教育的功效。

第四，做好媒体深度融合。随着全媒体的不断发展，正如习近平总书记所指出的，"出现了全程媒体、全息媒体、全员媒体、全效媒体，信息无处不在、无所不及、无人不用，导致舆论生态、媒体格局、传播方式发生深刻变化"。针对媒体发展变化的这一实际情况，思想政治教育活动需要将传统媒体和新媒体有机融合起来，才能使二者各自发挥出自身的介体优势。推进媒体融合发展实践，必须深入贯彻落实习近平总书记关于媒体融合发展的重要论述，"使主流媒体具有强大传播力、引导力、影响力、公信力，形成网上网下同心圆，使全体人民在理想信念、价值理念、道德观念上紧紧团结在一起，让正能量更强劲、主旋律更高昂"。

五、努力营造良好的认同环境

环境因素在思想政治教育认同过程中起到极为重要的作用，这是因为其具有广泛性、层次性、动态性等特征，对思想政治教育认同活动起着动力、导向等作用。大学生思想政治认同环境主要包括社会环境、校园环境、家庭环境以及网络环境四个方面。努力营造良好的认同环境是开展大学生思想政治教育认同活动的重要保障，也是增强大学生思想政治教育认同的重要路径。

（一）营造风清气正的社会环境

营造良好的思想政治教育认同环境，最重要的就是营造风清气正的社会环境。社会环境对思想政治教育认同活动具有导向作用，决定着思想政治教育认同的大方向。一方面，当认同主体所处的社会环境与思想政治教育认同所要求的社会规范相一致时，认同主体对社会规范的认知度就会加强，认同效果会更加明显。反之，认知度就会削弱，严重影响思想政治教育的认同效果。另一方面，当认同主体所处的社会环境与思想政治教育认同所要求的目标指向或价值取向等相一致时，认同主体就会更容易地接受相应的教育，其思想品德就会沿着教育所引导的方向发展，认同效果往往事半功倍。反之，认同效果就会事倍功半。因此，唯有积极地采取措施，肃清社会上存在的不正之风，为思想政治教育认同营造一个风清气正的社会环境，才能使社会环境与思想政治教育认同所要求的社会规范、目标指向或价值取向相一致，才能有效提升思想政治教育的认同效果。营造风清气正的社会环境，必须从全局考虑，全方位采取有力措施加以解决。

第一，始终坚持以人民为中心的发展理念，努力创造更加公平正义的社会环境。实现思想政治教育的价值认同目标，归根到底是要以利益认同为基础。思想政治教育的认同，从一定意义上说，既是一个利益化的过程，也是利益化的最终结果。思想政治教育认同的这一"铁律"，要求必须始终把人民利益摆在至高无上的地位，实现好、维护好、发展好最广大人民的根本利益。同时，还要认识到，我国社会主要矛盾已发生了历史性变化，人民对美好生活的需要日益增长，这其中当然也包括对公平正义的需求。在调节各方利益关系和处理各种社会矛盾的过程中，只有遵循公平正义的原则，才能获得广泛而持久的社会认同。所以，必须加紧建设对保障社会公平正义具有重大作用的制度，逐步建立以权利公平、机会公平、规则公平为主要内容的社会公平保障体系，努力营造公平的社会环境，保证人民平等参与、平等发展权利。

第二，完善社会治理体系，优化思想政治教育认同环境。为人民群众营造一个积极、健康、向上的社会环境是我们党和国家义不容辞的责任和义务。我们要通过建立健全公共安全体系、社会治安防控体系、社会心理服务体系和社区治理体系，为人民群众进行思想政治教育认同活动提供保障。具体而言，就是要在全社会"树立安全发展理念，弘扬生命至上、安全第一的思想"；坚持社会治理理念、体制机制、治理方式上的创新，进一步加快社会治理防控体系建设，保护人民群众人身权、财产权、人格权，为思想政治教育认同提供良好的安全环境；塑造人民群众的健全人格，培育平等、自信、积极、理性的社会心态，为思想政治教育认同营造健康的社会心理环境；发挥城乡社区社会组织作用，在政府治理、社会调节和居民自治的良性互动中积极倡导和组织思想政治教育认同活动，并进一步完善其监督考核机制，推动思想政治教育认同工作良性发展。

第三，以社会主义核心价值观引领公民思想道德建设。良好社会风气的形成和发展离不开社会主义核心价值观的践行。而社会风气与思想政治教育认同之间联系紧密，良好社会风气是思想政治教育认同的助推器，而不良的社会风气则是思想政治教育认同的最大障碍。当前，在社会生活中出现的一些不正之风对思想政治教育认同产生了冲击和影响，甚至带来了危机。加强公民思想道德建设，净化社会风气，必须要用社会主义核心价值观来引领。以社会主义核心价值观为引领，就是要将国家、社会、个人层面的价值要求融入公民思想道德建设全过程和各方面，需要在全社会大力培育和践行社会主义核心价值观。

第四，加强党风廉政建设，以良好党风推动社会风气的好转。党风、政风与社会风气紧密相连、相互影响。党风决定政风、民风，关系人心向背。当前，党风总的形势是好的，经过党风廉政建设和严厉的反腐败斗争，全面从严治党取得重大胜利。但一些不正之风、不良环境在一定程度上仍然存在，如"四风"问题在一些地方和单位还比较突出，严重败坏了社会风气，既损害了党群、干群关系，又损害了党和政府的执政形象。因此，为思想政治教育认同营造良好环境，大力转变党风政风，带动社会风气好转，需要持之以恒抓好党风廉政建设。要按照习近平总书记关于坚持不懈抓好作风建设的要求，在抓常、抓细、抓长上下功夫。

（二）营造文明和谐的校园环境

校园环境对于思想政治教育认同的重要性同样不可忽视。校园环境是开展思想政治教育认同活动的具体场所，对思想政治教育的认同效果有着极其重要的影响。校园环境具有一种有形和无形的感染力，在潜移默化中使人的思想、言行、情趣受到影响。文明和谐的校园环境有益于认同主体的身心健康，使人情趣高雅，积极向上，控制和限制不良风气和行为的滋长。此外，优美高雅、温馨向上的校园环境是一笔宝贵的心理资源，能使认同主体心情愉悦，情绪稳定，产生积极情感。而不良的校园环境则会使人心烦意乱，心理失落、压抑、焦虑，产生消极情感，极大地影响思想政治教育认同的质量。由此可见，营造文明和谐的校园环境对于思想政治教育认同的重要性是不言而喻的。

积极开展校园文化建设，必须建立在广泛开展群众性活动的基础之上，努力营造出浓郁的文化氛围和高雅的艺术情趣，提升校园文化的品位，形成富有特色的校园文化，为营造文明和谐的校园环境创造条件。第一，加强宏观上的指导，把握校园文化发展的主旋律，指导认同主体开展活动时坚持受教育者的自我管理、自我服务、自我发展。第二，要着力推进观念创新，不断增强校园文化活动建设的驱动力和活力。观念上的创新包括学校层面的创新和受教育者层面的创新。学校层面上要大力支持学生校园文化活动，切实加强对校园文化活动的管理，引导认同主体独立自主地开展文化娱乐、理论学习、社会实践等活动。受教育者层面上要树立学习的理念，强化"终身学习""集体学习"的学习意识。将学知识、学技能、学做人与参与校园文化活动结合起来。第三，要推动校园文化活动的内容创新，增强校园文化活动的吸引力。校园文化活动的组织建设要积极探索与社会、学校、企业等之间的联合活动，充分挖掘校园文化的德育功能，提高认同主体的思想道德素质。

同时，加强校园文化建设并不意味着可以忽略校园其他环境的建设。校园环境建设还包括校园景观环境的建设、学术环境的建设以及学习环境的建设，这三个方面的校园环境建设也是建设文明和谐的校园环境必不可少的重要组成部分。我们需要打造出优美的景观环境、浓厚的学术环境、民主的学习环境，并与校园文化建设相结合，提高认同主体的人文素质，从而进一步提高受教育者的认同实效，促进认同主体身心健康、全面发展。

（三）营造充满正能量的家庭环境

一个和睦、温暖的家庭环境对受教育者而言十分重要。家庭环境不仅会影响认同主体的个性发展，还对认同主体的世界观、人生观、价值观的形成和确立具有导向作用。同时，家庭环境也是思想政治教育认同活动的重要环境之一，是建立在父母与子女的血缘关系、经济基础和感情联系等特殊纽带关系的基础上的，这种纽带关系为认同主体的思想道德素质的形成提供了心理上的安全感和归属感。此外，家庭环境与其他认同环境形成互补，但家庭环境是具有一定程度的文化积淀的场所，也是文化传承的地方，其最明显的特征就是现实性强。认同主体在充满正能量的家庭环境中成长，有利于提高其在思想政治教育认同过程中的积极性、主动性，对增强思想政治教育认同的有效性大有裨益。营造一个充满正能量的家庭环境，最重要的就是要注重家风建设。培育良好家风对于增强思想政治教育认同具有重要作用。培育良好家风是由多方面有机组成的系统工程，也是一个需要不懈努力、久久为功的过程，具体而言就是要把握以下三项原则。

第一，要爱党爱国，确立良好家风准则。我们要自觉将爱党爱国作为家风传统的突出要旨，结合社会实际发展，立好家规，树好家风，担好家责，把爱家和爱党爱国统一起来。同时我们也要铭记家国情怀，坚守国家富强、民族复兴、人民幸福的坚定信念，在家风中传承民族精神。

第二，要继承优秀传统，为良好家风提供滋养。注重家教家风和家庭美德，是中华民族的优良传统，是党和国家推进社会主义现代化建设的精神动力，更是建设新时代良好家风的丰富源泉。我们要引领传统家风回归带动新时代家风发展，通过国家层面的价值引导、媒体对"正能量"的宣传、社会舆论的引领得以继承和弘扬，并以此为纽带推动传统家庭美德的创新转化和发展，滋养新时代的家风建设。

第三，要严于家教，抓住良好家风的关键。在家庭教育上，家长承担着义不容辞的责任。家长在日常生活中要十分注重家风的培育。家长要加强对子女的引导和教育，帮助他们树立正确的人生观和价值观、培育积极乐观的生活态度和塑造健康的人格。同时，家长也要严格管理家庭成员，善于处理家务事，营造家庭成员之间尊老爱幼、文明礼貌、和睦融洽的家庭生活氛围。

当然，营造一个充满正能量的家庭环境，还需要家庭教育与学校、社会教育有机结合。思想政治教育认同活动的开展是处在一定的社会环境之中，而社会环境和家庭环境是相辅相成的。社会环境渗透在思想政治教育认同的各个方面，影响认同主体的价值判断。学校作为思想政治教育认同的前沿阵地，对受教育者的影响起着主导作用。正确得当处理这三者之间的关系，对于营造充满正能量的家庭环境有着重要的促进作用。家庭教育方面，家长要积极与学校特别是与教师保持联络，建立长效的沟通机制，主动了解学生在学校的学习状态，及时反馈学生在家中的表现情况；学校教育方面，教师要努力得到家长的配合和支持，及时向家长反映学生在学校出现的反常举动，帮助家长弥补家庭教育的不足；而社会教育方面也应当加强对社会主义核心价值观的引领和弘扬，为塑造一个充满正能量的家庭环境提供良好的文化氛围。

（四）营造积极向上的网络环境

当今时代，网络已成为人民群众学习、生活中不可缺少的一部分。随着我国经济的持续增长和社会信息化进程的加快，网络环境对认同主体的心理和行为影响越来越大。这种影响是具有双面性的，既给思想政治教育认同带来了新的机遇，也对认同主体、认同客体甚至认同介体提出了新的挑战。因此，我们应按照"积极发展、加强管理、趋利避害、为我所用"的原则，营造一个积极向上的网络环境，为思想政治教育认同提供新的教学平台和教学模式，加快思想政治教育体制的改革与创新，进一步增强思想政治教育认同。

营造一个积极向上的网络环境，我们首先要主动占领网络阵地，牢牢把握网络思想政治教育认同的正确方向。在当前的网络环境下，我们可以将思想政治教育认同和网络紧密结合起来，通过先进的科学理论和技术设备，使思想政治教育认同的网络平台建设走在社会的前列。同时，我们要以网络为载体，通过网络传播我国社会发展所要求的思想政治教育信息，形成全方位网上思想政治教育认同态势，为思想政治教育认同提供新的路径。其次，建立完善的网络监控体系。要加强对网上信息的引导和监控，尤其是要强化对网络信息源和信息渠道的监管，降低不良信息对认同主体的影响，从而帮助认同主体全身心地投入到思想政治教育认同上来，提高思想政治教育认同度。再次，坚持依法治网，用法治来营造清朗健康的网络空间。净化网络环境，维护网络良好秩序，需要着力加强网络法治建设。自2020年3月1日起，我国《网络信息内容生态治理规定》正式施行，为思想政治教育认同提供了一个清朗、健康、安全的网络环境。最后，大力加强网络文化建设。正如习近平总书记在网络安全和信息化工作座谈会上所强调的："我们要本着对社会负责、对人民负责的态度，依法加强网络空间治理，加强网络内容建设，做强网上正面宣传，培育积极健康、向上向善的网络文化，用社会主义核心价值观和人类优秀文明成果滋养人心、滋养社会，做到正能量充沛、主旋律高昂，为广大网民特别是青少年营造一个风清气正的网络空间。"另外，我们还要通过网络平台宣传党的路线、方针、政策，大力弘扬新时代背景下涌现的优秀人物和事迹，使网络成为弘扬社会主义主旋律的重要平台和工具，为增进思想政治教育认同发挥积极作用。

当然，营造一个风清气正的网络环境离不开全社会各方面的共同努力和协作。无论是政府、社会组织还是个人都应该积极参与到净化网络环境的行动中，坚持"从我做起"，自觉遵守国家制定和颁布的互联网的法律、法规和政策，依法文明上网，多发好声音、传播正能量，共同营造网络文明新风，为进一步提高思想政治教育认同营造风清气正的清朗网络空间和网络风气。

第三节　增强大学生对思想政治教育课程的认同

思想政治理论课是高校思想政治教育实现立德树人、铸魂育人的主渠道、主阵地，大学生对于思想政治课的课程认同，无疑是思想政治教育认同的十分重要而又关键的组成部分。增强大学生对思想政治教育课程的认同涉及很多方面的工作，其中，理直气壮地开好思想政治课，把它打造成学生"真心喜爱、终身受益、毕生难忘"的"金课"，提升其针对性和亲和力，让学生有获得感，是增强思想政治课认同感的着力点所在。

一、理直气壮开好思想政治理论课

习近平总书记在全国思想政治理论课教师座谈会上的重要讲话中提出"理直气壮开好思想政治理论课"的要求。这一要求的提出表明，在现实中存在着开设和讲授思想政治课理不直气不壮的现象，从本质上看是缺乏对思想政治理论课的认同。反映了思想政治课教师（教育者）、大学生（认同者）对思想政治课程性质作用的认识不到位，思想政治课对学生的针对性和亲和力有待提升。

（一）思想政治课课程认同的内涵辨析

课程认同是认同概念的一个子概念，课程认同并没有确切的定义。一般来讲，课程认同是学生对教师所授课程的内容、情感、授课方式等的认可、赞同。学生对课程的认同有一个从被动到主动的过程，与学生的兴趣、爱好及自身利益关切度有关。课程认同的主体是学生，客体是课程，这与其他认同对象相比较，有其特殊性。作为课程认同的客体，课程是学校先入为主设定的，学生从被动地接受，到认知，再到认同需要一定过程，这个过程是变化的，因为影响学生对课程认同的因素有自身的，也有外在的。学生对课程的兴趣与偏好会促使学生主动了解、认识该课程，从而达到对该课程的接受、赞同乃至认同。而教师的教学方式、教学效果，以及该课程对学生自身利益的影响，也会影响学生对课程的认同。

从认同主体看，高校思想政治课认同的主体主要指接受高校思想政治课教育的大学生、研究生群体。这一主体首先是生活在校园中的受教育程度较高的青年大学生，具备健全的人格和完备的心智。他们又是处于一定社会关系中的人，是与政党、团体、阶层有着各种联系的社会存在。从整体来看，思想政治理论课认同的主体心智健全、思维清晰，可以说是社会中较为精英的一部分。思想政治课作为认同客体是认同主体的行为所指向的对象，即思想政治理论课程。思想政治课认同的实现路径离不开课程认同的客体，课程认同即通过主客体之间的互动来实现。思想政治课认同是一个由许多因素构成的巨大而庞杂的系统，包括思想政治课教育者和接受主体、内容、教育方法、教育活动、教育效果等诸多方面。一般来说，我们将思想政治课认同的客体划分为课程认同的学科、内容以及方法三個方面，以便于讨论和研究。认同主体自身的利益需要与思想政治理论课客体存在相通之处是思想政治理论课认同形成的基础。大学生对思想政治课的认同既是一个理论问题，又是一个实践问题。思想政治课的认同实践过程是持续渐进的，思想政治课认同的形成需要经历一个过程，这个过程的发展会由浅入深、由弱到强，最终由不稳定渐趋稳固。因此认同主体不仅需要具备不断深化认同过程的自觉意识，还要积极主动地以思想政治理论课的要求来严格规范、约束自己的思想和行为，达到知行合一。

（二）正确认知思想政治理论课的课程性质和作用

认同主体对思想政治理论课课程性质和作用的正确认知是认同思想政治理论课的前提和基础。现实中思想政治理论课的传授主体和接受主体，以及其他课程的教师和管理人员，缺乏对思想政治理论课认同的主要原因是他们对思想政治理论课的课程性质和作用缺乏正确的认知。社会上很多人和校园中的许多学生及其他人员认为，思想政治理论课是"洗脑课""无用课"；学生认为思想政治理论课对自己的专业学习和就业工作没多大帮助；教学管理者则认为开设思想政治理论课挤占了教学的时间，思想政治理论课开多了占用了专业课时间等。总之，无论是学生还是教学管理者的心中都重视专业课而轻视思想政治理论课。

新中国成立以来，党和政府一直非常重视高校大学生思想政治工作。改革开放以来，先后出台十几个关于学习思想政治工作的文件，对思想政治课建设提出明确要求，不断推动思想政治课改革。关于思想政治课课程设置方案也先后经历了"86方案""98方案""05方案"的沿革和变化。前文已就"05方案"出台以来的成效和需要改进的地方做了探讨，这里不再赘述。党和政府高度重视思想政治课建设，为什么部分教师和大学生不能理直气壮地教好和学好思想政治课呢？原因很多，其中一个重要的因素是他们对思想政治课的性质和功能认识不清。思想政治课的根本任务是立德树人、铸魂育人，思想性、政治性和理论性是其课程特质，思想引导、价值引导、政治导向、人文教育、能力培育等是其功能。思想政治课要在学生的心里播下真善美的种子，为正处于"拔节孕穗"期的青年学生奠定好思想基础、价值基础和精神基础，引领他们扣好人生第一粒扣子，成长为一个有大爱、有大德、有大情怀的人。首先，新时代思想政治课肩负着培养"担当民族复兴大任的时代新人"的历史使命。其次，思想政治课具有思想性、政治性和理论性，是对处在成长成才关键期的青年学生进行思想教育、政治教育和马克思主义理论教育的课程。最后，思想政治课具有价值引领和政治导向、能力培养、以文化人的功能。

综上，思想政治理论课不同于高校所开设的其他专业课程。我们知道，各门专业学科的课程的突出特性是专业性、知识性、科学性，它们的主要任务是传授知识，培养学生的专业思维能力、实践能力等。思想政治理论课的主要任务则不是要给学生传授知识，而以其思想性、政治性、理论性对学生进行思想教育、政治教育和马克思主义理论教育，凸显高校的社会主义大学的性质，发挥其价值引领和政治导向、铸魂育人的功能，贯彻和落实大学立德树人的根本任务。认清了思想政治理论课的课程性质和功能，我们就能对思想政治理论课有正确的认知，就能提高对这门课程的认同度。

（三）提升思政课的针对性和亲和力

如何让学生通过学习思想政治课，有获得感、真心喜欢、终身受益呢？提升思想政治课的针对性和亲和力是关键的抓手。第一，思想政治课的教学内容和教学实践不能是抽象的、泛泛而谈的、高不可攀的大道理，不能隔靴搔痒，必须具有针对性，做到对症下药。其一是思想政治课的理论和道理要贴近学生学习生活及成长成才的实际。其二是思想政治课要具有鲜活的时代感和生活气息。要通过调查研究，强化问题意识，紧密结合学生实际，帮助学生解决思想认识上的困惑，让学生感受到思想政治课的价值所在。第二，思想政治课不应是冷冰冰的可憎面目，使学生产生距离感和陌生感，必须具有可亲可近的亲和力。亲和力是指一种激发人的兴趣爱好，使人趋近靠近和愿意主动接触进而悦纳的力量，它包含着吸引力、感染力和影响力。思想政治理论课的亲和力使师生双方在讲授和学习的过程中能够感到身心愉悦和身心受益。

有深度、有准度的教学内容是思想政治理论课亲和力的根本，也是学生的期盼和诉求所在。思想政治理论课教学内容的着力点是建构以理想信念教育为核心，以爱国主义教育为重点，以道德修养和法律素质培养为基础，以促进人的全面发展为目标的内容体系。只有切中了学生所关注的理论和现实问题要害，学生感受到教学内容与自身思想息息相关，自然会亲近和接受思想政治理论课。思想政治理论课课堂教学还需具有理论的深度，以扎实的科学理论说服学生并为学生所掌握。思想政治理论课的课堂教学要以充足的多学科的知识底蕴，展现其思想性和学术性的深度，以透彻的理论阐释难点、热点问题，以深刻的理论和精辟的思想吸引学生、感染学生和影响学生。

可感可知、有温度的传播方式是思想政治理论课亲和力的关键。一种思想和理论是否能有效传播，不仅取决于其传播的内容，而且也取决于其传播的方式。思想政治理论课要把党和国家治国理政的意识形态传播给青年学生，有效的传播方式是关键的抓手。教学方式的设计和实行必须要考虑学生的具体情况，有针对性地采取"精准滴施"的方式，做到传播方式有温度。课堂教学不仅是传播知识，更为重要的是要以理论的理性指导情感的感性，思想政治课教师自己首先要沉浸在为理论所感染的情境中，先感动自己而后才能感动别人。

思想政治理论课教学做到了有针对性，就会增强其亲和力，课堂的"到课率""抬头率"自然就会提高。值得注意的是，不能为了刻意追求亲和力，无原则地迎合学生的兴趣和猎奇心理，把课堂教学娱乐化、庸俗化。要知道，亲和绝不是迎合与迁就。因此，思想政治理论课的亲和力来自其思想和理论的深刻性，解决学生思想问题的精确性，以及有温度的可感可知的有效传播方式。

二、思想政治课的师资管理和教学评价

管理出效率，加强对思想政治课的统一管理是提升思想政治课认同的有效举措。建构适合思想政治课性质与特点的教学评价体系不仅是考核管理思想政治课的手段，也是有效促进师生对思想政治课的参与、投入进而提升认同感的有效手段。

（一）抓好思想政治课师资队伍建设

思想政治理论课课程管理应包括教师、学生、教材以及教学管理人员。在当前形势下，学校团委、学工部门等单位也参加到思想政治理论课教学管理及教学实践中来，所以他们也应纳入思想政治理论课课程管理的范畴。思想政治理论课课程管理是一个复杂的系统工程，包括教材、教学法以及教师队伍建设的各个环节，环环相扣，形成一个有机的体系。而教师、学生和教材在其中占据中心位置。如何确定一套既能反映党和政府的意志，又符合学生特点及教育规律的教材，如何处理好教师、学生在思想政治理论课教学管理中的地位，是亟待研究的重要问题。思想政治课课程体系、管理体系的建构是一个复杂的系统工程。这既需要党和政府的顶层设计，更需要高校制定有关思想政治课教育教学的具体措施。而教材体系的建立，包括教学大纲的编制，由于思想政治理论课所特有的党性、政策性的特点，要求由党和政府相关部门把关，但也有根据实际允许高校根据本校专业及校园文化特色适当补充完善。

关于课程设置、课程建设以及教学方法的问题，我们已经在前面相关章节讨论过，这里不再赘述。教育者在思想政治课认同系统中居于主导的位置，其综合素质和教育教学能力直接影响学生的思想政治教育认同。下面我们重点分析如何抓好思想政治课教师队伍建设的问题。

一段时间以来，由于对思想政治课没有很好定位，在不少学校有思想政治课教师被边缘化、被矮化的现象，思想政治课教师收入较之专业课教师偏低、职称职级晋升机会

"僧多粥少"，在学校很不受重视。因此，思想政治课教师队伍思想不稳定，教师素质良莠不齐。这一状况在党的十八大以来，特别是党的十九大以后有较大改善。习近平总书记在高校思想政治工作会议上的讲话，意味着党和政府对我国高校思想政治工作的高度重视，可以说，思想政治理论课的春天到来了。高校思政课课堂教学效果如何，能否建立一支高质量的师资队伍是关键之所在。加强思想政治课教师队伍建设，应着重以下几个方面：第一，把好入口关，在新教师入职、人才引进上制定严格的标准，特别是政治标准，应规定新进思想政治理论课教师一般应是中共党员。第二，教师业务素质培训。思想政治课教师的业务素质既包括教师对于马克思主义理论、马克思主义中国化理论及其最新理论成果的准确把握和深刻理解，又包括教师对于所教授课程及其基本规律的掌握。第三，教师应掌握现代多媒体智慧课堂等现代教育技术。高校思想政治理论课教师队伍应该是一支用马克思主义和马克思主义中国化理论武装头脑、准确把握党的方针政策、走在时代前列的高素质的队伍。每一位教师都有引导和塑造学生政治思想素质、道德素质和法律素质的责任，只不过是在育人的方法上各不相同罢了。高校思想政治理论课师资队伍还应该是一支业务素质过硬、掌握思想政治理论课的教学规律性与科研规律性、可以娴熟运用当代教育教学方式的团队。

总之，政治和业务素质过硬的思想政治课教师队伍是实现大学生对思想政治理论认同的主要保障，是开展高校思想政治理论课教学的主渠道，党和政府不仅要严把用人关、质量关，也要体现对思想政治理论课教师队伍的人文关怀，如改善思想政治理论课教师的薪酬、住房等待遇。相比于专业课教师，思想政治理论课承担的教学任务更重，在当前各高校主要以科研和论文决定职称评聘的环境下，应努力为思想政治理论课教师创造条件，减少他们的后顾之忧。

（二）思想政治课课程评价管理

课程评价是依据一系列的评价标准，采用相应的评价方式和评价策略，针对课程活动的各环节及相关问题有所侧重地做出价值判断和分析，它是一个贯穿于全部课程活动始终的动态过程。高校思政课课程评价既要遵循文化教育课程评价的一般准则，又要合乎高校思想政治课教学环节的特点和规律性，按照高校思想政治课课程内容的要求经科学研究而设定的理论和规定，进而依据思想政治课课程内容执行的具体结果，编制出测量课程质量的标准和测量手段、工具的规范。从高校和教师的角度来看，课程评价是衡量自身教学质量的依据；从大学生的角度来看，课程评价是考察自身学业成绩的尺度。教育者和受教育者对课程评价在认识上的差别反映了评价的价值要求以及评价所处的不同情景。

　　目前，高校思想政治课在课程评价上还存在一些令人诟病的问题，主要表现在评价方式简单和单一以及思想政治课教师教学评价规章制度不完善这两方面。因此，建立独立完整的课程教学评价体系势在必行。教师教学评价体系是由评价对象、评价主体和评价方法等多重因素构成的。首先，清晰地界定评价对象，可以帮助我们明确课程评价的指向。评价体系的对象一般指教师、学生、教学管理机构等。其次，多元化评价主体和多角度评价，可以保证高校思政课评价的公正、全面、准确和高效。再次，科学合理的思想政治课课程评价还需要评价方式的多样化。此外，院系权威专家和学术委员会应在思想政治课课程评价中充分发挥作用。最后，应建立和完善评价制度。比如建立教师和学生的自我评价制度、学生间的互评制度。

　　现在国内很多高校通过网络系统，允许学生对教师进行评价，这是一种引入学生参与课程评价的做法，对于提高学生的课程认同度具有积极的意义。但是，在实际操作中，也存在一定的问题。尽管评价列出了一些教学评价指标，但学生在评价打分时并不一定认真思考，而且评价者对各个指标的测量内容也不见得深刻理解，因此不能将学生评教作为评价教师教学效果的唯一手段，只能作为其中的一项参考。在实际执行中，有些抱有私心的教师为了获得评教高分，有意迁就学生，对学生疏于管理和考核，甚至随意给学生分数，造成不好的影响。因此，高校思政课课程评价制度和评价体系的建设还需要进一步探索和完善。让其真正起到促进广大师生认真教和学的督导手段。

第七章

高校思想政治教育辅导员队伍的建设

应该认识到，辅导员在提升高校思想政治教育实效性的任务中承担了非常重要的角色，有着十分重要的责任，因此，本章专门对于辅导员的相关内容进行分析，以期更好地促使辅导员作用的发挥，为高等院校思想政治教育的发展保驾护航。

第一节　高等院校辅导员队伍的探究

在"全国高等院校辅导员年度人物"的评选活动，以及各地区、省市、高等院校的优秀表彰活动中涌现出了许多坚守在平凡岗位上的优秀高等院校辅导员。这些平台的搭建、激励机制的建立不仅是对高等院校辅导员辛苦付出的肯定，也使他们的职业和自我实现达到高度统一。同时也为他们相互学习交流提供了更广阔的平台。此外，还建立很多新机制，鼓励高等院校辅导员结合实际工作经验进行科学研究，对实际工作中不断出现的新问题、新挑战进行深入剖析，将其上升到理论高度。在高等教育学会下成立了辅导员研究分会，创办了《高等院校辅导员》会刊，力求形成独具特色而又丰富多彩的思想政治教育理论。由此可见辅导员队伍在思想政治教育中也是不容忽视的一个部分。下面，对于辅导员队伍的建设进行分析。

一、高等院校辅导员的工作概念

（一）高等院校辅导员的工作描述

每个社会角色与其他社会角色所产生的联系形成了社会关系。社会角色的产生主要是为了满足社会的需要，产生的角色也会随着社会的变化而不断地丰富自己的角色形象。

对于辅导员的概念来说，"辅导"的意思是帮助和指导，辅导员是指对学生进行辅助性帮助和正确指导的校内工作人员。大学辅导员的早期称谓是"政治辅导员"。对辅导员这一概念，看似非常简单，大家都认为自己对辅导员有所了解，但其实对辅导员的深入认知却十分模糊，主要是因为其日常行为和工作职责的繁杂，让人难以对辅导员有清晰明确的认识并给予其专属的定义。

目前，高等院校辅导员被简单地认为是学生日常事务的管理者。辅导员在高等院校中要从事和学生相关的日常工作，包括生活、学习、心理辅导、评优评奖、就业创业指导等，其方方面面都需要辅导员进行管理。有的辅导员还会承担部分教学工作。在高等院校中辅导员的工作性质还存在着专职和兼职之分，专职辅导员是指专门从事学生管理事务及思想政治引导工作的辅导员；而兼职辅导员多数是因为学院内人手不够，大多数兼职辅导员是为了辅助专职辅导员工作的研究生或课时较少的在职教师。因为辅导员的主要工作对象是学生，从学生的学习到生活，这一现象使得许多人认为辅导员是一份没有专业含量的工作，实际上就像学生的"全职保姆"，院校的"勤务部"，高等院校辅导员的工作量较大，且较为繁杂。

但是结合对角色和高等院校辅导员的概念界定，高等院校辅导员角色是指在高等院校从事辅导员工作时，所呈现出的满足角色期待的行为模式。社会其他角色对高等院校辅导员角色有着专属的角色期待，且高等院校辅导员角色拥有着代表这一个体的身份与地位，行使其相应的权利和义务。

辅导员担负着学生思想道德等方面的教育职责，工作在学生思想政治教育第一线，是高等院校学生思想政治教育的重要组成部分。但是目前辅导员的角色定位也存在一定的问题，比如，辅导员管理学生的各项事务，主抓课程安排、上课出勤、寝室卫生和组织各种活动等，但是辅导员与学生之间的关系被理解为管理与被管理，忽视了教师与学生的关系。正是由于辅导员职责覆盖范围含糊，日常学生事务琐碎，工作重点难以突出，而且处于受多个部门管理和监督的学校管理机构最底层，使其教师身份时常被忽视成为不争的事实。辅导员本人容易沦为学校的边缘人物，不容易得到社会、学校和学生的认同。辅导员岗位更容易被认为是不具有专业性，而是具有很强的替代性的职位。

因为辅导员日常事务繁重和这种角色定位的不清晰，使得辅导员本职工作不能很好地发挥和展现，陷入了困境。角色定位不清，还容易导致辅导员对未来职业发展不明确，职业发展信心和动力不足，造成很多辅导员在心理上缺少归属感和成就感，不利于高等院校学生事务工作的顺利开展。

为此，我们应该认识到高等院校辅导员这一角色在高等院校乃至高等教育领域中扮演着无法替代的重要角色。相比其他在校教职工人员，高等院校辅导员的工作职能扮演着多重角色，也背负着不同人群的角色期望，是社会、学校、家庭之间的纽带，也是上级、教师、学生和家长之间的桥梁，面对着来自不同方面的期望。就国家而言，希望辅导员成为思想政治教育引导者，提高学生思想觉悟；对于学校而言，希望辅导员成为学生的良师益友，学校相关政策的良好传达者和执行者；对于学生家长，希望辅导员关心和负责离家学生的生活和学习；对于学生而言，希望辅导员不是管理者，而是知心朋友。

辅导员作为高等院校教师的重要组成部分，渴望受到社会的良好评价和认可，渴望受到任课教师同样的待遇和尊重。对个人发展空间和职业长远规划、科研和培训也有要求，而这些要求的事与愿违，则往往容易引起角色冲突。

此外，辅导员自身性格和价值取向等也可能会引起角色冲突。处理大量的学生工作和负责上下级信息的传达，这要求辅导员具有良好的交际能力和开朗的性格，更要具备较强的心理承受能力。面对日益变化的各种观念，辅导员如果不能及时转变观念应对等，对新旧观念进行调适，很可能在工作中陷入角色冲突之中。

辅导员工作与行政事务工作不同，也与一般的教学工作不同。辅导员作为大学生教育的骨干力量，应努力做到全身心投入工作，有工作热情，对学生充满感情。

而且就辅导员从业人员应该具备的职业技能与专业素养来说，这一工作不是说任何单位的工作人员、任何毕业生都能够从事的，这个岗位自成专业体系，要求从业人员有着综合技能与多门专业知识。主要包括：社团组织、社交礼仪、人际关系、就业指导、心理咨询、管理学、教育学、心理学、思想政治教育，辅导员从业人员只有在经历一系列的严格的培训和专业学习后，达到从业标准才可以正式上岗。可以清楚地认识到困扰学生的问题，做到深入理解学生所遇到的困难，用自己的经验、技能、知识提供给学生相应的帮助和引导。高等院校辅导员从业人员的无可替代性与专业化，是让从业人员心甘情愿地履行职业义务的保证。高等院校辅导员这一工作的专业化也可以通过实际的教学工作方面来体现，需要为学生讲解专业的知识，包括思想政治教育、人际关系处理等，这些都需要具备较高的专业能力，辅导员需要在这些方面不断进行提升，以此来不断增强个人的专业化水平。

辅导员工作的职业化、专业化还要求高等院校辅导员从业人员具备一定的科学研究能力与水平。传统的教育思维认为，高等院校辅导员这一项工作的开展仅仅是靠着相关的工作经验和人格，较高的理论水准在这一行业是不被需要的。这种传统的、落后的教育思维不但降低并阻碍了高等院校辅导员队伍的整体水平的发展，也阻碍了从业人员职业能力素养、探索新方法能力的提高。

（二）高等院校辅导员的重要价值

首先，从高等院校的管理和发展来看，辅导员应成为高等院校管理的重要力量。在辅导员的工作中，他们几乎与学校各部门都有联系。辅导员工作在学校管理的前线，有丰富的管理经验。辅导员既是学校行政、教学及科研等方面的管理者，还是学生学习和生活的管理者。因此，辅导员应积极提升自己，成为学生管理的骨干力量。

其次，辅导员是学生成才的人生导师。青年是祖国和民族的未来和希望，辅导员应担负起培养大学生的重任，成为学生的人生导师，将高等院校学生的人生理想、人生信念与社会主义信念结合起来，引导学生正确面对人生中的重大问题，认清人生发展的正确道路，勇于面对艰难险阻，能经受住各种考验，为国家建设作贡献。

二、当前高等院校辅导员存在的问题

（一）辅导员工作体系不科学

高等院校尚未形成科学完善的辅导员工作体系，辅导员没有专门的职业通道，工作职责不明确，使得辅导员处于院校管理体系中的底层部分，许多非本职工作都交给辅导员去完成，大量繁杂的事务影响了辅导员对学生的思想政治教育方面的投入。

例如，教务管理部门要发给各班学生四六级准考证，多数情况是发到辅导员手中再转发给学生。其实这种"代职"可能并不会在辅导员工作职责中体现，但很多辅导员就是每天在忙于应付这些"代职"工作，而搞得没有时间去顾及自己的真正职责所在。

此外，辅导员角色定位的长期不准确，也使得社会和高等院校的很多工作人员对辅导员工作的认识存在偏差，把辅导员定位为普通的学生管理者，而忽视了作为一名思想政治教育者的功能，导致学校在考虑师资培养等方面，往往忽略了对辅导员这支队伍的思想政治觉悟、道德素质等方面的考核和培训。因此，辅导员工作事务性繁重的问题，严重阻碍了辅导员队伍的科学化建设。

（二）辅导员流动性强

首先，辅导员工作流动性强、发展道路较窄，工作难以获得成就感。在高等院校内部，重学术轻管理的现象较为普遍，辅导员的社会地位不高、社会吸引力较弱，而辅导员的工作责任重大，使得辅导员存在工作上的压力，工作中经常处于紧张状态。

而且大部分高等院校都没有将辅导员工作纳入长期规划，更没有形成辅导员队伍的良性发展机制，导致辅导员的工作思想不够稳定，没有明确的发展前景，缺乏对工作的长远考虑。而且没有健全职称评定体系，晋升成难题，职业发展空间小。任课教师可以做到副教授、教授，但辅导员的出路尚不明确。虽然大多高等院校表示愿意把辅导员队伍作为学校党政后备干部培养和选拔，但毕竟这种珍贵的机会少之又少。很多辅导员辛辛苦苦干了一辈子，到退休还是初、中级职称，在辅导员岗位上日复一日地苦干。这样使得辅导员职业认同感低，造成队伍不稳定。

辅导员自身的研究意识也较弱，研究成果不突出。此外，辅导员队伍的年龄结构较为单一，绝大多数都是年轻教师，没有丰富的工作经验，在工作中积累的有效经验未能很好地发挥。

（三）辅导员工作的复杂性

辅导员日常管理方式也存在问题。对于辅导员的工作职责，长期以来没有明确的界定。现实中，辅导员除了对学生进行思想政治教育，还要花很多时间处理繁杂的学生日常事务性工作，甚至到教室检查学生上课纪律、去宿舍检查卫生、帮助学生寻找丢失一卡通等。"去十次教室和一次教室，在学生心里有不同感受，但在外人眼里没有多大差别""辅导员工作是良心活儿"，很多辅导员都有这样的体会，这些苦衷是因为长期以来辅导员工作职责不明确，角色定位不清晰所致。

据调研，目前对于辅导员的管理大多采用校、院（系）双重管理模式。这种管理模式表面上看是学校各部门都对学生工作齐抓共管，但实际上造成辅导员在工作中要听命于任何一个部门的领导。辅导员工作职责的不明确使得他们要频繁的应对各种比赛、检查评比和阶段性工作，导致其本职工作 —— 学生思想政治教育难以有效地开展。

还存在高等院校辅导员队伍的专业素质不一，知识结构和专业素养有待提高。许多辅导员的知识结构较为单一，即使接受过系统的思想政治教育，有教育学、心理学、社会学、管理学等方面的基础知识，但缺乏日常教育与管理工作的经验，导致辅导员难以对学生的问题进行科学地分析与指导。

（四）辅导员自身素质的良莠不齐

作为"塑造人类灵魂的工程师"的辅导员需具备全面的、良好的素质及知识体系，即良好的思想政治素质、较高的学识、全方位的管理能力、健康的身心素质以及开拓创新意识。在大学生心中，只有既知识全面又贴近学生的辅导员才是令他们信服的"知心朋友""人生导师"。

　　经济飞速发展的今天，大学生对政治、社会经济、科技文化等都有着自己一套独特的见解，作为辅导员要想对学生的思想进行引导，又能融社会主义观点于其中，更是要求辅导员不能简单地说教，而要对自己的知识活学活用，将社会主义基本观点融会贯通，对学生进行"灌输"，这里的灌输，早已不是传统意义上老师对学生进行传授知识，而应成为具有感染力、号召力，容易让人信服的教育引导。例如，社会贪污腐败现象，社会贫富差距问题，面对这些社会现象，有些学生对社会主义市场经济提出质疑，此时作为思想政治工作教育者的辅导员老师如何解释、透析这些社会现象，并最终说服学生坚定社会主义信念不动摇，就需要辅导员具有全面的知识体系。但是，不仅很多辅导员没有掌握这样全面的知识体系和引导教育学生的能力，就连系统学习过思想政治教育专业的辅导员也很有限。其具体体现在以下方面。

　　第一，不能成为学生的朋友。大学生具有鲜明的个性，身心发展较为成熟，思维活跃，渴望得到尊重和关爱。辅导员只有成为学生的知心朋友，才能真正引导和影响学生。在很多大学生眼中，辅导员就是校园里最亲近的大哥哥大姐姐，他们很多困惑不愿与父母讲，与同龄人讲又得不到有效指导，所以他们渴望辅导员能够做可以和他们交流思想、探讨人生、共话情感的"知心朋友"，但是辅导员同时肩负着教育者、管理者、服务者的角色，很难在学生面前既是知心朋友又是严格管理者，既是老师又是低姿态的服务者，并且由于学生数量增多，辅导员也难以与每位同学经常深入交流，使得辅导员在满足大学生"知心朋友"的期待上存在难度。辅导员作为人生导师和知心朋友的人格魅力不足。为此，辅导员应放下身份，以平等的姿态与学生交往，从而建立与巩固师生之间的关系。但是在目前的学生思想政治教育与管理工作中，一些辅导员单纯将学生看作被管理者，使得学生对辅导员反感，不愿意与辅导员进行沟通交流。一支队伍的建设状况与队伍建设的指导思想有着密切的关系，辅导员指导思想的正确与否关系着队伍建设的成败得失。

　　第二，职业信念游移。高等院校辅导员职业信念的不坚定，在实际工作中表现为工作热情的消退及无法坚守岗位，进而选择将辅导员作为职业"跳板"，不能饱含热情地终身从事该项事业。而这种现象在现实生活中是频发的，一位辅导员如实说道："在现行的制度下，没有想过将辅导员工作作为终身事业，而事实也是如此，超过十年仍然奋斗在辅导员一线工作的几乎没有。辅导员中少数人会在几年之后选择辞职，这些人中有些考取了教师编制，有些读博士等。剩下大部分的在本校的辅导员会进行人事调动，调到其他行政岗位上。"

　　以上就是辅导员队伍建设存在的问题。可以说高等院校辅导员的困境是由多种因素综合造成的，既有辅导员自身的原因，也有学校、社会及制度设置上的因素。辅导员自身理想信念的游移在主观上造成了辅导员队伍建设的不稳定，领导和社会对辅导员角色的认识偏差，以及制度设计上的不合理更是从客观上加剧了辅导员的困境。

探究辅导员的现实困境需要从制度设计中寻找根源，不完善的制度设计必然会成为辅导员发展的桎梏。当前高等院校辅导员工作热情的减退、队伍趋于不稳定、业务水平较低，以及职业认同问题很大程度上与顶层制度设计相关。这其中主要包括辅导员工作职责不明确、辅导员职称评定不科学、辅导员物质保障不充分等。

高等院校辅导员的工作涵盖九大类，二十余项内容，而且有综合高等院校教学和管理"零余"之嫌，工作任务不可谓不重，工作强度不可谓不大。诚然，日常事务管理、就业指导等工作具有一定的思想政治教育功能，但不宜"喧宾夺主"，占据辅导员大量时间、耗费辅导员大量精力。工作职责划分的不合理使辅导员背负了沉重的压力，引发了一系列困境，因此，应当完善辅导员与其他职能部门的职责划分制度，帮助辅导员"减负"。

（五）评价考核机制不科学

缺乏健全的辅导员奖励和激励机制。辅导员的待遇往往低于同期毕业的教师，评优奖励也很难落到辅导员头上。仅从一年一度的教师节"评选优秀教育工作者"活动看，获奖者多是专业教师、科研人员，只有很少比例的辅导员能够得到荣誉。这些都造成辅导员的心理失衡，严重影响他们工作的热情、积极性、创造力。不能很有效地对辅导员工作进行考评，因此，就很难形成对辅导员嘉奖还是惩罚的依据，也很难形成辅导员职称评定的有效参考，长此以往必将对辅导员的工作热情及上进心造成严重的影响。加之在很多人眼中认为辅导员是非职业化的过渡性职业，没有多大出息，仅仅是跑腿打杂，给本已笼罩着失落感的辅导员队伍更加容易心理失衡。同时，辅导员这支队伍的职称晋升、考核、奖励措施一直存在很多问题，这样在各类人才聚集的高等院校中更加重了辅导员队伍的职业认同感低的情绪，因此也造成辅导员队伍流动性大，难以留住好人才。

而通过高等院校辅导员工作考核机制，能够对辅导员工作进行科学合理的评价，对努力工作的辅导员表示认可，对消极工作的辅导员警告和惩罚，容易在辅导员队伍中形成赶超先进、力争上游的氛围，能够有效地刺激辅导员的责任心，督促其在工作岗位上尽心竭力地工作，并为他们今后工作树立典型、指明努力方向，充分调动辅导员工作的积极性，激发工作热情，不断完善自我，提高工作质量。考评制度不够科学完善，法治化保障不足，加上工作量繁重，容易使辅导员缺乏安全感，工作压力增大，产生职业倦怠。比如一位工作八年的辅导员曾将自己的状态形容为"忙、盲、茫","忙"指工作繁忙,"盲"指发展道路不明朗,"茫"指缺乏职业成就感、自豪感。职业倦怠会使辅导员降低工作热情,甚至不愿与学生接触,从而产生辅导员与学生关系过于权威化、自由放任化、情感淡漠化等不和谐因素。

因此,辅导员的工作不仅要考核,还应结合工作实际科学合理地考核,制订详尽考核条例,最好还要学生参与考核,因为对辅导员的工作他们更有发言权。辅导员是否有责任心,是否能够细心、耐心地设身处地地为学生们着想,尽心竭力为学生服务,都要制订具体详尽的考核标准逐一让学生、任课教师等打分。然而现状是,辅导员队伍建设中的难点和弱点便是缺乏对辅导员工作的系统、全面且具体的考核机制。在高等院校中,往往制订了针对任课教师的一系列考核、激励机制,而忽略了辅导员这个特殊群体,将他们放在行政人员或教辅人员中笼统地考核,就出现了考核标准缺少针对性,考核标准难以与辅导员工作对号入座,最终的奖励往往也很难落到辅导员头上。

三、高水平辅导员应具备的特征

(一)素质方面

一是优秀的道德素质。高等院校辅导员要培养学生优良品格,塑造学生的灵魂,还要向学生传授做人的道理。这就要求高等院校辅导员首先要具备良好的思想道德风范。辅导员的个人的思想道德风范对学生有重要影响,这种影响是教材、道德格言、奖励和惩罚都不具备的。辅导员良好的个人思想道德风范能够成为学生学习的榜样,良好的个人思想道德风范也能够提高辅导员在学生中的影响力和公信力,使辅导员更易于展开学生工作。辅导员良好的个人思想道德风范主要包括以下两点:第一,个人品德。高等院校辅导员良好的个人品德是指品德高尚,平等地对待学生,为人真实诚恳,对自己有严格的要求。第二,职业道德。高等院校辅导员的职业道德有三层内涵:一是高等院校辅导员要有崇高的职业信念,在工作中,要保持积极向上的心态,及时了解学生的学习情况。二是高等院校辅导员要有高尚的职业道德品质和精神品质。三是高等院校辅导员要有创新意识。辅导员要遵循因材施教的理念对学生进行教育。同时,辅导员要大胆创新,改革教学模式和教学方法,更好地为学生服务。

现阶段,我国高等院校辅导员已经清晰地认识到了当今形势下,高等院校思想政治教育的作用,能够将思想政治教育作为伟大的事业来完成。在工作过程中,表现出责任感、使命感、职业荣誉感和奉献精神。但要注意的是，在社会主义市场经济条件下，物质财富极大提高，人们的价值取向逐渐呈现出多元化的特点，由追求长远的目标转变为追求眼前目标，由追求精神富足转为追求物质财富，由追求集体利益转为追求个人享受。再加上在当今形势下，高等院校辅导员工作任务艰巨、工作难度高，工作责任大，而辅导员的待遇与辅导员的付出不符，一些辅导员出现心理落差，责任意识和敬业意识开始淡化，并表现为工作中的种种问题。

二是良好的心理素质。良好的心理素质能够帮助高等院校辅导员更好地完成学生工作。处理好学生工作要求辅导员要具备以下几项心理素质：第一，辅导员要对学生工作充满热情，要有耐心。第二，辅导员要有宽和的心态，面对突然出现的情况要不急不躁，面对工作上的误解要不愠不怒。学生不配合自己的工作时要平和处理，积极与学生沟通，不可粗暴对待。第三，辅导员要富有爱心。第四，辅导员要有进取心和坚定的毅力，要能够应对工作中出现的问题和挑战。

（二）能力方面

能力结构是高等院校辅导员组成部分的软件，是辅导员现代转型的中心环节，是辅导员履行职责的必要条件。高等院校辅导员能力的现代转型有别于理念的现代转型，不是对过去不良因素的消弭，而是对于过去能力的发展，是针对变化发展的社会不断丰富自己的能力体系。

第一，组织协调能力。一般情况下，高等院校辅导员要管理的学生约有一百多人，如此庞大的群体要求辅导员要具有组织管理能力和协调沟通能力。在工作中使用科学的管理方法能够培养学生的独立意识、现代生活观念和人文精神。高等院校辅导员的组织协调能力包括班级结构设计、班级人员配备、指导班级实现学习目标。班级结构设计要以班级整体目标和班级的主要任务为基础。班级人员配备要能够促进班级目标的实现。指导班级实现学习目标包括重视学习计划的作用、指导班级制订科学的学习计划、监督班级执行学习计划。班级学习计划包括班级活动的目的、时间、地点、人员安排和具体内容。班级学习计划对于班级和辅导员都十分重要，它能够帮助辅导员根据环境的变化为班级的发展制订对策。

第二，科学研究和创新能力。高等院校中的辅导员工作有实践性的特点。在具体的工作实践中，高等院校辅导员目睹了大量的问题，对这些问题，高等院校辅导员有自己的思考，但这种思考不应是建立在经验的基础上的，而是要归纳总结经验，结合以往经验，形成理论，以便为之后的工作提供指导。因此，高等院校辅导员要将传统的基于经验的工作模式转变为学术型和研究型的工作模式。

第三，评估学生思想状况和需求能力。全面掌握受教育者的思想状况，精确了解受教育者的物质和精神需求，是高等院校辅导员选择正确的教育方法、载体、内容的前提条件，也是预测受教育者发展趋势和适应受教育者个性化发展的必然要求。高等院校辅导员既是教育者又是管理者，同时也是服务者，在全面推进素质教育的工作中具有重要作用。高等院校辅导员应具备服务学生的能力以扮演好服务者的角色。比如，现阶段高等院校毕业生面临很大的就业压力，毕业生急需就业指导和就业帮助。辅导员与学生的关系最为密切，在毕业生的就业指导工作中具有重要作用。高等院校辅导员应为毕业生提供必要的就业指导和就业服务，指导毕业生科学择业，减轻毕业生的焦虑。

具体来说，评估学生思想状况和需求能力主要表现在以下三点。

第一，为有困难的学生提供帮助的能力。大学生在心理上、思想上会存在着一些问题和困难之外，也会面临生活上的困难，尤其是对于一些出身困难家庭的学生而言。他们处在新的生活环境中，往往会受到外界的影响，在生活困难的情况下，他们很难有足够的勇气融入学校这样一个大环境当中。与此同时，由于受到生活条件的影响，他们难以获得良好的物质保障，可能会影响到日常的学习与生活。因此，需要辅导员老师做到及时关心，并在必要时，提供力所能及的帮助。

第二，倾听学生、爱护学生的能力。与学生缺乏交流并且无法融入学生之中，想要顺利地开展工作是困难的。学生们来自五湖四海，文化教育有所差异，这也就意味着这份工作充满着复杂性，因此，辅导员对这份工作需要具有极高的热情、不计得失、不辞劳苦地融入学生中去，了解学生们的想法，提高自身在学生中的亲和力，与学生打成一片，成为良师益友，会为工作的开展带来了很多便利。

第三，与学生打成一片，了解学生的能力。辅导员在开展日常工作方面，需要融入学生当中，这样才能够与学生有共同的语言，从而成为学生的朋友。辅导员需要对学生管理教育工作的基本知识、方法和规律都有所了解，并且时时掌握学生的心理和思想特征。辅导员需要具备高度的责任感，想学生之所想。只有这样，对学生的思想与心理动态才能及时了解，才能够采取行之有效的辅导方式。

第四，语言表达能力。思想政治教育主要通过语言完成教师和学生之间的交流。因此高等院校辅导员要具备良好的语言表达能力，能够运用逻辑严谨、形象生动的语言。语言表达能力对于高等院校辅导员来说至关重要，辅导员要掌握一定的表达技巧，使自己的语言表达准确、严密、生动。高等院校辅导员要掌握交流沟通和论辩的技巧，能够准确完整地表达自己的观点，要善于做演讲和宣讲。高等院校辅导员的语言表达还要适应学生的层次性的特点。这些学生来自不同的年龄层，有各自不同的经历，具有不同的性格和素质等。比如，对于勤奋好学的学生要使用委婉的侧面提醒的方法；对于平时不遵守学校的规章制度和课堂纪律的学生要使用严肃批评的方法，直接对其不良习惯给出严厉的警告；对于自尊心较强的学生要使用柔和委婉的语言向其讲授道理；对于性格活泼的学生要使用活泼生动的语言对其进行教育；对于学生干部要采取直接沟通的方式，直接指出工作中的问题；对于学习成绩处于班级中层的学生要使用激励性的话语鼓励他们努力学习。

此外，高等院校辅导员的语言表达要满足学生爱的需要。高等院校辅导员要保证能够为学生提出正确的建议，在向学生提出建议的同时还要表达对学生的尊重。高等院校辅导员如果不是发自内心地喜爱学生，那么他的语言表达将是苍白无力的。高等院校辅导员需要对学生进行严格管理，但要通过耐心的教诲实现对学生的严格管理。同时，高等院校辅导员的语言表达要满足学生获得尊重的需要。高等院校学生有较强的独立意识和强烈的自尊心，针对这一特点，高等院校辅导员应在学生工作中使用恰当的语言激发学生的自尊心，使用幽默的语言向学生讲述道理使其发奋学习，以实现在平和的语境中获得最佳的表达效果。

第五，舆情研判能力。舆情研判能力是辅导员对于舆情信息（包括网络和现实）进行追踪、搜集、总结和发掘，在此基础上对舆情及其背后事件的发展趋势做出全面性预判的能力。这是辅导员预防危机事件发生、及时引导大学生正确发展的关键性能力，也是真正做好坚持巩固壮大主流思想舆论，弘扬主旋律，传播正能量，激发全社会团结奋进的强大力量的必要技能。

第六，驾驭复杂局面的能力。高等院校辅导员要掌握一定的心理学知识和心理发展规律，并对自己的心理特征有一定的了解，以帮助自己形成对辅导员角色的具体认识。在工作过程中，辅导员要面对来自各个方面的各种各样的问题，心理状态和情绪难免出现波动，这时辅导员就需要使用心理学知识调整心态，平稳情绪，以保证顺利完成工作。此外，高等院校辅导员需要在工作过程中保持良好的情绪，这样能够提高工作效率，也能使辅导员更受学生的欢迎。

第七，网络运用能力。网络运用能力要求高等院校辅导员除了运用网络共享、多媒体、虚拟技术等实现思想政治工作办公自动化，还要熟悉和掌握现代大学生常用的微信、微博，以及直播平台等网络社交平台。

第二节 高等院校辅导员队伍建设路径分析

一、聚焦辅导员角色特点

辅导员角色特点体现在职业化、专业化等方面。辅导员职业化、专业化发展要求辅导员不断提高自身职业能力与专业水平，从而更好地提高自身的辅导工作水平。在长期实践和发展中，每一种职业都会在条件成熟时形成专属的文化。这种精神文化是该群体共同的理想信念、价值观念、职业习惯等综合而成的，反映了该群体的特征，是群体的灵魂和精神纽带。辅导员的职业文化也是如此，它能够增强辅导员个体的归属感和集体感，从而产生推动整体进步的凝聚力。

（一）职业文化要求

辅导员作为与学生接触的一线教师，各方面的学生工作都需要辅导员的直接协调与参与。这些工作包括：思想政治教育工作、宿舍管理、职业规划、学生的安全稳定、帮困助学等。由此可见，高等院校辅导员在学生工作中发挥着不可或缺的主导作用，可以保证学生工作顺利开展，学生工作离不开辅导员的统筹、指挥、协调。

目前来看，学生思想问题的解惑者是辅导员的主要角色，学生心理问题的疏导者是第二角色，学生生活与学习上的指导者是第三角色，学生教育管理的指导者是第四角色。辅导员对学生的熟悉与了解程度要比其他教师高出很多，所以在为即将毕业的学生进行就业指导与职业引导时更加得心应手，事半功倍，因此，让高等院校辅导员来担任此项工作更为恰当。职业规划这一重要工作并不是在学生即将毕业时才做的，辅导员根据每个学生所处的不同阶段，引领学生在自我定位和职业生涯规划领域有所参与，这是在与现如今就业形式结合之下的产物，比面试技巧培训和心理辅导具有更深的层次。

此外，高等院校辅导员也同样扮演着学生的良师益友与榜样的角色，在学生中树立良好的形象有利于工作的开展。在大学期间，学生除了需要老师之外，还需要朋友，这样才能够有更多的交流，通过交流能够让学生的生活更加积极阳光。辅导员在做好教师工作的同时，还需要成为学生的知心朋友，保证学生有健康的学习心态并健康成长。

辅导员作用能否得到良好地发挥，辅导员与学生能否保持良好的亦师亦友的关系，这都取决于如何使工作方法上的创新与优良的传统有机结合，亦师亦友的良好状态可以使教育教学取得良好的效果。

虽然目前社会价值取向多元化和信息多元化，但是每个人也还是会有自己的榜样，特别是在大学期间，学生往往会从身边的老师或同学当中寻找榜样，一个勤奋做好学生工作、具备丰富学识、拥有人格魅力的辅导员，是可以成为学生的榜样的。一个想要成为学生榜样的辅导员，不但要引导学生做好自我的职业规划，还要团结学生并为学生提供温情的服务。为了在政治教育方面能够给学生带来正确的观点与方向，辅导员需要具有较高的政治鉴别力、政治洞察力、政治敏锐性、较强的法制观念、坚定的政治品格，并且认真贯彻党的方针。与此同时，身为辅导员，还需要为人师表、以身作则、廉洁、公正、谦虚、诚实、品行端正。

除此之外，为了通过多方面的交流，引领学生们树立一种正确的世界观与人生观，作为一名辅导员需要对现代知识能做到全方位地掌握，融入当代社会与学生之中。也就是说辅导员要成为现代教育的行家、心理调节的医生、教育改革的倡导者、终身学习的示范者。辅导员必须要时刻严格要求自己，积极成为学生的榜样力量，为学生做好表率作用，让学生积极按照辅导员的要求，以及良好行为进行学习与生活，成为对社会有用的人才。

由上所述，从事辅导员工作的人员应该经过相关方面的培训与教育培养，从而掌握对学生进行思想政治教育工作的方法手段，掌握学生管理事务的专业技能与理论知识，令辅导员这一职业成为一个可以长久从事的职业，这些有利于辅导员队伍管理体系与机制的建立。总的来说辅导员工作的职业化存在以下四方面要求：一是为了让广大从业人员认识到该职业的发展前景，提升工作积极性，高等院校人事部门需要设计一个辅导员考核、任职、晋升的制度改革体系，通过明文规定来确定与鼓励该职业是长期稳定发展并可从事终生的职业；二是辅导员从业人员只有在经历一系列的严格的培训和专业学习后，达到从业标准才可以正式上岗；三是加强辅导员从业人员的职业生涯规划的指导，使其发展渠道得到拓展与畅通，使其发展空间得到提升。从一定的专业方向出发，对辅导员从业人员进行培养，同时还要促进与确保工作职责的有效履行；四是对辅导员从业人员的培训与再教育要进行规范化管理，各个高等院校要依据当代大学生思想政治教育的需求，以及高等院校发展的需要，采取优胜劣汰的原则，通过定期的考核方式，对不合格的辅导员进行淘汰。

（二）加强辅导员文化建设的路径

第一，成立辅导员研究协会。精神文化具有内生性的特点，换言之，辅导员的职业文化职能依靠辅导员全体成员共同创造产生，而不能靠移植、复制而得。辅导员共同体创造文化需要依托于特定的辅导员组织，而不是散落的、单个的辅导员个体。放眼全国，关乎辅导员的协会或者组织发展不够充分，中国高等教育学会辅导员研究分会（FAR）作为全国性的辅导员协会"出场率"并不高，其官方网站建设略显滞后，版块信息少而且更新慢，有些甚至停留在 2014 年，整体上并没有发挥出其应有的作用。地区或者高等院校的辅导员协会数量也相对较少，江苏省高等院校辅导员工作研究会、合肥师范学院辅导员协会、华侨大学辅导员协会等是为数不多的代表。需要认识到高等院校辅导员协会等组织的建立对于增强辅导员群体内聚力，繁荣辅导员职业文化是至关重要的。因此，要鼓励成立高等院校或者省市级的辅导员组织，辅导员群体规模较小的高等院校或者省市可以联合周边成立地区性的辅导员组织。更重要的是，辅导员协会等组织成立之后要切实发挥作用，凝聚地区内的辅导员个体，否则，一切都将是摆设。

第二，创办有影响力的刊物。辅导员职业文化的发展与传播还需一定的载体。期刊是承载辅导员职业文化的一种重要形式，在传播和发展辅导员职业文化，提高辅导员社会影响力过程中扮演着重要的角色。目前，比较有影响力的辅导员的文化载体主要散落在《思想政治教育研究》《思想理论教育导刊》等权威期刊，以及各大学学报的个别栏目中，辅导员工作研究分会的会刊《高等院校辅导员》，以及安徽师范大学主办的《高等院校辅导员学刊》，两个作为高等院校辅导员的代表性期刊都未被北大中文核心期刊、中文社会科学引文索引（CSSCI）收录，前者的复合影响因子为 0.264、综合影响因子为 0.161，后者的复合影响因子为 0.341、综合影响因子为 0.208。可见，辅导员的期刊还未在学界引起重大影响力，对提升辅导员教育教学理论，凝聚辅导员的职业文化作用不够明显。对此，应当大力扶持辅导员核心期刊的发展，逐步提升其在学术界的影响力，进而扩大辅导员在整个社会的影响力，为繁荣辅导员职业文化提供有力的载体。

第三，搭建合作交流的平台。辅导员职业文化的发展要在依托辅导员研究协会，以及颇具影响力期刊基础之上，努力搭建辅导员的合作交流平台。一方面，可以通过建立线上和线下的平台，拓宽辅导员相互交流学习的渠道。线上可以建立和运营辅导员专门的网站和数据库，共享丰富的资源，达到共同进步的目的，线上平台取得成功的关键在于运营和管理，要保证线上平台信息：一是"广"，即信息尽可能地全面；二是"精"，即信息的针对性和高质量；三是"快"，即信息的及时有效性。另一方面，线下要积极筹备高等院校范围内的，地区范围内的辅导员职业技能大赛、辅导员论坛、"优秀辅导员"评选等活动，促进辅导员相互合作、交流的同时，激励辅导员快速成长。

第四，构建辅导员职业化新体系。科学合理的制度体系是实现高等院校辅导员队伍职业化建设的重要前提。比如，选聘制度就是为了保障选择合适的人才进入高等院校，选择符合高等院校辅导员标准的人才进入辅导员队伍。管理制度就是规范高等院校辅导员的日常行为，避免出现不合理的行为与现象。考核制度就是评价高等院校辅导员的相关工作，激励他们工作的热情与主动性，出现不合理的地方就应该及时指出，有效规避。培训制度就是优化他们的自身能力，促进辅导员队伍向着职业化的方向发展。职业发展制度就是明确辅导员的晋升与退出机制，保障辅导员队伍的持久性与稳定。

综上所述，无论是成立辅导员研究协会、创办有影响力的期刊，还是搭建合作交流的平台，主要的深层目的是繁荣辅导员职业文化，凸显专属于辅导员的文化特质，进而增强辅导员的归属感和认同感，形成辅导员群体的强大内驱力。

二、拓宽辅导员选拔渠道

伴随着时代的发展、形势的变化，辅导员队伍选拔，除了传统的选留优秀毕业生及教师中选任外，参与选聘的领导与工作人员还应不断开阔视野，加强扩宽辅导员队伍的选拔渠道。

高等院校辅导员的选聘工作作为开启辅导员工作生涯的重要一步，选择合适的人才成为高等院校辅导员队伍中的一分子就显得尤为重要。辅导员的主要工作是对大学生进行思想政治教育，需要一定的学历、实践能力、相关经验等。这样挑选出来的人才会更好地完成高等院校的辅导员工作。所以建立严格的选聘制度是非常必要的，遵循相关的原则，按照规定标准进行招聘。还可以鼓励高等院校专业课程的任课教师来从事兼职辅导员工作，专业课程的任课教师与学生接触的时间较长，不仅具备丰富的教学经验，还具备一定的学生基础，可以利用课上与课下的时间完成对学生的教育。选聘辅导员一定要注重规范与科学，尽量兼顾年龄结构、知识体系、实践经验、性别比例、数量结构的合理性，最大限度地优化高等院校辅导员的队伍，提升辅导员队伍的职业化水平。

（一）深入挖掘本校内的优秀人才

本校内优秀人才相较于从外校聘请的人员，他们已经在学校待了四年乃至更长的时间，对学校的基本情况、学生以及专业等都有深入的了解，因此，深入挖掘并鼓励此类优秀的博士生、硕士生，以及本科生参与辅导员的选拔，能有助他们更快、更好地适应辅导员的工作，提升辅导员的工作效果。

（二）注重引进校外优秀人才

目前，高等院校辅导员人才引进更多来源于其他高等院校优秀的应届毕业生，在引进辅导员时应该特别注意从师范类大学中引进具有思想政治专业、教育学专业、管理学专业背景的学生。具备这些专业背景的优秀学生，他们自身具备良好的马克思主义理论素养，拥有较强的人际沟通协调能力，懂教育理论，能够深入分析学生的思想及心理动态，相较于其他专业学生更加适合辅导员这支队伍的工作需求。

此外，还要注意引进与吸收海外留学归国的优秀人才。在辅导员的选拔渠道方面，我们除了将视角放在本校及外校的优秀毕业生中，我们也可以适当地将辅导员选拔放在这部分优秀人才上面。结合时代的发展，越来越多的人出国深造并回归祖国、报效祖国，他们拥有较高的专业水平、生活经验及丰富的阅历，具备稳定的价值观，可以为学生的世界观、人生观、价值观等多方面提供帮助与指导，也更容易获得学生的信任与尊重。

（三）创新辅导员选拔方式

创新辅导员选拔方式，需要将笔试、面试和考查相结合，针对目前辅导员选拔中的不足，有针对性地进行提高，确保选拔效率与质量的双提升。从三个环节来看，应该进一步弱化笔试环节及其所占的比重，强化面试环节及其所占的比重，积极利用先进的人力资源管理理论和国内外人才选拔的经验及技术，全面综合性地考查面试人员的综合素质是否符合辅导员工作岗位与要求。与此同时，在探索辅导员选拔方法时，对于一些非常优秀的人员可以减去笔试环节，直接进入面试和考查，担任相关职务。并且，还实行人才储备计划和优秀人才库计划，将适合辅导员工作岗位、优秀学生管理储备干部等人才纳入相应的人才库中，对其进行有针对性的重点培养，在高等院校相应学生管理及辅导员岗位出现空缺时，便能成为其最有效的补充，在减少人力资源招聘成本的同时，提高选拔质量与效率。

（四）建立辅导员选拔的反馈机制

高等院校在开展辅导员人才选拔时是作为需求方，在完成招聘后应该及时地总结经验和不足，找出问题的解决方案。如解决人才招聘中所供非所需这一问题，招聘方学校就应该及时加强与供给方学校之间的沟通与交流，将自己的需求有效地传递给供给方，才能确保高等院校在培养人才的时候按照用人单位的需求展开，培养出符合岗位要求的优秀人才，彼此达到双赢的局面。

（五）成立专门职务聘任委员会

辅导员职务聘任委员会的主要任务就是，具体负责结合各校实际，制订辅导员评聘教师职务的具体条件，负责本校专职辅导员、专业技术职务的聘任工作。在评聘过程中要注意两点：其一，突出学生工作的重要性，尤其是对于新入职的辅导员应该侧重于工作考查；其二，坚持把教学表现、科研能力和学生工作业绩相结合的原则，协调好三个因素在考核评定中的比例，统筹兼顾到不同年龄、各有特长的辅导员。客观来说，高等院校辅导员的科研能力和精力是无法与专业教师相竞争的，所以相对难以达到职称评定的指标要求，这无形中缩窄了高等院校辅导员的晋升通道。成立高等院校专门职务聘任委员会的目的就是将辅导员与专业教师的职称聘任区分开来，以保障高等院校辅导员晋升渠道的畅通，从而保障辅导员的物质利益。

三、完善辅导员管理机制

（一）完善培训制度

当今时代，信息更新速度非常快，也需要高等院校辅导员不断充实自己。很多高等院校辅导员对职业的归属感较低，需要高等院校为辅导员提供明确的要求，并为他们提供切实可行的培训，让每一个辅导员都可以获得充分的知识，不断提高自己。高等院校辅导员与学生的联系极为频繁，需要不断充实自己，不断接受教育，这样才可以更好地为学生解决问题。

高等院校辅导员的主要工作就是做好学生的思想政治教育工作。不仅要具备充分的专业知识，还需要与学生更好地融合在一起，这样工作才可以更好地开展，使工作实践与理论知识更好地融合在一起，这样的工作才有意义。所以，完善高等院校辅导员的相关培训体系，不断提升他们的专业素养与实践能力，可以更好地开展学生工作。还可以通过建立高等院校辅导员培训基地，形成辅导员培训的长效机制。

针对目前高等院校辅导员，开展有针对性、实践性、系统性的培训是十分必要且十分重要，是增强教育效果行之有效的方式。高等院校思想政治教育的多种培训包含讲座、报告、工作坊、沙龙、训练营等形式。有效的培训可以帮助刚加入工作队伍的新人迅速成长，也可以帮助一些有工作经验的工作者调整工作思路、丰富工作手段。在开展多方面培训的时候需要遵循三个原则。

第一，针对性原则。一些高等院校确实组织了许多培训，但是效果不佳，许多辅导员老师、思想政治理论课老师将其视为工作任务来应付，不但没有帮助其成长，反而浪费了大量人力、物力、财力。针对性原则要求组织部门在组织培训时应该结合工作实际、考虑时代热点，针对当前高等院校辅导员最薄弱的环节、最缺乏的技能去组织培训，针对当下最热的思想政治教育内容去组织培训，针对大学生群体最突出的问题去组织培训，这样才能将培训落到实处，切实地帮助高等院校辅导员成长。

第二，实践性原则。实践是检验真理的唯一标准，人的思维是否具有客观的真理性，这是一个实践问题，而不是理论问题。培训也是如此，思想政治教育是一个操作性和实践性很强的工作，聆听别人的讲座报告难免有些"纸上谈兵"，因此，要多一些训练营之类的，能够让受培训者参与其中的方式，少一些大会报告的形式，这样高等院校辅导员才能更好地在实践中去反思自己过去的工作，寻找更好的方法。

第三，系统性原则。任何一项工作都是系统工程，应该循序渐进地、由此及彼地培养高等院校辅导员的能力。培训如果多而杂，不仅没有效果，反而会加重高等院校辅导员的负担，因为这是他们必须要完成的上级下达的任务。因此，在有针对性地选择培训之后，还要注重培训整体的系统性，要让多种培训由点串成线，达到更好的效果。

此外，面对目前高等院校辅导员专业背景多元化的现实，为充分发挥辅导员自身的学科优势及个人特长，在辅导员培训中除了要坚持针对性、实践性、系统性原则，还可以创新培训形式，进行辅导员定向培训。辅导员培训中的定向式培训是指根据每个人的学科背景或者技术特长的不同，先选择辅导员职能体系中的某一项或者某几项进行深入培训，以取得在该领域的专家地位。也就是说，先将辅导员按照"1 字形"人才培养，而后在此基础上，逐步拓宽其专长领域，转变为"十字形"人才。

例如，一位高等院校辅导员是心理学学科出身，自身对心理学也有一定的兴趣和专长，那么就可以先让其进行心理健康教育与咨询模块的深入培训，帮助其迅速在心理健康教育与咨询领域成长为专家。一般的培训可能安排比较紧凑，种类较多，要在短时间内接受职业生涯规划、心理健康教育、大学生党建工作等多方面的培训，受训者的接受效果难以保证。由此，辅导员定向式培训既是当前辅导员学科背景多元化的合理选择，还可以在较短时间内帮助辅导员成为某个领域内的专家，促进辅导员之间的相互交流和相互学习。

（二）开展职业规划

要实现辅导员队伍的职业化，就需要严格按照职业化的标准来执行，制订完整的高等院校辅导员的职业规划，应该从以下四个方面着手。

第一，培养专门人才。实现辅导员队伍的职业化，需要有专门的人才。高等院校应着手开设辅导员培训的相关课程，培养具有专业知识与能力的辅导员。由于我国没有专门的辅导员课程，因此，可以参照国外的课程设置，并与我国的实际情况相联系。我国高等院校会定期开展思想政治教育类的课程，可以将这类课程与思想政治教育相结合，开展思想政治教育、心理教育等。可以通过这些课程的设置实现辅导员的专业化建设。在没有培养出专门人才之前，高等院校可以选择具有一定实践经验或者接受过类似教育的人来担任高等院校的辅导员，再结合高等院校的实际情况，进一步确定高等院校辅导员的数量与结构。

第二，设立辅导员专业职称。高等院校辅导员的薪资待遇水平与专门的任课教师之间存在很大差异。就目前的发展情况来看，应该将辅导员职务评定作为一个专门的标准，纳入学校教师职务评定的体制之中。学生工作部门可以根据辅导员的工作性质，将思想政治教育职务单独罗列出来，形成指标，设置相应的职称与职务。这样一来，高等院校的辅导员就有了发展的空间与晋升的平台，可以进一步激发辅导员的工作热情，提升高等院校辅导员工作的职业化与规范化。

第三，设立专门的辅导员工作机构。高等院校辅导员的工作职责不应该是包揽所有的工作，而应该是有明确的职责划分，更不应让高等院校辅导员受到多层的管理，建立专门的辅导员工作机构，使其工作具有一定的安全感，更有利于工作的顺利进行。

第四，建立一整套的制度规范。不管是在选聘、培训、考核、晋升、激励，还是在保障制度方面，都应该有一定的制度规范，这样有利于对高等院校辅导员进行统一管理，规范人才流动的体系。

（三）健全管理和保障制度

众所周知，辅导员工资的构成包括基本工资和岗位津贴等。大部分辅导员都希望自己的福利待遇能够得到提升，要完善相关的激励机制，增强他们的职业认同感与归属感。高等院校不仅要保障他们培训与进修的权利，而且还要保障他们在晋升方面的机会公平，不断增强他们的职业认同感。

高等院校应该充分认可辅导员的相关工作，适当增加他们的岗位津贴，在生活中给予适当的关心。这有利于激发高等院校辅导员工作的积极性与主动性，使他们在工作中得到满足，增强归属感，产生想要长期从事这项工作的兴趣，不断增强自身的实力，不断推进辅导员职业化的进程。

辅导员的物质利益是不可回避的话题，这也是促使辅导员现代转型的物质基础。可以从两个方面保障辅导员的物质利益：一是直接提高辅导员薪资待遇；二是畅通辅导员的晋升渠道。

1. 提高辅导员的物质待遇

马斯洛将人的需要区分为五个层次，处于最底层的需要是生理需要，即由生理决定的需要，例如对食物、住宿、睡眠的需要。在工作中，生理需要通常被转化为对更多金钱的需求和期待。因此，提高辅导员的物质待遇，改善辅导员的经济状况是辅导员实现现代转型的物质基础。

提高辅导员的物质待遇可以从几个方面入手：其一，在工资待遇上，要以教师的身份，按照他们被聘的专业技术职务确定他们的工资标准，使辅导员的工资与本校其他教师的同一专业技术职务的工资相同。其二，实行"以薪代职"。行政岗位有限，行政职级上不去，但是薪水酬劳可以上涨。对于优秀的高等院校辅导员，由于某些原因行政职级可以暂时不予评定，但是要匹配相应的薪资酬劳。其三，对于高等院校辅导员承担的相关课程的教学工作，予以课时补贴。

2．建立合理的流动和退出机制

高等院校辅导员的"双线晋升"是比较合理的，也是我国将会长期坚持的机制。双线晋升机制提高了高等院校辅导员的工作热情，留住富有经验的辅导员，从而有利于形成高等院校辅导员合理的"老中青"队伍结构，同时，也有利于高等院校辅导员由单纯管理者向教学、服务、研究"三位一体"复合角色转换。

但是，这一机制在实际运行过程中效果并不显著，高等院校辅导员晋升缓慢，整体专业化水平较低，这主要是晋升渠道狭窄所导致的。由于行政管理岗位是有限的，且行政职位的设置都是"金字塔"形的，级别越高难度越大。建立合理的流动和退出机制有利于破除这一困境。对于优秀的高等院校辅导员要予以表彰并大胆提拔使用，对于不符合要求的、表现不好的人员要及时调整或者清退，鼓励良性竞争，保持队伍的活力。此外，对于违反有关规定和条例的辅导员可以取消或者推迟其申请晋升资格，例如，黑龙江大学规定，受记过以上处分者，延迟 2 年以上申报。受处分期间，不能申报。

（四）制定科学合理的考核制度

辅导员的工作性质决定了辅导员工作的特点，能不能得到一定的认可，会直接影响高等院校辅导员工作的热情，高等院校需要对此高度重视，制订科学合理的考核制度，保障辅导员的相关权益。为了确保高等院校辅导员的相关权益，根据高等院校辅导员的工作特点、工作范围、工作性质，制订相对科学合理的考核制度，建立健全相关的考核指标。制订之后，严格落实。也就是说建立在辅导员全面工作的领导评价体系、同事评价体系、学生评价体系、自我评价体系之上的综合考核机制。

（五）坚持养用结合

辅导员队伍是高等院校意识形态教育的主体之一，其整体素质直接关系到高等院校意识形态工作的成效，辅导员走职业化发展道路，全面提升他们的工作能力与水平，以不断适应当前高等院校意识形态教育发展的要求，加强辅导员队伍之间的"传帮带"培养之路是其必然之路。目前高等院校意识形态教育辅导员队伍培养虽然具有一定的体系，但是伴随着意识形态与队伍本身之间的变化及实际情况的发展，需要对其进行科学规划、采用动态培养方式，不断完善大学生意识形态教育和辅导员队伍培养的创新机制。

其中最重要的就是坚持"养"与"用"相结合的原则。高等院校辅导员队伍是教师队伍、学生管理队伍的重要组成部分，是高等院校在开展思想政治教育、意识形态教育等工作的骨干力量。高等院校辅导员队伍走专业化、职业化发展道路是应对高等院校教育新形势的要求，是社会和国家的需要，是高等院校工作目标、意识形态工作目标达成的需要，同时也是辅导员自身职业发展的需要。当前在面临辅导员管理体制落后、辅导员队伍流动性增大、学历普遍较低、专业水平有待提升的整体情况下，为适应新挑战、新的时代要求，开展系统性和具有针对性的辅导员培养便显得尤为重要。在培养辅导员综合素质、使辅导员走上专业化发展道路方面，我们必须树立起系统培训和针对性培训、长期性培训和阶段性培训、养与用相结合的理念，把以马克思主义为核心的主流意识形态教育融入高等院校辅导员培养的整体工作规划当中，统筹协调好培养资源与培养节奏，既遵循人才培养的客观规律，同时也有针对性地加强社会培养载体及内容，使培训避免流于形式，促使其取得实际效果。与此同时，还应注意辅导员的工作性质，既要开展阶段性的集中培训，同时也要有针对性地开展长期性培训，使长期性培训与阶段性培训相结合，使辅导员综合素质通过量的积累最终形成质的飞跃。最后，在利用辅导员培训促使其走专业化道路的过程中，还要秉持辅导员"养"与"用"相结合的理念，坚持在培养中使用、在使用中培养的基本理念，构建高等院校辅导员队伍的培养制度，切实保证高等院校意识形态教育辅导员队伍培养环境的全面优化，进而推进辅导员队伍的专业化、职业化发展之路。

（六）提升辅导员的思想内涵

一是引导辅导员"三想"。引导辅导员要为实现中华民族的伟大复兴而奋斗着想，引导辅导员为发展地方经济着想，辅导员为实现自己的人生价值、职业幸福和事业发展着想。

二是引导辅导员"三做"。成才先成人，要引导辅导员自觉肩负起历史的使命，争做一个有崇高理想和高尚品格，能诚实守信、遵纪守法的人；要引导辅导员做一个有决心、有恒心、有信心的人；要引导辅导员做一个学识广博、视野开阔、勇于创新、敢于拼搏的人。

三是引导辅导员处理多方面的困难。一般来说，辅导员在职场中所遇到的困难，大多可以归纳总结为以下四类：工作方面的困难、经济方面的困难、人际交往方面的困难及个人能力方面的困难。古人云"天将降大任于斯人也，必先苦其心志，劳其筋骨"，纵观中国历史，有很多有成就的人，都是在苦难中逐渐成长起来的。我们虽然不希望我们的辅导员在工作及生活中遭遇困难，但是如果遇到了困难，也不要畏惧，而应该学会怎么去解决这些困难，不能在困难面前低头。当辅导员遇到困难时，应该用一种积极的心态来看待，把它视为是自己的一种财富，在克服困难的过程中，不断提升自己、完善自己，实现自己的人生价值。

（七）构建辅导员经验分享及交流渠道

1. 搭建工作交流平台

高等院校可以利用自己的优势，创办融合学生管理、思想政治工作、就业工作、心理健康工作、意识形态工作、安全工作等于一体的内部刊物，从事相关工作的教师及管理人员可以在此内部刊物中发表交流自己工作经验的文章，一方面提升教师的归纳写作水平，另一方面也促进有益经验的分享，为其他教师与学生管理者提供工作参考。与此同时，有条件的学校还可以每年举行辅导员工作论坛，通过专题报告或论文的形式拓展理论实务的学习途径，也可以通过论文评优促进工作研究及经验成果的转换，或通过交流推进学生工作及意识形态工作的创新发展。另外，学院还可以开发组建网络办公系统，加强辅导员之间工作交流的及时性，全面提升工作效率。

2. 促使优秀辅导员进行专业思想政治教育

根据高等院校的具体实际情况，通过学院党委决定可以将优秀的辅导员纳入思想政治理论课教师队伍之中，促使优秀辅导员进行专业思想政治教育，参与部分思想政治理论课程的教学与研究工作。学校还可以根据辅导员的学历情况、理论研究功底、工作绩效，择优推荐辅导员进行相应的思想政治课的课程讲授与小班讨论指导，形成大学生思想政治教育课下与课上的有机结合，既充实了思想政治课教师队伍，又培养、锻炼、提高了辅导员的综合素养。

现代社会不断发展，社会中出现了很多不确定因素。高等院校辅导员主要负责学生的思想政治教育，与学生的接触也最为频繁，因此会遇到很多不确定因素。为有效应对这些不确定因素，高等院校辅导员应在实践中不断锻炼自己，分析影响学生行为和思想的各种因素，以便在面对复杂问题时能够快速判断成因，及时找出应对策略。

四、重视辅导员自身角色的发展与转变

高等院校辅导员的现代转变不是一个单一、片面的简单过程，是辅导员个体要素现代转变和队伍结构现代转变的结合，是诸多要素相互联系、相互影响的整体性过程。高等院校辅导员的现代转变包括两个向度：一是传统型辅导员向现代型辅导员转变的过程；二是现代型辅导员的深化发展过程。在这个过程中既有对过去不良因素的消弭，又有基于过去良好基础之上的补充和发展。

高等院校辅导员本身就是一个系统，是由若干彼此独立又相互联系的要素组成，辅导员的现代转变实际上就是这些要素的现代转变。高等院校辅导员的现代转型首先是理念的转变，它是整个系统现代转型的先决条件，能力的提升是辅导员现代转型的中心内容，是辅导员综合能力的全面提高，角色的转换是在与受教育者互动过程中的直接呈现。

相对于传统的理念，现代型辅导员必须是具有开放、发展、多元理念的辅导员。简单来说，理念就是人的看法和思维，它表征着高等院校辅导员对待自我和对待学生的认识和态度，渗透在思想政治工作的内容、方式、活动等各个方面。开放的理念是对全球化趋势和现代化建设的回应，要打破传统思想政治教育局限于学校、教室、课本的弊端，将思想政治教育渗透在一切可以利用的社会生活中。发展的理念要求辅导员用发展的眼光去看待自身、学生、思想政治教育及社会。多元的理念旨在回应学生个性化和社会的多样化，打破思想政治教育的单一性和模式化。

其次是角色的转换。高等院校辅导员的角色转换是理念转变和能力提升的外在变现，体现在与受教育者的互动活动之中。角色定位的正确与否需要接受时代和实践的检验，在当下的思想政治教育环境中，高等院校辅导员需要做到几个方面的角色转换。

一是从权威角色向平等角色转换。我国历来都有师道尊严的传统，教师被推崇到与天地、君亲同等的地位。《礼记·学记》有云："凡学之道，严师为难。师严，然后知道尊。道尊，然后民之敬学。"教师的权威角色有利于理论知识的灌输，有利于教学活动的管理，但也无形中湮灭了学生的创造性。现代学界比较认同的是教师和学生的平等互动关系，强调发挥教育者的主导性和受教育者的主体性，受教育者主体性的发挥有利于思想道德由内化向外化的发展，并且在教育过程中给予教育者更多的反馈。但是，平等互动的关系是一

种理想状态，在目前的教育教学中还没有完全实现。教育者主导性凌驾于受教育者主体性之上，受教育者主体性发挥不完全等现象仍时有发生。辅导员的平等角色除了表现为双主体互动过程中的平等的人格尊严，还体现在辅导员对受教育者群体不做带有个人色彩的价值评判。

二是从教导者角色向引导者角色转换。当下大学生群体乐于接受新事物，但是新事物并非都是符合社会发展要求的，这需要受教育者自己去甄别、筛选，但受教育者往往很难独立完成这一工作。一般而言，高等院校辅导员相较于受教育者而言，具备更加丰富的理论知识、方法技巧、人生经验，以及明辨是非的能力。所以，受教育者需要教育者予以一定的帮助。但是教导者角色带有明确的指向性，对于走向何方、如何达成等问题有确切说明，不利于受教育者思考，甚至会引发受教育者的抵触情绪和逆反心理。所以，高等院校辅导员要更多地扮演好"引路人"的角色，用科学的专业方法、扎实的理论知识通过暗示、启发的方式去引导受教育者自己感悟，进而帮助受教育者完成对新事物的认知、认同和践行。

（一）确立现代化的发展理念

高等院校辅导员的现代转型是一项长期艰苦的事业，这一事业的完成需要强大的精神动力作为"推进器"，辅导员的职业理想和发展的理念是其精神动力的来源。

发展的理念旨在打破传统僵化、滞后的理念。高等院校辅导员要紧跟时代潮流，确立现代化的发展理念，用发展的眼光去看待学生和社会，同时，也要将自身视作发展的个体，主动求变，积极学习，努力实现终生学习。

首先，在整个社会现代化发展的趋势中，学生群体的发展是不可避免的。"95后""00后"的大学生更加富有个性、勇于表现自己、极具学习能力。同时由于尚未形成稳定的价值观念和道德意识，他们也更容易受到不良因素的侵蚀。因此，高等院校辅导员要将其看作发展着的个体，全面、客观地认识他们的特点，避免用传统的眼光看待他们和用一成不变的内容实行"一刀切"的教育。

其次，要用发展的眼光看待自己，努力实现终身学习。发展的根源在于事物内部的矛盾，所以高等院校辅导员自身确立发展的理念显得尤为重要。诚如英格尔斯所概述，现代化的人具有乐于接受新的思想观念和行为方式，头脑开放并尊重不同意见和看法，对人和社会充满信心，以及乐于追求知识等特点。转型后或者转型中的高等院校辅导员应当树立终身学习的理念，主动加强学习，增强知识和素质，努力实现由单一型向复合型人才转变，以更好地应对思想政治教育过程中出现的问题。

（二）以外部环境作为保障

高等院校辅导员的现代转型需要良好的外部环境作为保障，这里主要包括社会认可和社会制度保障。社会认可程度反映了社会对辅导员存在和价值的赞同和尊重程度。良好的社会认同可以给予辅导员不竭的动力。反之，辅导员则会变得消极、沮丧，丧失转型的动力。

1. 社会认可度方面

社会认可是高等院校辅导员的社会维度，要回答的是社会是否需要辅导员，以及社会如何看待高等院校辅导员的问题。对于前者是可以做出肯定回答的。纵观古今中外，思想政治教育虽然有称呼上的不同、表现形式上的差异，但是思想政治教育作为一种普遍现象，是真实存在的，那么从事相关工作的人员也理应有其存在的价值。对于后一问题，应该说高等院校辅导员的社会地位还不是很高，高等院校辅导员这一群体还未得到人们的高度推崇和尊重。为提高高等院校辅导员的社会认可度，为其职业化成长、专业化发展和专家化成才创建良好的外部环境，可以从几个方面入手。

首先，广泛开展正名活动，用"思想政治辅导教师"统一代替"辅导员"。辅导员制度从最初 1952 年筹备开始，经历了 1953 年蒋南翔校长率先实施"双肩挑"的政治辅导员，到后来的"思想政治辅导员"，再到如今大家比较熟悉的"辅导员"称号。称呼的变化不仅是社会发展和变迁的结果，更是蕴含了其工作内容的变化，工作内容由原来的政治工作、思想工作慢慢增加、演变成现在这般"无所不包"的工作。"辅导员"的"员"具有员工、成员的意思，这就使人们容易在字面理解上将辅导员视为高等院校行政人员、工作人员，而忽略辅导员的教师身份。久而久之，社会对辅导员形成刻板印象。更名活动有利于破除这种刻板印象，提高社会对高等院校辅导员的认同。国内有些高等院校已经走在了改革的前沿。例如，上海交通大学已经进行改革，在相关招聘公告及报道中，已用"思政教师"取代原先的"辅导员"称呼。

其次，将职业分类大典中"高等教育教师"小类细分为若干细类，并将高等院校辅导员纳入其中。根据《中华人民共和国职业分类大典（2015）》，辅导员并没有被单列为一个独立的职业，而只是将辅导员作为高等教育教师的一个职能。将高等院校辅导员纳入高等教育教师下属细类之中，将"高等教育教师"细分为"高等院校专业教育教师"和"思想政治辅导教师"两个职业，这将有利于落实辅导员的教师身份，提高辅导员社会认可，促进其成功转型。

2．社会制度方面

从高等院校和地方层面来看，需要不断丰富相关的制度和规定。例如上海交通大学出台了《上海交通大学辅导员队伍建设实施意见》，其中第五章关于成长与发展，为完成培养期的辅导员提供攻读博士研究生、公派出国留学、转向专职思想政治教师等多个发展路径。虽然许多举措还处于实验阶段，但是高等院校辅导员发展的理念必须提前确立，因为理念是行动的指南，对行动具有指导作用。从国家层面来看，进入 21 世纪以来，中共中央、国务院及教育部等先后印发了一系列指导性文件为辅导员的发展提供政策上的指导。在此基础上，国家还可针对当下备受关注的辅导员职称评聘、晋升等问题出台相关文件和规定，并适时地将某些规定纳入法律法规中，为辅导员的现代转型提供更加完备的制度保障。

五、提高各项工作的能力与水平

（一）授课能力

提高辅导员思想政治教育课授课能力，一方面，要充分发挥大学生的主体作用，改变传统单向教育模式，加强师生互动。如山东大学自 2014 年开始形势政策课改革，让学生以小组为单位走上讲台讲课，辅导员随堂点评，在师生互动中提高授课效果。另一方面，要优化教学内容，挖掘教育素材，将理论教学与学生实际生活相结合、与全球化背景相结合，既能以"接地气"的内容吸引学生学习兴趣，又可以与国际接轨，将党和国家政策讲实讲透，改善课堂教学氛围。

（二）网络新媒体运用能力

利用网络新媒体与学生互动交流，弥补现实面对面交流较少的不足。可以利用网络及时发现大学生思想动态和关注焦点，敏锐地预判一些苗头性、倾向性、群体性问题。比如，高等院校可以建设辅导员微信公众号。在这方面应该注意以下两方面。

1．理论支撑

（1）明确自身发展的学科领域，重视提升知识底蕴

在微信公众号建设中，辅导员所扮演的角色仍然是教育者、管理者、服务者的统一，从事工作仍然以思想政治教育为先。当前，辅导员队伍专业背景多样。在同一工作领域，辅导员以各自不同的学科背景为支撑，势必无法形成良好的专业发展趋势。另外，没有良

好的学科支撑自然无法满足"政治强"所要求的扎实理论功底和深厚知识底蕴。因此，明确自身发展的学科领域是推进辅导员职业能力发展的基本起点。

辅导员工作始终与思想政治教育站在同一阵线诠释立德树人意蕴。在工作实践中，尤其是在瞬息万变的移动互联网时代，辅导员首先需要摆正自我位置，坚持加强政治素养，加强自我角色认知，剔除"吃老本"、因循守旧、得过且过的病态心理，明确自我发展主要立足于思想政治教育这一专业知识，主要依靠思想政治教育这一专业知识，主要为了思想政治教育这一专业知识。

此外，辅导员要通过阅读相关书籍、参加学术讲座及行业交流活动，进行思想政治教育科研立项，攻读思想政治教育博士学位等，把思想政治教育学科作为自我发展的核心基础。

辅导员应当坚持把党的方针政策嫁接在辅导员微信公众号中，运用党言党语、学言学语、网言网语开展"有底气、有硬气、有理气"的线上教育。"萌哥有话说"中的"思政笔记"栏目、"仍然在路上"中曲建武老师的谆谆教诲就是典型先例。

（2）坚持以思想政治教育为主，丰富知识内涵外延

理论在辅导员微信公众号建设领域实现的程度，取决于辅导员工作的需要程度。辅导员工作是一份高度综合而又细致分化的"做人的活"，无论是线上教育还是线下指导，其所涵盖的教育管理范围涉及学生成长成才的思想、道德、学业、心理、情感、生活、就业等方方面面，所从事的业务包括思想辅导、道德教育、学业指导、心理疏导、情感帮助、生活引导等各个层面。广泛的工作范围要求辅导员在微信公众号建设中，不仅仅需要有思想政治教育学科理论作为主体性知识基础，以顺利完成贯穿公众号建设始终的网络思想政治教育使命，还需要包括教育学、心理学、管理学、行政学、社会学、法学等拓展性学科知识，以高效落实蕴含在公众号建设中的学生管理、学风建设、党团要务、团队发展等方面的工作任务。

随着新媒体时代环境的变化、学生思想的发展，辅导员在微信公众号的良性互动中还需要随时应对各种情况。因此，必须把音乐学、美术学、计算机学等延伸性学科纳入辅导员知识系统中，以更广的知识面、更深的知识底蕴、更扎实的理论功底，更好地应对新情况和新问题。虽然"业务精"需要辅导员综合各门学科形成理论外延，但仅仅依据辅导员微信公众号进行当前需要的理论推演，势必无法形成合理、完善、系统的结构，且容易造成"知识散架"局面。理论外延需要紧紧依靠中心拓展，即以思想政治教育学科理论为中心，以其他相关学科知识为补充，在实践中探索思想政治教育内在规律，致力于解决大学生思想政治教育过程中的各种矛盾和问题。

（3）把握相关规律和基本关系

第一，把握好时代发展与利用辅导员微信公众号进行思想政治教育的整体与部分的关系。在辅导员微信公众号建设中主动适应时代变化发展，善于把握机遇、积极应对挑战，根据时代发展要求更新微信公众号建设的方式方法，为时代的发展贡献一己之力。

第二，把握好指导理论与具体方法"不变"与"变"关系。在进行微信公众号建设中仍然要以不变的马克思主义政治立场应对不断变化的新环境，以不断变化的具体方法应对不断变化的新形势和新问题。

第三，把握好教育主体与教育载体的关系。在辅导员微信公众号建设中，教育主体始终是辅导员，工作重心仍然是现实中的教育管理，微信公众号只是推进工作和自身发展的载体，二者不可混淆，更不可替代。

2．内容优化

在平台争先、用户饱和的新媒体时代，辅导员在微信公众号建设中要完成微信推文的阅读、分享、点赞三大硬性指标，以及教育和引导的两大软性指标，就必须坚持以内容为中心，把握政治性、特色性、趣味性，在主题选择、推文撰写、栏目设计、语言风格等方面既做到向上向善，又做到投其所好。

（三）增强与学生之间的和谐关系

1．加强沟通

辅导员与学生之间主要的交往形式是对话，有效的沟通是构建辅导员与学生和谐关系的重要途径。首先要健全沟通交流制度。一是要与学生每周或每月定期开展谈话交流，形成长效的交流机制。二是做好及时交流，面临突发事件和关键节点时，与学生开展特定主题交流。此外，灵活利用如新生入学、户外实践、群体聚餐甚至路边偶遇等机会，抓住时机开展谈心谈话。其实只有学会聆听，才能开启真正的沟通，同时学生也会有对辅导员的天然倾向性，更加愿意说出内心想法。三是要注重平等沟通，建立轻松活泼的谈话环境。一位老辅导员曾用"一杯茶水，坐着说话"为题的短文生动表达了营造平等、放松的氛围对良好沟通的重要意义。四是要情理交融，既要针对学生理性因素强的特点，重视理论说服，又要针对其丰富、敏感的情感，重视情感教育，做到晓之以理、动之以情。如大连海事大学曲建武教授提到的——思想政治教育就是讲道理，学生认为你讲得对，就会服你，当然教育过程中还需要情感的润色。五是少用、善用批评。批评本身容易让人产生本能防御和抵抗，引起情绪波动等不太舒服的应激反应，一旦批评多了，就容易积蓄学生怨气。而当学生确实需要批评教育促其进步时，一定要注意用语、场合，把握分寸，这样，自然会让学生心悦诚服。

2．坚持正确的学生观

树立正确的学生工作理念，提高人性化水平，也会极大增强辅导员在学生中的影响力、感染力，有助于解决辅导员对大学生过度保护化、二者间矛盾冲突化等问题。"学生观"是学生工作的指导思想和基本出发点，树立怎样的学生观直接影响着辅导员的工作方式。

第一，以促进学生全面发展作为工作目标，以学生评价反馈为衡量指标。具体来说，一要强化问题意识，针对学生关注的热点、难点问题进行研究，给学生答疑解惑；二要关注学生切身需求，解决学生实际困难，以解决具体问题促进思想和心理问题解决。如大连海事大学曲建武教授在访谈中讲道："在新生入学后，在最短时间内翻阅所有档案，与每人谈话，了解学生思想状况和基本信息，寻找工作切入点"；三要关注特殊学生群体，面对由于心理、经济、学业、就业问题等造成的"问题"学生逐渐增多，辅导员要耐心询问、积极疏导，保证学生层面整体健康发展。

第二，尊重与赏识学生，宽容与理解学生。辅导员要将学生看作思想政治教育的合作者、共同体，主动与之构建师生平等对话关系。如山东大学施行辅导员"四进制度"，让辅导员进宿舍、进课堂、进操场、进网络，主动抓住一切机会与学生沟通交流。

要在沟通中主动向学生话语体系靠拢。如 2014 年新闻联播一段"2013 爱你一生，2014 爱你一世"小"卖萌"引起网友热赞，其实在师生交流中，适当引用大学生喜爱的网络话语，可以更加贴近学生生活，拉近二者距离。在师生交往中，辅导员要学会表扬和鼓励学生，尤其是对所谓"差生"更要多一些关爱、赏识，不要轻易批评，不要轻言教育，要尊重学生任何一点成果，让学生敢于也乐于在辅导员面前展示自我、吐露心声。学生出现思想和言行上的错误难以避免，辅导员要在一定程度上允许学生出错。对于"犯错"的学生，辅导员要讲求民主，给学生"辩护"的权利，根据学生特点循循善诱、谆谆教导。要始终相信宽容与理解是培养师生感情最好的催化剂。

3．做到严慈相济

辅导员尤其是年轻辅导员往往在平衡"严"与"慈"时把握不好尺度，出现过严或过松。如一篇辅导员界流传很广的文章《那些辅导员想不通的事》中就提到，很多年轻辅导员受老辅导员"先严后松"方式的影响，由于把握不好尺度，往往会走向极端，将"严"变成某种"专制""暴政"，遭到学生的质疑与抵触。还有一位中南大学辅导员在《辅导员是辅导员还是教导员》一文中写道：由于自己过于放任学生，基本不用批评，事事亲力亲为，最终使学生缺乏基本师生礼仪，执行力与自主能力差，个性太过突出，把学生惯坏了。因此辅导员要掌握好"严"与"慈"的平衡度，将"管理"与"引导"相结合，运用好刚柔相济的工作艺术。总之，高等院校辅导员是提升自身职业素养的行为主体，起着内生动力的作用。在提升高等院校辅导员的职业能力和职业知识层次水平方面，发挥高等院校辅导员主观能动性，能形成一种职业素养自觉提升的意识和习惯，从而使自身职业能力和职业知识得到持续不断的提升和更新。因此，高等院校需要重视高等院校辅导员价值诉求。坚持以人为本，在管理机制上，高等院校要建立交流激励机制，联通社会交流渠道，鼓励高等院校辅导员参与地方政府人才交流和挂职锻炼，拓宽高等院校辅导员视野和见识。在培养发展上，高等院校要给予辅导员更多的培训、学习机会，大力加强高等院校辅导员的培养和锻炼，对优秀辅导员进行重点栽培。学校需要多措施并举，鼓励高等院校辅导员开展调研并进行创新。采取评先评优、物质奖励、精神鼓励、提拔晋升等多种措施激励高等院校辅导员在实际工作中，开展调查研究，分析教育对象、教育环境等变化，适时改变自身工作思路及方式方法；应用新媒体，进行思想政治教育工作创新，增强和提升思想政治教育的效果和针对性，真正做到高等院校辅导员职业能力和职业知识的提升。

可以说，高校思想政治教育的实效性关乎高等院校学生人格的健全和全面发展，对于我国的发展也有着至关重要的作用。在新时代，构建内涵目标、过程等都全面丰富的高等院校思想政治教育，是应对世情国情对高等院校人才培养提出的新要求，是立足国家政策文件和高等院校实践，推进高等院校思想政治育人工作一体化发展的必由之路，是提高我国高等学校人才培养素质，完善高等院校人才培养体系，提高社会主义高等院校的国际影响力的有力手段。不管是作为新时代的教育者还是受教育者，都需要从自身实际出发，充分将思想政治工作作为重中之重，以此保证社会主义建设方向的稳步推进，从而促使我们国家和民族得到更好的发展。

参考文献

[1] 常金玉. 高职院校思想政治教育教学与专业理论课创新改革研究 [M]. 延吉：延边大学出版社，2022.

[2] 丛峰，李宗霖，赵娜. 基于高校第二课堂的思想政治教育与人文素质教育研究 [M]. 长春：吉林大学出版社，2022.

[3] 董康成，顾丹华. 新时期大学生思想政治教育实践路径研究 [M]. 长春：吉林大学出版社，2022.

[4] 高华，张艳亮. 高校大学生思想政治教育的多维探索 [M]. 长春：吉林大学出版社，2022.

[5] 高华，张艳亮. 高校大学生思想政治教育的多维探索 [M]. 长春：吉林大学出版社，2022.

[6] 郭鹏. 思想政治教育网络传播研究 [M]. 武汉：武汉大学出版社，2022.

[7] 何彦新. 现代思想政治教育环境分析与优化研究 [M]. 长春：吉林人民出版社，2022.

[8] 李冰. 新时代大学生思想政治教育概述 [M]. 长春：吉林大学出版社，2022.

[9] 李智慧. 高校思想政治教育有效资源开发利用研究 [M]. 北京：旅游教育出版社，2022.

[10] 林晓燕作. 新时代高校思想政治理论课教学改革创新机制研究 [M]. 天津：天津人民出版社，2022.

[11] 刘淋淋，刘名学，段华琼. 大学生思想政治教育实践与创新 [M]. 延吉：延边大学出版社，2022.

[12] 卢岚. 思想政治教育的空间转向研究 [M]. 北京：学习出版社，2022.

[13] 陆安琪. 新时代高校思想政治教育协同育人路径研究 [M]. 北京：中译出版社，2022.

[14] 裴孝金，宋晓宁. 思想政治教育创新研究 [M]. 长春：吉林大学出版社，2022.

[15] 邵泽义. 新时代高校思想政治教育管理体系的构建研究 [M]. 镇江：江苏大学出版社，

2022.

[16] 田自立. "互联网+" 视域下高校思想政治教育实践研究 [M]. 延吉：延边大学出版社，
2022.

[17] 万娟. 基于创新发展的高校思想政治教育研究 [M]. 长春：吉林大学出版社，2022.

[18] 吴文妍，鲁玲玉，毕虹. 当代高校思想政治教育理论与实践研究 [M]. 延吉：延边大
学出版社，2022.

[19] 徐俊. 高校大学生思想政治教育认同研究 [M]. 武汉：华中科学技术大学出版社，
2022.

[20] 徐原，陆颖，韩晓欧. "互联网+"时代高校思想政治教育创新研究第 2 版 [M]. 秦皇岛：
燕山大学出版社，2022.

[21] 于超. 大学生思想政治教育理论与实践创新研究 [M]. 长春：吉林大学出版社，2022.

[22] 张坤. 高校红色基因传承与思想政治教育 [M]. 秦皇岛：燕山大学出版社，2022.

[23] 张伟. 高校思想政治教育建设与辅导员工作研究 [M]. 延吉：延边大学出版社，2022.

[24] 张翔，马中力. 新媒体视角下大学生思想政治教育创新探索 [M]. 延吉：延边大学出
版社，2022.

[25] 张乙方，张雯，王树辉. 新时代大学生价值观与大学生思想政治教育创新研究 [M].
延吉：延边大学出版社，2022.

[26] 钟燕. 新媒体视野下大学生思政教育创新探索 [M]. 天津：天津人民出版社，2022.